행복하게 일하는 법

수선재

명상학교
교과서 시리즈

행복하게 일하는 법

참 웰빙과 대인관계 성공의 비결

수선재

명상학교 교과서 시리즈
행복하게 일하는 법

ⓒ 문화영, 2008

1판 1쇄 | 2008년 11월 17일
1판 4쇄 | 2011년 1월 19일

수선재 선서연구실 엮음

기획 | 문선미
편집 | 김동철, 윤양순
마케팅 | 서대완

펴낸곳 | 도서출판 수선재
펴낸이 | 이혜선

출판등록 | 1999년 3월 22일 (제 1-2469호)
주소 | 서울 종로구 가회동 172-1 3층
전화 | 02)737-9454
팩스 | 02)737-9456
홈페이지 | www.suseonjaebooks.com
블로그 | http://blog.naver.com/ssj_books
전자우편 | will@suseonjae.org

ISBN 978-89-89150-54-1 04810
ISBN 978-89-89150-49-7 04810(세트)

* 책의 내용에 대해 궁금한 점이 있으시면
　수선재 선서연구실(010-7502-2727)로 문의 바랍니다.

책을 내면서

명상을 시작한 지 7년째입니다.
아직도 '명상' 하면 너무 거창하게 느껴지는 단어라
스스로에게서 거품과 힘을 빼느라 노력하고 있습니다.

제가 경험한 '명상'은 무거운 것이 아니라 가벼워지는 법이었고,
환경은 그대로이되 마음이 편안해지는 법이었으며,
스스로를 자유롭게 만드는 법이었습니다.
가장 기본적으로는 자신의 몸에 대해 관심을 가지고
스스로 관리할 줄 아는 법을 배우게 되었습니다.

명상을 통해 '홀로 서는 법'을 배워가고 있습니다.
밖에서 구하기보다는 내 안의 어느 한 구석에서 필요한 것을
찾아내어 갈고 닦아 스스로를 빛나게 할 수 있는 법을
조금씩 익혀가고 있습니다.

자신을 사랑할 줄 아는 사람이 다른 사람에게도 넉넉해지고
여유로워지는 것 같았습니다.

인간은 원래 불완전하게 창조된 존재라는 사실도 알게 되었습니다.
하지만 보다 나은 존재가 될 수 있는 씨앗을 가지고 있기에
현실은 부족해도 더없이 귀한 존재라는 사실을 알게 되었지요.
진화란 변하되 우주의 입장에서 좀 더 나은 존재로 변하는
것이었습니다.
명상학교 수선재를 통하여 스스로가 진화했음을 느낍니다.

진화할 수 있도록 영양분이 되었던
그동안의 명상학교 수선재 말씀을 엮었습니다.

혹 말씀을 해석하고 재구성하는 과정에서
오류가 발생되지 않도록 각별히 하였습니다.
어느 누구 하나 똑같지 않은,
지구에서 자신만의 길을 잘 찾아갈 수 있도록
작지만 정확한 나침반을 만들고자 했습니다.
그럼에도 부족한 부분에 대해서는 깊은 양해를 부탁드립니다.

잘 살고 잘 죽고자 하는 바람이
세상 모든 이들의 공통적인 화두라 생각하여

건강, 사랑, 일, 진화, 죽음 등
삶의 주제들을 하나씩 풀어내고 있습니다.

금번의 명상 교과서 시리즈의 마지막 주제는
〈행복하게 일하는 법〉입니다.

인간은 태어나는 순간부터 떠나는 순간까지
일을 하며 살다가는 존재라고 할 수 있습니다.
이왕이면 세상의 수많은 일들 중에서 각자 이번 삶에 가지고 나온,
꼭 해야만 하는 일과 소명을 찾아내어 그 일을 온몸의
세포 하나하나의 열정으로 이루고 그 과정을 즐기며 행복해 한다면,
어느 누구도 부럽지 않은 자신만의 인생을 살았노라
고백할 수 있게 될 것입니다.

책이 나오기까지 즐거움 가운데 함께 작업을 해주신
선서연구실 도반님들, 노고가 많으셨던 출판사 사장님과
직원 분들께 감사드립니다.

세상의 수많은 길 중에서 '가운데 길'을 열어주신
선생님께 깊이 감사드립니다.

2008년 11월 선서연구실 문선미

 차례

책을 내면서

1장. 일이란 무엇인가

일은 사람이 만드는 것 •20
배우는 일, 익히는 일, 나누는 일 •21
행복이란…… •23
사명과 소명 •24

2장. 자신의 일을 하라

자신의 일을 찾으라
내가 이번 생에 태어난 목적은 무엇인가? •30
하고 싶은 일에 솔직해져라 •32
가장 자신 있는 부분, 아주 편안한 자리 •33
때가 돼야 알아지는 스케줄 •35
집에서 살림하는 일 •39
다 기둥일 수는 없다 •40

세상공부를 하기 위한 일 · 42
인간에게 관심 갖기 위한 일 · 43
자신의 역량보다 넘치는 일 · 44
꿈을 낮추고 작은 것부터 · 46
먼저 정서적으로 독립해야 · 47

일가를 이루라
내 분야에서 일인자가 되겠다 · 49
뭐든 최고는 대단한 것 · 50
온몸의 세포 하나하나까지 열중해서 · 51
치열한 승부 근성으로 · 52
왜 기운이 없는가? · 55
원력을 세우라 · 57
구체적으로 상상하라 · 58
작게 시작하라 · 59
철저하게 '장이'가 돼야 · 60
큰 자리에 가면 커지고, 작은 자리에 가면 작아지고 · 62
열정을 파는 노점상 · 63
나 죽은 줄 알아라 · 66

일과 명상이 조화되어 가는 길
명상은 양, 일은 음 · 68
글 쓰면서 터득한 명상의 효과 · 69
하루 서너 시간만 집중해도 · 70
필요 이상 에너지를 쏟고 있진 않은가? · 71
먹고살기 위한 일의 비중은…… · 73
마음의 비중을 어디에 두는가? · 74
명상하는 사람의 술자리 문제 · 76

3장. 성숙한 대인관계를 위하여

커뮤니케이션 기술

인간관계가 나쁘면 반쪽 •84
나를 좋아해도 내가 미숙하면 •85
커뮤니케이션 기술 •86
시소 타듯 맞춰주면 된다 •88
어루만져 주는 마음으로 •90
공주병, 왕자병 이해해 주기 •92
할 수 있는 일, 할 수 없는 일 •93
충고, 절대로 하지 마라 •94
마음은 유능한 전문가가 다루어야 •96
가볍게 한마디 툭 •97
사람은 감동을 받아야 변한다 •98
진짜 내 것은 태도뿐 •100
사소한 것에 달려 있다 •101
인간에 대한 예의 •102
상대방을 배려하는 매너 •104

무심으로 대하라

감정 이입하지 마라 •106
풍경 보듯이 보라 •108
안 알아주면 어떤가? •110
왜 태도까지 잡아두나? •111
왜 반응을 요구하는가? •112
너무 많이 기대하지는 않는가? •113
행복의 비결은 기대하지 않는 마음 •115

그릇을 키우라
사랑과 정으로 대하면 • 116
사랑의 본 모습은 '덕' • 118
바닷물에 잉크 한 방울 • 119
나와 다른 것을 받아들일 수 있는 여유 • 120
편견이 강한 사람들 • 122
내 기준을 버릴 수 있는가? • 123
타인의 입장에 서보면 • 124
우주의 입장에 서보면 • 126
그 사람이 되어 보기 전에는 모른다 • 127
주변에 나를 괴롭히는 사람이 있다면 • 130
내가 왜 걸렸는가? • 131

힘이 되어 주라
갈채와 바그다드 카페 • 133
생기를 지녔는가, 사기를 지녔는가? • 136
힘이 되는가, 짐이 되는가? • 137
맑음으로 힘이 되는 사람 • 138
밝음으로 힘이 되는 사람 • 139
따뜻함으로 힘이 되는 사람 • 140

4장. 멤버십과 리더십

내가 먼저 꿰어 드리죠
내가 먼저 꿰어 드리죠 • 148
리더십보다 멤버십이 먼저 • 149

앉아 보기 전에는 모른다 •150
윗사람은 다 쓸모가 있다 •151
윗사람에게 신임 받는 방법 •152
뒤바뀐 상황에서 어떻게 하는가? •153

소리 없이 채워주라

나는 어떤 학생인가? •155
소인, 중인, 대인 •156
선배가 선배답지 못하더라도 •157
상처를 주면서 조언을 한다면 •158
동등하게 혹은 조금 낮게 •159
마냥 비판만 하는 사람 •161
자신이 아무리 크고 위대해도 •161
올라가는 사람을 밀어주라 •163
나는 사랑받을 면이 없는가? •164
예쁜 면을 찾아보라 •165
진짜 실력자는 어떤 역할을 하는가? •166
불의에 대처하는 세 가지 노선 •168
언제 칼을 뽑을 것인가? •170

지도자는 치어리더

잘한다! 잘한다! •172
일할 수 있는 여건을 만들어 줘야 •173
빼내고 활용할 궁리를 해야 •174
이 사람은 이렇게, 저 사람은 저렇게 •175
좋아해 줘야 한다 •176
사람농사가 더 중요하다 •177
왜 나를 나쁘게 볼까? •179

서서히 녹이고, 먼저 풀고 •180

좋은 지도자가 되는 훈련
사고력, 판단력, 추진력 •182
지도자의 입장에서 생각하는 훈련 •184
어떻게 하면 사람을 잘 보는가? •186
흉보는 소리는 과감히 잘라야 •188
결정은 자신이 하되 귀담아듣기 •189

5장. 화와 갈등을 다스리는 방법

스트레스 해소 방법
나만의 해소 방법이 있는가? •196
심호흡과 단전호흡 •197
가슴을 열고 새를 내보내라 •199
에너지를 승화시키는 일 찾기 •200

마음을 정리하는 습관
매일 자신을 정돈하기 •202
하루 한 가지씩 해결하기 •204
내 마음에 맺힌 걸 먼저 풀어야 •205

화를 다스리는 지혜
왜 화가 나는가? •208
인정해 버리면 된다 •210
주변 사람이 못마땅한 이유 •211

자신에게 만족하는 방법 • 212
화를 내려거든 세련되게 • 213
잊어버리는 게 상책이다 • 215
감사가 답이다 • 217

갈등에 대처하는 지혜
갈등으로 와 닿으면 불청객 • 219
즐기며 맞아들이진 않는가? • 220
너무 무겁게 받아들이진 않는가? • 221
손바닥 위에 올려놓고 보기 • 221
호흡으로 그릇을 키우기 • 222
옆구리로 받아서 주머니에 넣기 • 223
해결하거나, 보류하거나, 포기하거나 • 224
용단을 내릴 때는 칼같이 • 226
단전으로 판단하는 경지 • 227
내 힘으로 안 되는 일도 있다 • 229
나를 떠난 것은 상관하지 말아야 • 230

6장. 돈을 다스리는 지혜

돈 버는 공부, 돈 쓰는 공부
참 어려운 돈공부 • 236
돈은 내 것이 아니다 • 237
돈은 흐름이다 • 239
쓰는 경지, 버는 경지 • 241
도인도 돈을 벌어야 하는가? • 245
얼마나 벌어야 하는가? • 246

복권과 증권 투자 • 248
돈을 잘 쓰는 방법 • 249
줄 때는 무심으로 • 251
일단 주면 상관을 말아야 • 252
안 받아도 될 때 빌려주라 • 254
돈을 떼였을 때의 마음가짐 • 256
손해를 봤을 때의 마음가짐 • 257

돈을 끌어당기는 마음가짐
장사 잘되는 집은 뭐가 다른가? • 260
쫓아다니지 말고 불러들여라 • 261
기운을 물질로 바꾸는 훈련 • 263
현실적인 감각을 가져야 벌린다 • 265
쓰겠다고 생각하면 들어온다 • 267
내가 여러 사람을 먹여 살리는구나 • 268

사업과 장사를 잘하는 법
사업은 100% 인간관계 • 270
반드시 보답이 오는 묘미 • 271
사람의 마음을 읽을 수 있어야 • 272
눈이 바빠야 한다 • 274
장사는 연애의 과정 • 275
경영이란 원하는 걸 들어주는 일 • 277
내가 없어야 상대가 읽어진다 • 278
뒤집어 보는 발상으로 • 280
본성을 건드려주는 디자인 • 282
맑고 밝고 따뜻한 제품 • 284
하나를 만들어도 장인정신으로 • 285

겸손하고 감사한 마음으로 • 286
과정이 아름다워야 • 288
노인복지 사업과 호스피스 • 290
장례문화 사업과 염습사 • 292

7장. 삶을 살고 즐기라

내 인생 내 마음대로
무엇을 위하여 자신을 바치나 • 298
성공과 실패의 기준 • 300
하고 싶은 대로 하고 살라 • 301
직업에서 놓여난다는 것 • 303
또 다른 세계를 개척해 보라 • 305

인간답게 살기 위해 태어났다
웰빙, 나를 찾아야겠다 • 308
거스를 수 없는 거대한 흐름 • 310
우리가 원래 돌아가야 할 길 • 311
한국적이고 우주적인 웰빙 • 313
우주의 기운으로 하는 깊은 호흡 • 315
선한 놀이와 예술 • 316
선한 식사와 옷 • 318
선한 집 • 319

의미 있는 삶이란
건강, 가정의 화목, 돈, 친구 • 323

삶은 아름다워야 한다 • 324
의미 있는 삶이란? • 325
하루 한 가지씩 실천하기 • 327
생손앓이 하는 한반도의 자연 • 329
기상 이변이 일어나는 이유 • 332
2012년, 2025년 • 334
지구를 정화하는 배 • 335

인생은 원래 여행이 아니던가

왜 도는 '길' 인가? • 337
여행은 떠나는 게 아니라 만나는 것 • 339
한 생에 모든 걸 알고 가야 하기에 • 341
혼자 가는 길, 같이 가는 길 • 342

부록 명상학교 수선재 • 348
수선인의 건강지침
수선인의 행동지침

1장
일이란 무엇인가

일은 사람이 만드는 것

일이라는 것은 사람이 만드는 것입니다. 일이 생겨나서 사람을 기다리는 게 아니라 사람이 만든 것이 일입니다.

일이 없는 사람도 있습니다. 하루 종일 할 일 없이 보내는데 그것만큼 불행한 일은 없습니다. 나이 60이 됐다 해서 꼭 은퇴해야 하는 것은 아닙니다. 죽을 때까지 일을 하고 돈을 벌 수 있으면 좋은 것입니다. 하기 싫어서 안 할 수는 있지만 능력이 없어서 못한다는 건 말이 안 됩니다. 밥숟가락 들 기운만 있으면 일을 해야 합니다. 스스로 못하겠으면 간접적인 지원을 해서라도 일하는 사람한테 도움을 주십시오.

그런데 일이 있어도 먹고살기 위해서 일하는 것처럼 비참한 일은 없습니다. 물론 먹고사는 문제도 해결 못하면 안 되겠지만, 아무런 의미가 없이 단지 먹고살기 위해서 일을 한다면 가치가 떨어지는 일을 하는 거라 여겨집니다. 그 일이 생존이 아닌 공영共榮의 의미를 띨 때 보다 깊이가 있는 것입니다.

　일이라는 것이 그렇게 중요한 것인데 이왕이면 어떤 것을 창조하는 일일 때 더욱 보람이 있습니다. 일 자체가 무얼 만들어 내는 일은 아닐지라도 그 일을 하는 마음가짐이 창조적이면 또 얼마든지 빛이 날 수 있고요. 타성적으로 아무 의미 없이 일하면 가치가 없습니다. 창조는 상근기에서 가한데 창조하는 무한한 에너지는 명상에서 뒷받침됩니다.

배우는 일, 익히는 일, 나누는 일

　사람은 누구나 배우는 시기가 있고, 배움을 익히는 시기가 있고, 배우고 익힌 것을 가지고 사람들과 나누는 시기가 있습니다. 반드시 그런 과정을 통해서 가게 마련인데 배우는 일에 많은 시간과 노력을 할애하는 사람이 있고, 배움은 짧은데 배운 걸 자기 것으로 만드는 데 많은 시간과 노력을 할애하는 사람이 있고, 배움도 짧고 익힘도 적은데 남과 나누는 일에 상당히 열을 내는 사람이 있습니다.

　그 세 가지가 조화롭게 균형이 맞아야만 진화에 도움이 됩니다. 배움도 적고 익히지도 않았는데 많이 나누려고 하는 것은 실속이 없는 일이지요. 자신이 지금 어떤 시점에 와 있는지 명상 속에서 가만히 살펴보십시오. 내가 배운 것이 너무 적다고 생각되면 지금이라도 많이 가져야겠고, 배움은 있는데 그게 내 것이 안 되었다면 익히는 과정이 필요하겠고, 배우고 익혔는데 남과 나누는 게 모자라다면 나누는 일에 좀 더 치중해야겠습니다.

사주 명리학에서는 자신에게 들어오는 것과 나가는 것이 적당한 균형을 이루고 있는 사주가 좋은 사주라고 말합니다. 나를 생生해주는 것은 많은데 남을 생해주는 게 없으면 상당히 욕심 사납습니다. 갖는 일에만 열을 내고, 나누는 일에는 인색해져서 욕심 사나운 사람이 됩니다. 누군가로부터 생함을 받았다면 반드시 나누어 주는 역할을 해야 합니다.

여자가 사주에 '관官'이 많으면 사회활동을 한다거나 아니면 남자관계가 복잡하다는 뜻입니다. 그런 에너지를 사회활동으로 전환해야 합니다. 일을 찾아서 해야 하는 것이지요. 남녀관계에 열을 올리면 그것 이상 에너지 낭비가 없잖습니까?

남자가 사주에 '재財'가 많으면 돈이 많거나 여자가 많은 경우입니다. 내가 가진 것이 많다, 들어오는 것이 많다, 할 때는 재로써 경제활동을 열심히 해야 합니다. 발전적인 쪽으로 자기 에너지를 터줘야 합니다. 나누는 일로 길을 터줘야 들어온 것이 나갈 수 있습니다.

풍수지리를 봐도 마찬가지입니다. 기운이 들어오기만 하고 나가는 구멍이 없는 지형에서는 사고나 우환을 많이 당합니다. 앞이 탁 가로막혀 있어서 나가는 곳이 없으면 그 기운을 이기지를 못합니다. 냇물을 내거나 길을 터주거나 하는 식으로 기를 적당히 틀어줘야 합니다. 고인 물은 썩는다고 하듯이 움켜쥔다고만 해서 좋은 게 아니지요.

배우는 일, 익히는 일, 나누는 일 중에서 나는 지금 어떤 시점에 와 있는가? 명상 속에서 살펴보시고 지금부터라도 그쪽을 향해 노력하시기 바랍니다.

행복이란……

우리는 행복해져야 하는 사람들입니다. 행복이란 자신이 하고 싶은 일을 알고, 하고, 이루고, 심신이 편안한 상태를 말합니다.

우선 자기가 무슨 일을 하고 싶은지 알아야 합니다. 그걸 모르는 사람이 굉장히 많습니다. 진정 자신이 원하는 일이 무엇인지 찾아내시고, 하시고, 이루십시오. 심신이 편안하다는 것은 그런 여건이 되어 있다는 것입니다.

하고 싶은 일을 해야 행복합니다. 하기 싫은 일을 억지로 하는 사람처럼 불행한 사람은 없습니다. 그리고 반드시 이루어야 합니다. 사람은 태생적으로 진화의 욕구가 있어서 발전을 해야 만족을 합니다. 제자리에 있으면 얼마간은 편안해하지만 오래지 않아 싫증냅니다. 새로운 걸 찾아 나서게 됩니다.

많은 명작들이 그런 주제를 다룹니다. 전에는 뭔가 해야 하는 사람은 남자이고, 여자는 남자에게 종속되어 있는 사람이라는 이데올로기가 있었습니다. 그래서 남자가 여자를 배신하는 얘기가 많았습니다. 왜 배신하느냐? 여자는 사랑이 끝인데 남자는 사랑이 시작이 거든요. 사랑을 얻으면 그때부터 뭔가를 하려고 합니다. 그게 바로 발전의 욕구인데 여자는 사랑을 얻으면 끝이라고 생각하지요. 거기서 안주합니다. 그런데 이제는 바뀌어서 여자도 남자 못지않게 발전의 욕구가 있습니다.

행복해지려면 반드시 이루어야 합니다. 주변이 편안해야 하고요. 그렇게 할 수 있는 방법을 찾아서 반드시 행복해지시기 바랍니다.

사명과 소명

자신의 능력을 100% 발휘하고 타인에게 전수할 수 있는 일을 가지면 인생이 행복합니다. 성공했다고 볼 수 있습니다. 나의 일은 과연 무엇인가? 명상을 통해 발견해 내십시오. 발견한 다음에는 그걸 활용하십시오. 그 일이 단지 나만을 위한 일이 아니라 타인의 진화에 도움을 주는 일이라면 더없이 반가울 것입니다.

명상이란 궁극적으로 사명자를 만들어 내는 일입니다. 사명은 천하와 우주를 위한 일이고, 소명은 자신의 자리에서 자신의 일을 하는 것입니다. 소명만 해도 상당히 큽니다. 소명이 없는 사람은 직분이 있고, 직분 다음에는 임무가 있고, 임무 다음에는 일이 있습니다.

사람은 누구나 다 태어나면서 자신의 일이 있게 마련입니다. 아직 그걸 발견하지 못했다면, 자신의 일, 임무, 직분, 소명을 알지 못하는 시점에 있다면 명상과 병행해서 그걸 찾도록 노력해 주시기 바랍니다.

언제나 일이 사람을 기다리지 않는다. 사람이 일을 기다리고 찾아서 행해야 하는 것이다. 일이란 그렇게 되어야 하는 이치의 다른 표현이며 발전의 한 형태이다.

진화는 일로 이룩되는 것이며 그 일이 생존이 아닌 공영의 의미를 띨 때 보다 깊이가 있는 것이다. 우주는 원래 일로 시작되었으며 일로 지속되어 나간다.

일이 있음은 그 자체가 즐거움이요 희망이요 보람이니 가장 감사해야 할 대상이기도 한 것이다. 일에 대한 감사는 아무리 많아도 지나침이 없다. 일은 육신 보존의 방식이며 인간 진화의 과정이며 우주 발전의 원동력인 까닭이다.

일은 무엇보다 인간에게 감사의 대상이며, 그 일이 어떤 분야를 창조하는 것일 때 더욱 보람이 있는 것이다. 창조는 상근기에서 가하다. 진정한 창조는 정신력의 지속적인 뒷받침이 없이는 불가하다. 정신력의 무한한 공급은 수련에서 찾도록 하라.

알겠습니다.

창조는 수련과 병행되어야 진정한 의미의 창조가 가하니라.

— 『다큐멘터리 한국의 선인들』 5권에서

2장
자신의 일을 하라

자신의 일을 찾으라

내가 이번 생에 태어난 목적은 무엇인가?

인생에서 가장 가치 있는 일은 무엇이라고 보시는지요? 명상을 열심히 해서 깨달음을 얻는 것인지요? 기업인이 기업을 번창하게 해서 많은 사람을 먹여 살린다면 그것도 가치 있는 일이 아닐까 하는데, 어떻게 생각하시는지요?

그 문제는 일률적으로 말씀드릴 수 없고 개인차가 다 있습니다. 금생에 태어난 목적이 각각 다르기 때문에 일률적으로 한 가지 목적을 향해 가는 것은 바람직하지 않습니다. 우선 자신을 아는 것이 중요합니다. 자신의 위치와 할 바를 알아야 합니다.

아는 데 그치지 않고 실천하고, 실천하면서 자기뿐 아니라 주변 사람들까지 구제할 수 있으면 그걸 선善의 확장이라고 합니다. 또 진리를 깨쳐서 사람들에게 진리를 전하고 스스로 진리를 행하는 것을 진리眞理의 확장이라고 합니다. 마지막으로 인간이 추구해야 하는 아름다움과 행복을 주변 사람들에게 전하는 것은 미美의 확장이라고 합니다.

진선미, 이 세 가지를 다 갖춘 사람을 전인이라고 하는데 물론 모든 사람이 전인이 되기를 기대할 수는 없습니다. 자신의 그릇만큼, 원하는 바대로 하는 것이기 때문에 금생今生에 할 일은 다 개별적이라고 볼 수 있습니다.

금생에 본인에게 주어진 대로 맞게 해야 합니다. 어떤 일을 하기 위해서 태어났는데 다른 일을 하는 것은 바람직하지 않습니다. 미술시간에 산수공부를 하는 것이 바람직하지 않듯이 자신이 해야 하는 공부를 정확히 알고 그걸 해내는 게 가장 바람직합니다.

평생 어떤 일에 종사하다가 갑자기 "내가 할 일이 아닌 것 같다"면서 진로를 바꿔서 하고 싶은 일을 하는 분들 가끔 있지요? 바로 그런 걸 원하는 겁니다. 그렇게 해서라도 본인이 원하는 일을 하는 게 바람직합니다.

자신이 진심으로 원하는 일과 해야 하는 일이 맞아 떨어졌을 때 자신도 보람을 느끼고 주변에도 덕이 됩니다. 아무리 남이 칭송하는 일이라 할지라도 자신의 일이 아니면 보람도 없고 도움도 되지 않습니다.

그러니 업적 위주로 생각하지 말고 자신이 진심으로 하고 싶은 일을 찾아내십시오. 그 일을 이번 생에 해야 하는 일과 일치시키십시오. 하고 싶은 일과 해야 하는 일이 일치하지 않는 경우는 아직 자신의 적성 개발이 부족한 경우입니다. 명상하시는 분들의 경우는 대개 자신이 해야 하는 일이 하고 싶은 일과 같아지게 됩니다.

하고 싶은 일에 솔직해져라 •

자신이 진정 하고 싶은 일을 찾는 것이 중요합니다. 진심으로 원하는 일이 있고 겉으로 원하는 일이 있습니다. 예를 들어 진심으로 원하는 일은 시험 봐서 그럴듯한 직장에 들어가는 것인데, 그게 안 되니까 가짜로 다른 뭔가를 원하는 건 좀 튕겨져 나가는 겁니다. 명상 속에서 그 일이 자신이 진심으로 원하는 일인지 거짓으로 원하는 일인지 알아내십시오.

자선 사업하는 사람들 있잖습니까? 재단을 만들어 놓고 기부금을 받는데 속마음은 딴 데 가있는 경우가 있더군요. 돈을 벌어 잘살고 싶으면 차라리 장사를 하는 게 나은데 눈속임을 합니다. 어려운 사람을 도우려고 사업을 한다고 속이는데 그러면 안 되지요.

돈 많이 벌고 싶은 게 죄는 아닙니다. 그게 왜 죄겠습니까? 벌고 싶으면 버는 거지요. 단, 돈 버는 방법으로 벌라는 것입니다. 편법을 써서 앞에 내세우는 것과 뒤로 챙기는 게 다른 것은 범죄입니다. 돈 버는 방법은 장사입니다. 돈을 벌고 싶으면 장사로 나서면 됩니다. 살짝 가리고 딴것 하지 말고 솔직하게 자신이 원하는 일을 하십시오.

예를 들어 이름을 내고 싶다 하면 이름을 내는 쪽으로 노력하면 됩니다. 연예인들을 보면 진심으로 뭘 원하는지는 다 다릅니다. 진짜 연기를 하고 싶은 건지, 유명해지고 싶은 건지, 가는 데마다 "쟤 누구야!" 하는 말을 듣고 싶은 건지, 돈을 벌고 싶은 건지……. 그런 것에 따라 처신이 달라집니다. 진짜 연기를 하고 싶은 사람은 직업 연기자처럼 행동합니다. 유명해지고 싶고 돈 벌고 싶으면 벌써 행동이 이중적이 되고요.

자기가 하고 싶은 일에 솔직해져야 합니다. 내가 이걸 왜 하는가? 유명해지고 싶어서 하는가, 돈 벌고 싶어서 하는가, 아니면 진짜 그 일이 좋아서 하는가? 그걸 잘 찾아내서 솔직하게 행동하는 게 좋습니다. 유명해지고 싶은 게 나쁜가요? 유명해지고 싶으면 유명해지면 되는 거지요. 죄의식을 가질 필요는 없습니다.

진심으로 원하는 일이 뭔지 찾아내서서 솔직하게 하십시오. 진심으로 원하는 바가 뭔지에 따라 그렇게 하시면 됩니다. 그게 이중이 되면 자꾸 복잡해집니다.

가장 자신 있는 부분, 아주 편안한 자리 •

현재 하고 있는 일이 정말 제가 하고 싶은 일인지 판단이 안 섭니다. 그런 건 어떻게 정확히 알 수 있을까요?

그런 의논을 많이 해 오시는데 우리 명상은 자기를 아는 명상이기 때문에 스스로 찾아내는 것이 가장 바람직합니다. 내가 금생에 왜 태어났으며, 태어난 목적을 위해 어떤 일을 해야 하는지 스스로 찾아내야 합니다.

그런 의문을 쭉 가지고 있으면 그것이 본인에게 화두가 됩니다. 나는 누구인가, 축소해서 내가 해야 하는 일은 무엇인가, 강하게 자신의 화두로 삼으면 명상하는 과정에서 답이 나옵니다.

남들이 부러워하는 일이라 해서 나한테 좋은 일은 아니기 때문에 내가 진심으로 원하는 일을 솔직하게 발견해야 합니다. 솔직해지는 것이 중요합니다. 남들이 비난하고 깎아내리는 일이라 해서 못하지는 마십시오.

저는 이것저것 관심 분야는 많은데 뭘 선택해야 할지 모르겠습니다. 어떻게 하면 자신의 길을 찾을 수 있을까요?

사람이 아무 일이나 할 수 있을 것 같아도 막상 할 수 있는 일은 그리 많지가 않습니다. 인간으로 이 세상에 태어날 때 그만의 역할이 주어지기 때문이며, 이 역할에 적합한 기능을 갖고 태어나기 때문입니다.

우선 본인이 하여야 할 일을 각각 몇 장의 종이에 써놓고, 호흡으로 마음을 가다듬은 후 그중에서 가장 자신이 있는 부분을 선정해 보십시오.

자신의 길이란 자신이 그 자리에 있을 때 아주 편안하여 조금도 마음의 동요가 없는 것으로 알 수 있습니다. 우리는 이곳을 찾아 명상을 하고 있는 것이며, 저 또한 여러분에게 이곳을 알려주고자 하는 것입니다.

저는 미술에 소질이 있어서 일단 미대에 진학하려고 합니다. 그런데 제가 나중에 미술로 성공할 수 있을지 자신이 없어서 고민입니다.

미술로 성공하려면 본인의 내부에서 그림을 향한 정열이 90점 이상 되어야 합니다. 질문하신 분의 경우 68~72점이며 취미로 하기에는 아깝고 직업으로 하기에는 부족한 정도네요.

무리하지 말고 자신의 길을 갈 수 있도록 하십시오. 그림만이 반드시 자신의 길이 아닙니다. 무엇이 자신이 가야 할 길인가 생각해보고 다시 상의하시기 바랍니다. 자신을 낮추고, 낮춘 자신의 안에서 길을 찾을 때 진정 자신이 가야 할 길이 보일 것입니다.

때가 돼야 알아지는 스케줄

제 경우 뭘 해야 할지 아예 감이 잡히지도 않습니다. 모든 게 답답하기만 한데 어찌하면 좋습니까?

그게 길을 찾는 과정인데 자신의 길이 그렇게 쉽게 찾아지지가 않아서 참 오래 걸립니다. 저도 한참 학교 다니고 사회 생활할 때는 명상에 인연이 있으리라고는 상상도 못했습니다. 누가 명상을 한다 하면 '어떻게 가만히 앉아서 그걸 하나, 차라리 그 시간에 테니스를 치는 게 낫지' 이렇게 생각했습니다. 상당히 외부 지향적이었거든요.

그런데 왠지 만족을 못하는 게 있었습니다. 일은 열심히 하는데 내 자리가 아닌 것 같고, 내 일이 아닌 것 같고, 남의 일 대신 해주는 것 같고, 내가 할 일은 따로 있는데 그걸 잘 모르는 것 같고……. 계속 이런 생각이 들었습니다. 현실적이고 일을 열심히 하는 성격이라서 인정을 받는데도 채워지지 않는 게 있었습니다. 저만 아는 것이었지요. 남들은 제가 즐기면서 잘하는 줄 아는데 저는 너무 싫었던 겁니다.

내가 왜 태어났을까? 내가 해야 하는 일이 뭘까? 가야할 길은 뭘까? 이런 생각을 계속 했는데 어느 날 갑자기 계기가 왔습니다. 나이 40이 다 될 때까지 제가 명상을 할 거라는 생각은 전혀 못했는데 어느 날 갑자기 그렇게 됐습니다.

당시 직장에서 같이 일하는 한 분이 어느 명상단체에 다니고 있었는데 자기가 다니면서 체험한 얘기를 계속 하더군요. 왠지 제가 하면 잘할 것 같다는 얘기를 하면서요. 저는 그 얘기를 들으면서도 전혀 동요가 없었습니다. 운동하는 것쯤으로 단순하게 생각했습니다.

그런데 어느 날 새벽에 누가 저를 부르더군요. "화영아!" 하고 부르는데 제 목소리였습니다. 일어나서 '누가 나를 불렀나?' 생각해 보니 틀림없이 제 목소리였습니다. 내가 나를 부른 건데 '지금 이러고 있을 때냐?' 하고 각성시키는 어투더군요.

이게 대체 무슨 뜻일까 생각하면서 출근하려고 운전대를 잡는데 직장 동료가 얘기했던 그곳이 떠올랐습니다. 출근하자마자 "당신 다니는 데가 어디라 했지? 한번 가봐야겠다" 하니까 좋아라 하면서 거기 지도자한테 전화를 걸더군요. 그런데 오후가 되니까 몸이 찌뿌드드하면서 가기가 싫어지는 겁니다. 그래서 다음에 가야겠다고 하니까 안 된답니다. 간다고 이미 다 말을 해 놓았다면서요.

할 수 없이 갔는데 마음에 안 들더군요. 바닥에 머리카락 떨어진 게 보이고 '저 더러운 데서 어떻게 누워서 하나' 이런 생각까지 들었습니다. '다니지 말아야겠다' 생각하면서 옷 갈아입고 나오는데 눈빛이 형형한 남자가 앉아 있었습니다. 괜히 저한테 말을 거는데, 자기가 40일 작정하고 산에서 명상을 하다가 왠지 모르게 그날 오고 싶어서 하산했답니다. 한 30분간 얘기를 했는데 '아, 이런 사람도 있구나!' 했습니다. 답답하지가 않고 탁 트였더군요. 그 사람한테 끌려서 다니기 시작했습니다. 그 사람이 1주일 동안 거기 와 있었는데 만일 그 사람이 없었다면 저는 아마 첫날 나가고 안 나갔을 겁니다. 인연이 묘하게 이어진 겁니다.

명상을 해보니 제가 이 세상에서 해봤던 일 중에서 제일 재미있었습니다. 그동안 고리타분하다고 생각했던 게 왜 그렇게 재미있을까요? 전에 해본 일 같아서 내가 인연이 있나 보다, 했습니다. 그러고는 인생이 180도 달라졌습니다.

그렇게 저절로 됐습니다. 때가 되면 길이 알아지더군요. 여기 오시는 분들을 보면 자신의 길이 금방 드러나는 분이 있는가 하면 2~3년 후에 알아지는 분이 있고, 또 아주 오래 걸려야 알아지는 분도 있습니다. 그런 분에게는 미리 얘기를 안 합니다. 본인이 다 겪으면서 알아야 하는 것이기 때문입니다.

자신의 길을 알기 전에는 '산다'고 볼 수가 없습니다. 그때는 예행연습입니다. 진짜 자신의 길을 알고부터 산다고 볼 수 있는데 그 길이 그렇게 쉽게 알아지지가 않더군요. 제가 작가가 된 것도 그렇습니다. 평소 말 잘한다, 글 잘 쓴다는 얘기는 많이 들었지만 작가가 되리라고는 꿈에도 몰랐습니다. 그렇게 자신의 재능이 숨어 있는 경우가 많습니다.

어렸을 때부터 천재적 능력을 발휘하는 분들 있잖습니까? 그런 분들은 재능이 금방 드러나는 스케줄을 가지고 나온 경우입니다. 보석에 비유하면 세공된 상태로 나온 겁니다. 반면 재능이 깊이 감춰져 있는 분들이 있습니다. 원석 상태라고 볼 수 있는데 그것도 광산 깊이 들어가야 파지는 원석입니다. 그런 분은 깊이 들어가서 원석을 발견하고 캐내야 하니까 굉장히 오래 걸립니다.

명상을 해야 하는 분들은 대개 잘 안 드러납니다. 자기가 뭘 잘하는지도 모르고요. 자신의 길을 발견하기까지 온갖 고생을 다 하는 스케줄인데 아주 길고 오묘하고 지루하게 지속됩니다.

그런데 그런 스케줄이 좋습니다. 금방 어떤 재능을 발휘해서 빛이 되고 귀감이 되는 사람은 사실 명상에 인연이 있는 경우는 아니거든요. 명상에 인연이 있는 사람은 남이 알아주지 못하는 상태로 지냅니다. 인물인지 아닌지 자기 자신조차 모릅니다. 밋밋하게 있다가 명상을 하면서 감춰진 재능이 드러나는데 그 다음에는 아주 눈부시게 바뀝니다. 그러니 금방 안 드러난다고 섭섭해 하지 마시기 바랍니다.

집에서 살림하는 일 •

그럼 집에서 살림하는 여자 분들의 경우는 어떤가? 그 일만 해도 괜찮은가, 아니면 다른 일을 해야 하는가? 그건 본인이 더 잘 압니다. 살림을 하면서 창조적인 능력을 발휘하고 보람을 느끼면 괜찮은 것이고, 살림에 의미를 못 느끼고 욕구불만이 있는 상태라면 반드시 다른 일을 찾아야 하는 겁니다.

살림이라는 게 사실 시중드는 일이지요. 남편과 아이들 시중드는 일이지 내 일은 아니라는 생각이 들 수 있습니다. 하지만 본인이 그렇게 생生해주는 일을 통해서 의미를 찾고, 보람을 느끼고, 기운이 적당해서 괜찮으면 되는 것입니다. 스스로 생각할 때 그 일에 의미를 못 느끼고, 기운이 남아돌고, 뭔가 할 일이 필요하다고 느끼는 상황이라면 반드시 일을 찾아야 하고요.

살림만 해도 기운이 달리는 사람이 있는가 하면, 살림 정도는 일도 아니라고 생각하는 사람이 있습니다. 각자 타고난 기운이 다르기 때문에 스스로 생각해 보셔서 살림만 해서는 도저히 보람도 못 느끼고 안정도 못 찾겠다 하면 반드시 일을 찾아서 하십시오. 그건 기운이 남아도는 상태거든요. 살림만으로도 내가 힘이 부친다, 충분히 나를 즐겁게 해준다, 하면 그 일도 괜찮은 것이고요.

살림을 할 때는 자부심을 가지고 하십시오. 직접 경제활동은 안 해도 남편이나 아이들을 격려하고 부추겨서 밖에서 활동을 잘하도록 도와주고 있잖습니까? 밖에 나가 돈은 벌지 않아도 충분히 가치 있는 일을 하고 있는 겁니다.

가족들이 나한테 부당한 요구를 못하게 하십시오. 나도 내 역할을 하고 있으니 거기에 관여하지 마라, 이렇게 한계를 두십시오. 생각을 어떻게 하느냐에 따라 자부심을 갖고 요구할 수도 있는 일입니다. 내가 얹혀산다고 생각하면 소극적이 되는 것이고요.

다 기둥일 수는 없다 •

세상에서는 초석이 되고 밑거름이 되는 일도 꼭 필요합니다. 다 주인공일 수는 없습니다. 연극에서 다 주인공 하면 누가 조연을 하고 누가 엑스트라를 하겠습니까? 그런 일도 필요한 일입니다. 이런 시각에서 자신의 일을 결정하시기 바랍니다.

어느 분이 "나, 배경이고 싶다" 그런 시를 쓰셨더군요. 배경으로서 스스로 충분히 만족하고 그 속에서 자기 일을 찾으면 그것도 괜찮습니다. 그 속에서 창조적인 일을 찾으면 됩니다. 피동적으로 할 수 없이 남의 배경이 되어 주는 건 못할 노릇이지만 남을 빛내주기 위해서 스스로 선택해서 하는 건 괜찮은 것입니다.

공자님 말씀에 "시골 마을 촌장이 한 명 나오려면 바보 천 명이 있어야 한다"는 구절이 있습니다. 촌장이라는 지도자 한 명을 만들려 해도 그만큼 도와주는 사람이 많이 있어야 한다는 것입니다. 자신이 그렇게 도움을 주는 역할을 타고 나왔을 수도 있습니다.

그럼 그건 의미가 없는 일인가? 아닙니다. 그 속에 자신의 인생이 있는 겁니다. 집 지을 때 다 기둥 하겠다 하면 누가 자갈이 되고 모래가 되며 시멘트가 되겠습니까? 사람마다 역할이 다른 겁니다.

자기 자리를 찾으십시오. 내 인생에서는 내가 주인공이지만 사회에서 한 부분을 이룰 때는 내 역할이 기둥일 수도, 서까래일 수도, 모래나 자갈일 수도 있습니다. 모래나 자갈은 남을 엮어주고 튼튼하게 해주는 역할이지요. 그러면서도 스스로 자기를 볼 때는 자기가 주인입니다.

우주 속에서 존재할 때는 다 자기 역할이 있습니다. 길거리의 보도블록들도 다 그 자리에 놓여 있는 이유가 있습니다. 같은 자리에 있지 않고 어떤 보도블록은 여기 있고 어떤 보도블록은 저기 있는데 다 자기 자리입니다. 만일 어떤 보도블록이 튀어 나와서 다른 보도블록 위에 얹혀 있다면 남의 자리를 침범한 게 됩니다. 자기 역할을 수행하지 못한 겁니다. 정확하게 자기 자리에 가서 서야 합니다. 자기 자리를 찾는 것이 명상입니다.

10여 년 전에 조사해 보니까 우리나라의 직업이 2만여 종이라고 하더군요. 그때 미국의 직업은 20만여 종이었습니다. 그만큼 미국 사회가 다양하다는 얘기입니다. 그때 이미 발 전문점 같은 것이 있없는데 다 자기들이 찾아낸 일입니다.

그에 비하면 우리 사회는 참 획일적입니다. 직업이라고 해봐야 별로 많지가 않습니다. 삶이 다양하지 않다는 얘기지요. 그만큼 각 분야에서의 생존경쟁도 치열하고요. 그러니 남들이 안 하는 일을 창조적으로 자꾸 찾아내십시오.

세상공부를 하기 위한 일 •

교도관으로 6년여를 근무하다가 그만두고 시장에서 장사를 시작하신 회원님이 계십니다. 이분의 경우 사회생활이 많이 필요한 스케줄입니다. 두루 사회를 알면서 두루 깨어야 하기 때문입니다. 깨달음이란 의식이 깨이는 건데 의식이 명상으로만 깨이지는 않거든요.

이분을 보면 상당히 치우친 면이 있습니다. 매사를 자기한테 유리한 쪽으로만 해석합니다. 그런데 자기가 봐왔던 세상이 전부가 아니지요. 좁은 시야로 극히 일부를 봐왔습니다. 이제는 사람들을 많이 접촉하면서 두루 보는 공부를 해야 합니다. 그래야 치우친 생각을 안 합니다.

세상에 나가는 것에 대해 두려움이 많더군요. 세상공부는 하기 싫고 자꾸 숨고만 싶어 합니다. 교도소라는 직장도 사실은 숨는 곳이었습니다. 도피하는 습성이 배어 있는데 그걸 고치려면 세상으로 나가야 합니다.

지금 동대문 시장에서 좌판 놓고 장사를 하는데 세상을 잘 알 수 있는 공부입니다. 길거리에서 오가는 사람을 보면서 경제를 피부로 느낄 수 있는 일입니다. 경제를 알려면 은행이나 증권거래소에 앉아 있어야 하는 게 아니지요. 길거리에서 좌판 놓고 팔면 훨씬 빨리 알 수 있습니다. 정치도 알 수 있는데 오가는 사람들의 행색, 태도, 하는 얘기 등을 잘 관찰하면 '나라가 어떻게 돼가고 있구나' '어떻게 해야 하는구나' 하고 터득이 됩니다.

김시습 선인은 세상이 돌아가는 모습을 보면서 깨달음을 얻은 분이십니다. 이지함 선인은 인간을 깊이 연구해서 깨달음을 얻으셨습니다. 남사고 선인은 또 자연을 깊이 체득해서 깨달은 분이시고요. 앉아서 내부로 파고드는 방법도 있지만 이런 것도 하나의 방법입니다. 방법은 여러 가지가 있습니다. 어떤 방법이든 숨 쉬는 일은 병행해야 하고요.

인간에게 관심 갖기 위한 일 •

어느 남자 분은 사법 연수원을 나와서 변호사 개업을 한 지 얼마 안 됐는데 '변호사가 과연 내 일인가?', '때려치우고 싶다' 이런 생각을 하루에도 몇 번씩 한다더군요. 이분의 경우 전생에 판단을 한 번 잘못했던 인연으로 법복을 입은 것입니다. 이번 생에 그걸 풀어야 합니다. 변호사 일을 통해 인간사를 두루 공부해야 합니다.

행복한 사람은 법에 관심이 없습니다. 법전을 뒤지고 법에 관심을 갖는 사람은 대개 불행한 사람입니다. 그런 사람들의 애환을 보면서 교통정리를 해줘야 합니다. 인간 군상들의 살아가는 모습을 보면서 등대 역할을 해줘야 하는 것입니다.

그러려면 사람에게 관심을 가져야 하지요. 자기 일 외에는 관심이 없는 성격인데 변호라는 건 사람에게 관심을 갖다 못해 사랑을 해야 할 수 있는 일이지요. 변호사 일을 통해서 사람에게 관심 갖는 공부를 하라는 뜻이 있는 것입니다.

어느 여자 분도 비슷한 경우인데 전생에 식물을 재배하는 일에 종사했습니다. 식물이나 꽃을 많이 좋아했는데 사람에게는 관심이 없었습니다. 그 공부가 미흡해서 내려온 것입니다. 보면 잠재력이 상당한 분입니다. 직업이 의사인데 상당히 글을 잘 쓰고 말을 잘합니다. 남을 설득해서 끌고 가는 능력이 있습니다.

그런데 그런 능력을 발휘하지 않고 뒷전에 물러나 있었습니다. 항상 남편을 앞세우고 뒤에만 있었습니다. 이제는 앞에 나서서 연사도 되고, 글도 써서 여러 사람을 끌고 가는 일을 해야 합니다. 방향을 전환해야 하는 시점에 있습니다.

자신의 역량보다 넘치는 일 •

저는 사회 공부나 제 성격적인 결함을 고치는 데 도움이 될 것 같아서 피부관리사 일을 하고 있습니다. 그런데 말을 많이 해야 하니까 힘들더군요. 사람을 직접 만지다 보니 탁기(濁氣, 탁하게 오염된 기운)도 많이 받고요. 이 일을 언제까지 해야 할까요? 지금이라도 그만두고 딴 일을 찾아야 할까요?

괴로움을 느낄 정도면 옮겨야지요. 본인이 괴롭지 않다면 괜찮은 것이고요. 그런데 앞으로도 사람을 상대하는 일을 계속 해야 한다면 저항할 수 있는 힘을 길러야 합니다. 보니까 사람을 상대하는 일이 적성에 맞는 것 같네요. 그러면 탁기를 이겨낼 수 있게끔 본인의 역량을 자꾸 길러야 합니다. 지금 상태에서는 그 일을 좀 더 하면서 역량을 기르는 게 나을 것 같습니다.

　항상 사람은 자신의 역량보다 좀 넘치는 일을 해야 발전을 합니다. 능력이 100인데 70, 80 정도의 짐을 지우면 콧노래 부르면서 너끈하게 할 수 있지요? 그런데 거기에 120, 150의 짐을 지우는 경우가 있습니다. 단시일 내에 그분의 역량이 강화되기를 바라기 때문입니다. 힘겨울 때는 그러한 목적이 있음을 생각하시기 바랍니다.

저도 요즘 회사 생활이 많이 힘겨운데 어떻게 해야 할까요?

　질문하신 분의 경우 조직 속에 들어가서 조직의 일원이 되는 공부를 해야 합니다.

저는 세무 공무원으로 일하고 있는데 지금의 직업이 적성에 안 맞다는 생각이 자꾸 듭니다.

아마 어느 직업을 택해도 그럴 겁니다. 원인이 자기한테 있지 직업에 있는 게 아닙니다. 매사가 정확해야 하고, 아주 분명해야 하고, 그런 성격이 심하잖습니까? 그런 고지식한 성격 때문에 어려움을 겪는 겁니다.

꿈을 낮추고 작은 것부터 •

저는 집안일을 정리하고 산뜻하게 사회생활을 시작하고 싶은데 정리가 잘 안 됩니다. 능력이 부족하다 보니 나서는 게 두렵기도 하고요.

정리하고 나서 하겠다고 생각하지 마시고 그냥 하세요. 생각났을 때 일단 일을 하면 정리가 됩니다. 뭐든 바닥에서부터 하면 되는 겁니다.

본인이 꿈은 큰데 현실은 못 따라주니까 간격이 생겨서 힘든 건데 꿈을 좀 낮추고 작은 것부터 하나하나 시작하면 됩니다. 생활 속에서 무슨 마케팅이라도 해보시지요.

제가 제일 먼저 버려야 할 것은 무엇일까요?

자존심을 버려야지요. 낮아져야 합니다. 지금이라도 길거리에 좌판 놓고 뭐든 팔 수 있으면 됩니다. 옛날에 어머니들이 자식이 돈 달라, 학비 달라 하면 집에서 농사지은 작물을 장에 가서 놓고 팔지 않았습니까? 그렇게 해서 돈으로 바꿔 왔습니다. 그게 참 위대한 거지요. 그렇게 할 수 있어야 합니다. 자신을 바쳐서 그렇게 할 수 있으면 되는 겁니다. 그걸 못하면 아무것도 못하는 것이고요.

먼저 정서적으로 독립해야 •

아는 분이 번화가에서 음식점을 경영하는 여사장인데, 하는 행동을 보면 '음식점 사장' 보다는 '누구 아내' 가 훨씬 크더군요. 사장이면 사장다워야 하는데 한 80%는 누구 아내입니다. 별로 잘나지도 않은 남편의 비중이 너무 큰 거지요.

사실은 이분이 남편보다 더 잘났습니다. 그릇이 커서 오히려 남편을 끌어줘야 하는 입장입니다. 그런데도 만날 남편 뒤에 서서 징징거립니다. 계속 남편을 올려다보면서 밑에서 징징거리다 보니 못 벗어납니다. 그렇게 된 원인은 남편을 너무 사랑해서입니다. 남편한테 매달려서 자기를 조그맣게 만든 겁니다. 남편을 위에서 내려다볼 수도 있는 건데요.

남편으로부터 벗어나지 못하는 여자 분들을 보면, 남편이 자기를 가두는 경우도 있지만 그렇게 스스로 못 벗어난 경우가 더 많더군요. 남편 안에 숨어서 자기를 억누르는 겁니다. 태아가 엄마 몸속에서 쭈그리고 있듯이 그런 자세로 있습니다. 스스로 서지를 못합니다. 외로워서 남편이 필요하고, 남편의 인도가 필요하고, 그렇게 정서적으로 의존하고 있는데 남편을 버릴 수 있어야 합니다.

버리라는 게 이혼하라는 얘기는 아닙니다. 남편을 독립시키라는 것입니다. 피장파장으로 서로 독립을 못하는 경우가 많은데 배우자를 독립시키면서 자기도 홀로 서야 합니다.

 일가를 이루라

내 분야에서 일인자가 되겠다

　명상하시는 분들은 일할 때 신바람 나게 일하셨으면 좋겠습니다. 시시하게 하지 마시고요. 기왕 일할 바에는 신바람 나게 하면 좋잖습니까?
　자신에 대한 자부심이 있어야 합니다. 내 분야에서 일인자가 되겠다, 남이야 알아주든 말든 내가 만족할 수 있는 경지까지 가겠다, 이런 야심이 없이는 명상을 할 수가 없습니다. 명상에서 끝을 보는 것은 다른 일보다 몇 배 더 힘든 일이거든요. 자신의 일을 시시하고 흐지부지하게 해서는 명상도 할 수 없습니다.
　아이를 키워도 아주 잘 키우시기 바랍니다. 요즘 젊은 연예인들을 보면 경쟁하듯이 아이를 잘 키우더군요. 연기도 잘하고 요리책도 내면서 살림도 똑 부러지게 하는데 다 끼가 많아서 그런 것입니다. 끼가 곧 기氣입니다. 기가 장해지면 그렇게 됩니다.

살림도 시시하게 하고 일도 시시하게 할 바에는 차라리 명상을 안 하는 게 낫습니다. 각자 맡은 분야에서 일가를 이루어야만 명상을 끝까지 해낼 수 있습니다. 자기 일에서 일가를 이루려는 마음가짐과 각오가 없으면 그냥 하다가 맙니다. 도중에 시시한 핑계를 대고 그만둡니다. 자신의 일에서 일가를 이루겠다는 자세가 있어야 명상에서도 일가를 이룰 수 있는 것입니다.

뭐든 최고는 대단한 것

뭐든 최고는 대단한 것입니다. 어떤 분야이건 정상에 올랐다는 것은 대단한 것입니다. 정상에 오른 분들의 한 가지 공통점은 집념이지요. 그것밖에 모르는 게 공통점입니다.

제가 방송작가 활동을 하면서 정치 드라마를 쓸 때 취재를 많이 했습니다. 높은 사람도 많이 만났는데 우리가 볼 때 이상한 사람도 그 자리에 가있는 이유가 꼭 있더군요. 장관을 보면 장관이 된 이유가 있고, 과장을 보면 과장이 된 이유가 있습니다. 그런 분들의 공통점은 집념입니다. 비서관으로 20년, 30년 따라다니면서 기어코 무얼 하나 따내는 게 쉬운 일이 아니잖습니까? 나도 언젠가는 빛을 보겠다는 집념 하나로 버티다가 결국 빛을 본 것입니다. 20~30년 그렇게 하기란 쉬운 일이 아니지요. 대개는 하다가 안 되겠다 싶으면 금방 진로를 바꾸지요. 그런데 계속 한 우물을 파니까 끝이 나오는 겁니다.

명상하시는 분들도 그렇게 자기 분야에서 끝을 보시기 바랍니다. 하는 것도 아니고 안 하는 것도 아니고, 그렇게 시시하게 할 바에는 안 하는 게 낫습니다. 각자 맡은 분야에서 정상의 자리에 가시기 바랍니다. 살림을 하셔도 아주 피나게 하시고요.

온몸의 세포 하나하나까지 열중해서

한번, 성공한 분들의 자서전을 읽어 보시기 바랍니다. 만일 내가 출판업을 시작한다 하면 출판업에서 성공한 분의 자서전을 읽어 보시고, 천연비누 가게를 낸다 하면 샤넬 같은 분의 자서전을 읽어보시는 겁니다. 그런 분들은 어쩌다가 그렇게 유명해졌는가? 어쩌다가 그렇게 돈을 많이 벌게 됐는가?

자서전을 읽어 보니까 돈 번 분들은 공통점이 있더군요. 돈을 벌려고 해서 번 게 아니라는 것입니다. 재미있게 열심히 일하다 보니까 돈이 벌렸다는 겁니다. 이상하게도 '돈을 벌겠다' 하면 돈이 안 벌립니다. 푹 빠져서 재미있게 열심히 일하면 그냥 돈이 벌리고요.

얼마 전에 이수영이라는 분이 쓴 『나는 이기는 게임만 한다』라는 책을 봤는데 발레리나에서 벤처 사업가로 변신한 분이더군요. 무일

푼으로 시작해서 500억 신화를 이루었답니다. 발레리나가 무슨 돈이 있겠습니까? 학위는 땄지만 교수도 아닌 상태로 출강을 하고 발레 공연을 했는데, 그러다가 버리고 사업가로 새로 시작했답니다. 자기는 발레가 전부가 아니었답니다. 발레를 하면서 행복하기는 했지만 그것만으로는 만족할 수 없었답니다. 사업에 뛰어들면서 만족감을 느낄 수 있었다고 합니다.

3년 동안 전심전력을 다 했다고 합니다. 사업을 시작한 지 7년쯤 됐는데 일어선 것은 3년 전부터라고 합니다. 성공한 사람들이 대개 그렇듯이 새벽별 보고 나가서 저녁별 보고 들어오는 과정을 3년 동안 해서 이뤄냈다고 합니다.

뭔가 하나 이루어내시는 분들은 온통 그 생각뿐이지요. 자나 깨나 그것만 생각합니다. 뭔가에 열중하면 세포 하나하나까지 통일이 돼서 결국 그 일을 해내게 되는 겁니다.

그리고 '돈을 벌어야겠다' 보다는 '이루어야겠다' 는 일념이 있을 때 돈은 벌립니다. 그런 생각 없이 무작정 벌어야겠다 하면, 그건 허영이고 거품입니다. 이루어야겠다는 일념을 갖고 노력하다 보면 돈은 결과적으로 벌리는 것입니다.

치열한 승부 근성으로 •

지금 이 정도가 만족스러운 상태는 아니지만, 이만큼 오기까지 저도 피눈물 나게 치열하게 했습니다. 제가 승부 근성이 있습니다. 안 한다고 하면 안 하는데 일단 손을 대면 치열하게 끝을 보는 성격이 있습니다.

제가 사회생활을 시작할 때만 해도 직장에 여자들이 별로 없었습니다. 전문직 여성은 더욱이 없었는데 여자들이 직장 다니는 게 너무나 힘든 시절이었습니다. 남녀차별이 상당히 심했는데 예를 들어 여자가 결혼을 하면 반강제로 퇴직을 당하는 식이었습니다. 임신한 여성이 일하러 다니면 "일 안 하면 굶어 죽나 보지, 남편이 무능한가 보지?" 하고 비아냥거렸고요. 그런 분위기에서 살아남으려면 얼마나 치열하게 했어야 했는지 모릅니다.

제가 처음 직장 생활을 시작한 곳은 어느 신문사였습니다. 당시 저는 '국제기구에 근무하거나 아니면 여성으로서 최초의 논설위원이 되겠다'는 생각을 갖고 있었고 그래서 신문사에 들어갔던 것인데, 수습기자 생활을 하다 보니 신문사 분위기가 저와 안 맞더군요. 저는 그렇게 시끄러운 데서는 도저히 글을 쓸 수가 없었습니다. 당시만 해도 신문사 분위기가 도떼기시장 같았거든요.

국제기구에 가야겠다, 하고 다시 알아봤는데 어찌어찌해서 당시 적십자사 총재의 비서로 들어가게 됐습니다. 당장 그 이튿날부터 출근을 하게 됐습니다. 마침 그분은 출장을 가고 없더군요. 빈방을 지키는데 누가 와서 비서가 할 일을 알려줬습니다. 출장을 간 삼일 동안 비서 업무를 터득했습니다.

그분이 돌아와서 놀라더군요. "누구한테 전화 좀 하라"고 하면 말이 떨어지기가 무섭게 다이얼을 돌리니까요. 전화번호를 다 외웠거든요. 좀 지나니까 전화가 오면 누군지 다 알겠더군요. 전화가 와서 수화기 너머로 "여보세요-" 하는 목소리만 들으면 "아, 안녕하세요?" 하고 응대를 했는데 그런 비서가 없었지요. 그런 자세로 일했기 때문에 사회에서 성공할 수 있었던 겁니다.

여성개발원에서 일할 때도 나는 국제협력 전문인력이다, 그 분야의 전문가가 못 될 바에는 차라리 일을 안 하겠다, 하는 치열한 승부 근성으로 일했습니다. 사실 제가 영어는 잘 못했습니다. 한국에서 배운 영어다 보니 실력이 부족했는데, 그래도 국제협력 업무를 십몇 년을 했습니다. 제가 당시 '미즈 문'이라는 호칭을 썼는데 "미즈 문을 만나면 다 된다"는 인식이 생길 정도였습니다. 국제기구 인사나 외교관들이 한국에 와서 여성 관련 사항을 알고 싶으면 미즈 문을 만나면 다 해결된다고 생각했지요.

제 별명이 탱크였습니다. 안 한다고 하면 안 하는데 일단 한다고 하면 다른 사람들은 발 뻗고 잤습니다. 저 사람한테 맡기면 틀림이 없다고 생각했으니까요. 그래서 온갖 일을 다 했고, 맡은 일은 최선을 다해서 했습니다. 국제회의를 기획해서 하면 한 번도 실패한 적이 없었고, 또 성공적인 회의였다는 평가를 받아야 직성이 풀렸습니다.

그러다가 명상을 알게 됐는데 숨 쉬는 일이 그렇게 재밌을 수가 없더군요. "숨 쉬는 일이 재밌다"고 하면 이상하게 들릴지 모르는데 몰입해서 호흡을 해보면 그것만큼 재밌는 일이 없습니다. 재미가 없다면 그건 아직 빠지지 못해서입니다.

　명상이 너무 하고 싶어서 도저히 참을 수가 없었습니다. 그래서 직장에 사표를 냈는데 1년 동안 수리를 안 해주더군요. 그 정도로 직장에서 인정을 받았던 겁니다.

　본격적으로 명상을 시작하고부터는 이것저것 공부를 많이 했는데 그때도 참 치열하게 했습니다. 10년 할 공부를 1년 안에 해내곤 했습니다. 황제내경, 침술, 풍수지리 등등 다양하게 공부했는데 책 보느라고 새벽 서너 시까지 안 잔 일이 많았습니다. 의학 관련 책들이 굉장히 어려운데, 황제내경을 몇 번에 걸쳐 읽었고 침술에 관한 방대한 책들도 다 읽었습니다. 그걸 읽고 적용하다 보면 아이들 학교 갈 시간이 되곤 했습니다. 열중해서 뭔가 할 때는 잠도 안 오고 피곤하지도 않더군요.

　뭐든 그렇게 해왔습니다. 뭔가에 열중하면 스스로 만족할 만한 수준이 될 때까지는 안 놓았습니다. 명상도 그런 식으로 했고 지금 하는 일도 그렇게 하고 있습니다. 자신의 일에서 부지런하다는 얘기입니다. 그렇게 해야 뭔가 될까 말까 합니다.

왜 기운이 없는가?

　되는 일도 없고, 뭘 어떻게 해야 할지 모르겠고……, 그런 분들이 있더군요. 자신이 진정 하고 싶은 일이 뭔지, 뭘 할 수 있는지도 모릅니다. 한 가닥이라도 떠올라야 하는데 막연하게 "뭐가 좋을까요?" 묻는 상태입니다.

그런 분들에게는 일단 기운부터 바꾸라는 말씀을 드리고 싶습니다. 능력이든 건강이든 돈이든 기운이 장해야 끌어들일 수 있거든요. 기운이 장하면 기운의 힘으로 오는데 약하면 놓칩니다. 일단 강해야 뭘 찾아먹을 수 있습니다. 양질의 기운으로 빵빵하게 축기(蓄氣, 단전에 기운을 쌓는 것)를 해야 의욕도 생기고 하고 싶은 생각도 납니다.

단전이 빵빵하면 아침에 일어나면 막 떠오릅니다. 아이디어가 떠오르고 뭔가 하고 싶은 의욕이 샘솟습니다. 그게 100점 상태입니다. 99점일 때도 안 그러는데 꼴깍 100점이 넘으면 그때부터는 매일 눈 뜨면 기분이 상쾌하고 의욕이 샘솟습니다. 그런 상태가 돼야 합니다.

그분들이 원래부터 기운이 없는 사람들인가? 아닐 겁니다. 산만하니까 기운이 나가는 것일 겁니다. 명상하면서 기운을 받는데도 자꾸 기운이 없다고 호소하는 분들도 마찬가지입니다. 기운이 흩어져서 그러는 겁니다. 쓰는 걸 생각하면 그렇게 기운이 없을 이유가 없는데 이 생각 저 생각 너무 산만하니까 그러는 겁니다.

보통 사람들은 대개 한 가지 내지 두 가지 목표를 가지고 삽니다. 소위 '달인'이라는 분들을 보십시오. 등산이면 등산, 카누면 카누, 붓글씨면 붓글씨, 평생 한 가지만 생각하며 살잖습니까? 기운이 없다는 분들에게 목표를 써보라고 하면 아마 10가지가 넘을 겁니다.

가 없다면 그건 아직 빠지지 못해서입니다.

명상이 너무 하고 싶어서 도저히 참을 수가 없었습니다. 그래서 직장에 사표를 냈는데 1년 동안 수리를 안 해주더군요. 그 정도로 직장에서 인정을 받았던 겁니다.

본격적으로 명상을 시작하고부터는 이것저것 공부를 많이 했는데 그때도 참 치열하게 했습니다. 10년 할 공부를 1년 안에 해내곤 했습니다. 황제내경, 침술, 풍수지리 등등 다양하게 공부했는데 책 보느라고 새벽 서너 시까지 안 잔 일이 많았습니다. 의학 관련 책들이 굉장히 어려운데, 황제내경을 몇 번에 걸쳐 읽었고 침술에 관한 방대한 책들도 다 읽었습니다. 그걸 읽고 적용하다 보면 아이들 학교 갈 시간이 되곤 했습니다. 열중해서 뭔가 할 때는 잠도 안 오고 피곤하지도 않더군요.

뭐든 그렇게 해왔습니다. 뭔가에 열중하면 스스로 만족할 만한 수준이 될 때까지는 안 놓았습니다. 명상도 그런 식으로 했고 지금 하는 일도 그렇게 하고 있습니다. 자신의 일에서 부지런하다는 얘기입니다. 그렇게 해야 뭔가 될까 말까 합니다.

왜 기운이 없는가?

되는 일도 없고, 뭘 어떻게 해야 할지 모르겠고……, 그런 분들이 있더군요. 자신이 진정 하고 싶은 일이 뭔지, 뭘 할 수 있는지도 모릅니다. 한 가닥이라도 떠올라야 하는데 막연하게 "뭐가 좋을까요?" 묻는 상태입니다.

그런 분들에게는 일단 기운부터 바꾸라는 말씀을 드리고 싶습니다. 능력이든 건강이든 돈이든 기운이 장해야 끌어들일 수 있거든요. 기운이 장하면 기운의 힘으로 오는데 약하면 놓칩니다. 일단 강해야 뭘 찾아먹을 수 있습니다. 양질의 기운으로 빵빵하게 축기(蓄氣, 단전에 기운을 쌓는 것)를 해야 의욕도 생기고 하고 싶은 생각도 납니다.

단전이 빵빵하면 아침에 일어나면 막 떠오릅니다. 아이디어가 떠오르고 뭔가 하고 싶은 의욕이 샘솟습니다. 그게 100점 상태입니다. 99점일 때도 안 그러는데 꼴깍 100점이 넘으면 그때부터는 매일 눈 뜨면 기분이 상쾌하고 의욕이 샘솟습니다. 그런 상태가 돼야 합니다.

그분들이 원래부터 기운이 없는 사람들인가? 아닐 겁니다. 산만하니까 기운이 나가는 것일 겁니다. 명상하면서 기운을 받는데도 자꾸 기운이 없다고 호소하는 분들도 마찬가지입니다. 기운이 흩어져서 그러는 겁니다. 쓰는 걸 생각하면 그렇게 기운이 없을 이유가 없는데 이 생각 저 생각 너무 산만하니까 그러는 겁니다.

보통 사람들은 대개 한 가지 내지 두 가지 목표를 가지고 삽니다. 소위 '달인'이라는 분들을 보십시오. 등산이면 등산, 카누면 카누, 붓글씨면 붓글씨, 평생 한 가지만 생각하며 살잖습니까? 기운이 없다는 분들에게 목표를 써보라고 하면 아마 10가지가 넘을 겁니다.

기운이 없을수록 목표가 적어야 하는데 정반대인 것이지요.
 성공하신 분들 보면 대개 그렇잖습니까? 새벽에 별보고 나가서 밤에 별보고 들어옵니다. 구멍가게라도 성공하려면 그래야 합니다. 예술 하시는 분들도 마찬가지고요. 음악이면 음악, 무용이면 무용, 아침부터 밤까지 내내 해야 사회에서 인정받는 예술가가 됩니다. 대개 한 생에 한 가지만 하기도 바쁩니다. 한 가지만 파고들어도 성공할까 말까입니다. 명상하시는 분들은 명상 이외에 한 가지 정도만 생각하시면 됩니다. 그렇게 해야만 기운을 몰아갈 수 있습니다.

원력을 세우라

 파울로 코엘료가 쓴 『연금술사』를 보니까 "자네가 무엇인가를 간절히 원하면 우주만물이 그것이 실현되도록 도와준다네"라는 구절이 있더군요.
 그런데 이것도 원하고 저것도 원하면 해결이 안 납니다. 한 가지만을 원해야 해결이 납니다. 무엇을 하고자 하는지 원력願力을 세워 보십시오. 나를 어떻게 세우고, 그 다음에 주변 사람을 어떻게 세우고, 그 다음에 사회에 어떻게 공헌하고……, 이렇게 뜻을 세워 보십시오.
 목표가 뚜렷하면 힘이 붙습니다. 김영삼이라는 분이 왜 대통령이 됐는가? 대통령이라는 뜻을 세우고, "나는 미래의 대통령"이라고 책상에 써 붙이고, 자나 깨나 일념을 가졌기 때문에 힘이 붙은 것입니다. 만일 하루는 대통령이 되고 싶었다가, 그 다음 날은 작가가 되고 싶었다가, 또 다음 날은 소방수가 되고 싶었다가, 이러면 당연히 힘이 모이지 않습니다.

내가 진심으로 원하는 것이 무엇인가? 찾아보시기 바랍니다. 그걸 찾아내어 힘을 내면 그때부터 가정과 주변의 여러 가지 문제들이 저절로 해결이 납니다. 한 가지만 하다 보면 주변이 그걸 할 수 있는 조건으로 변합니다. 자신이 뜻을 확실하게 세웠기 때문에 우주만물이 도와주는 기운으로 그 사람을 감싸는 것입니다. 만일 힘을 받지 못한다면 목표가 뚜렷하지 않다, 그렇게 생각하시면 됩니다.

구체적으로 상상하라 •

목표를 뚜렷하게 세웠다면 그 다음에는 구체적으로 상상을 해보십시오. 예를 들어 명의名醫가 되고 싶다, 하면 의통醫通을 얻어서 자기 병도 고치고 남도 고쳐주는 모습을 상상하는 겁니다. 실감이 잘 안 나면 허준 선인 같은 모델을 떠올리셔도 됩니다. 허준 선인처럼 명의가 돼서 환자를 치료하고 의서醫書를 집필하는 모습을 상상해 보십시오. 명강사가 되고 싶다, 하면 단상에 나가서 말 한마디를 했는데 사람들이 조용해지고 감명을 받아서 끌려오는 모습을 상상해 보십시오. 해외에 나가서 용맹스럽게 일해보고 싶다, 하면 광개토 선인

같은 모델을 떠올리면서 자신이 일하는 모습을 상상해 보시고요.

상상을 하면 거기에 맞는 기운이 자기한테 옵니다. 자기한테 맞는 파장이 기운에 실려서 옵니다. 수백만 종의 파장이 있다는 말씀을 드렸는데 자기가 바라거나 자기와 맞는 파장이 연결되는 것입니다. 그림을 잘 그리고 싶다, 하면서 자꾸 화가가 된 상상을 하면 그 파장이 연결됩니다. 그러니 꿈을 구체적으로 갖고 자꾸 그리십시오.

작게 시작하라 •

예전에 제가 방송작가 일을 할 때 남북 회담 전문가를 만난 적이 있습니다. 70년대부터 30년 이상 남북 회담에 관여하신 분인데 이면의 온갖 이야기를 다 알더군요. 남북 외교에 관한 드라마를 쓰려고 인터뷰 차 갔는데 너무 아는 게 많아서 끝이 안 났습니다.

제가 그분과 얘기하면서 '남북 회담이 이렇게 됐구나' 하고 감을 잡았습니다. 한 사람의 입을 통해서 감을 다 잡은 겁니다. 만일 그걸 자료를 읽어서 알려면 엄청나게 읽어야 했을 텐데 그분은 그냥 살아 있는 사전이더군요.

친해지니까 고민이 있다면서 제게 털어놓으시더군요. 자기가 은퇴를 했고 할 일도 없으니까 남북 회담에 대한 책을 쓰고 싶은데 못 쓰겠다는 겁니다. 왜 못 쓰는가 봤더니, 처음부터 끝까지 다 쓰려고 하니까 못 쓰는 거더군요.

너무 크게 잡지 말고 작게 잡으라는 말씀을 드렸습니다. 우선 특사들 얘기를 써보시라고 했습니다. 비밀리에 북한에 왔다 갔다 하면서 북한 고위 인사를 만나고 온 분들 얘기만 써보시라고, 그것도 다 못 쓰겠으면 한 사람에 대해서만 써보시라고 했습니다. 그랬더니 이제 좀 감이 온다고 하시더군요. 그런데 결국 책은 안 나왔습니다. 꿈이 너무 커서 하나도 못하고 만 겁니다.

항상 작게 시작해야 합니다. 그래서 성공하면 좀 더 크게 하는 겁니다. 내가 작가가 되고 싶다, 그런데 글이 안 나온다 하면 일기부터 쓰기 시작하는 겁니다. 그 다음에는 주변 인물들에 대해 한 사람씩 써보고요. 어떻게 처음부터 대작이 나오겠습니까?

모방도 좋은 방법입니다. 마냥 내 것, 독창적인 것만 하려다 보면 우물 안 개구리가 되기 쉽습니다. 만날 하던 대로 하기 때문입니다. 안 해본 것도 해보고 남의 것도 따라해 봐야 합니다. 그렇게 해서 하나씩 나오는 것입니다. 자기가 안 하던 걸 하나씩 조그맣게 해서 성공하면 자신감이 생길 겁니다.

철저하게 '장이'가 돼야

저는 조그만 사진관을 운영하고 있는데 갈수록 먹고살기가 힘들어집니다. 이참에 한번 뒤집어엎을까 생각 중입니다. 사실은 큰일을 해보고 싶거든요. 혼자서 좁은 데서 일하기보다는 기왕이면 넓은 데서 큰 걸 해보고 싶습니다.

저분의 문제는 사진장이이면 철저하게 사진장이가 돼야 하는데 사진관을 하면서 딴생각을 많이 한다는 점입니다. 스케일이 크지요. 많이 앞서 가는 생각을 하니까 적응이 잘 안 되는 겁니다.

지금도 큰 걸 하고 싶다는 말씀을 하시는데 저는 반대로 작은 걸 하라는 주문을 하고 싶습니다. 구두를 수선한다 하면 철저하게 구두장이가 돼야 하고, 빵집을 한다 하면 철저하게 빵장이가 돼야 합니다. 그래야만 그 직업에서 성공을 거둘 수 있습니다.

그런데 딴생각, 큰 생각을 하는 데서 오는 격차가 큽니다. 무슨 일을 하든 철저하게 그 직업에 종사하면서 낮아져야 하는데 그러지 못하고 '내가 사진관 안 하고 딴것을 해야 하는데' 하는 마음이 수시로 드는 겁니다. 그러니까 하는 것에 비해 보상이 적지 않았나 합니다.

사진관 운영하는 게 과연 작은 일인가? 남이 이루어 놓은 곳에 들어가서 월급쟁이 노릇하는 건 오히려 쉽습니다. 남이 틀을 만들어 놓은 곳에 가서 일하는 건 어렵지 않습니다. 구멍가게라도 자기 걸 이루어 내기가 힘듭니다. 자기 힘으로 일으킨다는 게 참 힘든 일인 것입니다. 창업하는 사람이 대단한 건 그래서이지요.

하여간에 미쳐야 합니다. 음식 장사에 나섰다면 이곳저곳 다니면서 여기는 왜 사람이 붐비는지, 여기는 왜 파리를 날리는지, 미친 척하고 들여다봐야 합니다. 앉아서 그냥 오는 사람 맞이하면 안 됩니다.

큰 자리에 가면 커지고, 작은 자리에 가면 작아지고 •

길 가다가 어떤 가게에 들어갔는데 가게 주인이 너무 거창한 기색이 있으면 왠지 모르게 싫을 겁니다. '내가 지금은 여기 와있을망정 사진관 사장 할 수준의 사람은 아니다' 이렇게 온몸으로 풍기며 앉아 있으면 너무도 싫을 겁니다.

사진관을 하면 철저하게 사진관 사장이 되고, 카페를 운영하면 철저하게 카페 마담이 돼야 합니다. 얼굴 표정, 옷, 인상, 말투……, 철저하게 그 그릇에 맞게 해야 합니다. 내가 지금 이걸 하는 게 너무 창피하다, 내가 전에 배운 게 많다, 들어오는 손님한테 가르쳐 줘야겠다, 이런 마음으로 있으면 안 되는 거지요.

그릇이 큰 사람은 물과 같습니다. 잔에 부으면 잔의 물이 되고 대야에 부으면 대야의 물이 되는 것처럼 그 자리에 딱 맞는 매너를 갖고 있습니다. 그게 오히려 그 사람을 돋보이게 만듭니다. 내가 사실은 큰 사람인데 이 일을 하면서 작아졌다, 이런 사람은 두세 번 얘기하면 과거가 다 나옵니다. 내가 지금은 여기서 이러고 있지만 전에 뭘 했다, 뭘 했다……. 그게 온몸으로 풍기니까 부담스럽습니다. 주변 사람들이 생각할 때는 안 그렇잖습니까? 카페 마담이면 카페 마담 같아야지 왜 저 사람은 카페 마담이 아닌 척하는가, 이렇게 생각합니다.

큰 자리에 가면 커질 수 있고, 작은 자리에 가면 작아질 수 있고, 자유자재로 조절할 수 있어야 합니다.

열정을 파는 노점상 •

텔레비전에서 일본의 장인(匠人)들을 소개하는 프로그램을 본 적이 있습니다. 일본의 장인들은 참 깊이 들어가더군요. 조그만 여관 같은 데를 가도 목숨 걸고 운영합니다. 손님 맞는 예절부터 시작해서 처음부터 끝까지 나무랄 게 없습니다. 음식도 다른 데서는 먹을 수 없는 독특한 음식을 대접합니다. 텃밭에서 재배한 싱싱한 채소를 내놓는가 하면, 1년 전에 갔던 사람이 다시 가면 같은 음식을 안 먹게 합니다.

문짝 하나만 봐도 벌써 기가 죽습니다. 값으로 치면 몇 백만 원짜리입니다. 생나무를 물에 한 백 번쯤 담갔다가 꺼내는데 그래야 크기가 줄어들어서 문에 잘 맞는다고 합니다. 나뭇결을 그대로 살려서 잘 손질한 다음 거기다 조각을 합니다.

길거리에서 칼을 파는 노점상을 취재했는데 아주 장인정신으로 일하는 분이더군요. 얼굴이 벌써 선하고 표정이 밝습니다. 잘 다린 와이셔츠를 입고, 넥타이를 매고, 깨끗한 앞치마를 두르고 파는데 하루에 4백 개 정도 판다고 합니다. 호박이니 양파니 하는 요리 재료를 갖다 놓고, 써는 시범을 보이면서 설명을 하는데 그렇게 말을 재밌게 할 수가 없습니다. 한번 얘기하고 나면 사람들이 줄을 서서 칼을 사갈 정도입니다.

그분 말씀이 자기는 칼을 파는 게 아니랍니다. 열정을 파는 거랍니다. 온갖 정성을 다해서 열심히 설명을 하면 멀리서 들어도 그 열정의 기운을 느낀다는 것입니다. '뭔데 저렇게 열심히 설명하는가?' 하면서 마음이 기운다는 거지요. 대개는 말하는 게 힘드니까 녹음기를 틀어놓잖습니까? "바나나가 왔어요, 바나나가 왔어요" 이렇게 미리 녹음된 내용을 틀어놓는데 그렇게 하는 것과 끊임없이 열정을 부추겨 설명하는 것은 차원이 다르다는 겁니다.

제자가 둘 있는데 둘 다 대학을 나왔습니다. 제자가 되고 싶어 하는 사람이 많이 있었는데 몇 가지 시험을 거쳐서 그 둘을 선택했답니다. 그중 한 제자가 몇 달 따라다닌 끝에 처음으로 시연을 하게 됐습니다. 스승을 흉내 내어 똑같이 설명을 했습니다. 그런데 한 30분쯤 설명했는데도 아무도 안 와봅니다. 다 그냥 지나갑니다.

스승이 보다가 중지시킵니다. "네가 지금 하는 건 물건을 파는 게 아니라 그냥 설명을 하는 것이다, 물건을 파는 것과 그냥 설명을 하는 것은 다르다"라고 말합니다. 열정이 없다는 겁니다. 내 걸 판다고 생각하면 그럴 수가 없는데 남의 걸 파는 태도로 임한다는 겁니다. 잘되는 집에 가면 그런 게 느껴지잖습니까? 주인이 열정이 있습니다. 주인의 마음이 딴 데 가 있다고 느껴지는 집은 십중팔구 망하는 걸 보게 되고요.

그분이 원래 그렇게 말을 잘하는 사람은 아니었답니다. 부끄럼을 많이 타고 남 앞에 서면 얼굴이 빨개지는 사람이었답니다. 그런데 어떻게 노점상을 하게 됐는가 하면 어렸을 적에 집이 시장 근처에 있어서 심심하면 나가서 노점상 구경을 많이 했답니다. 재밌으니까 구경을 많이 했는데, 한 번은 노점상 한 분이 노점을 잠시 맡아달라고 부탁을 하더랍니다. 갑자기 위급한 일이 생겼다는 겁니다. 만날 와서 구경하니까 안면이 있었을 것이고요.

그분이 얼떨결에 그러겠다고 했습니다. 갑자기 노점을 하게 됐습니다. 사람들이 와서 물어보니까 또 설명을 해야 했습니다. 설명을 하다 보니 또 본격적으로 하게 됐고요. 신나게 설명하다 보니 그날 물건을 몇 개 팔았답니다. 나중에 원주인이 돌아와서 너무나 좋아하더랍니다. 도둑맞지 않고 지켜주기만 해도 고마운데 몇 개 팔기까지 했으니까요. 굉장히 고마워하면서 칭찬해 주더랍니다.

그분이 그날 집에 돌아와서 기쁨에 잠을 못 이룰 정도였답니다. 세상에 태어나서 처음으로 한 건을 했다, 그것도 남을 기쁘게 하는 일을 했다, 그 성취감이 이루 말할 수가 없었답니다. 그때부터 그 길로 나갔답니다. 참 감동적이더군요. 다른 건 몰라도 일에 있어서만큼은 아주 존경할 만한 분이었습니다.

여러분도 그렇게 열정이 있어야 하지 않겠는지요? 칼 하나 파는 데도 그렇게 열정을 가지고 파는데 명상하시는 분들이 열정이 없어서야 되겠는지요? 자기 일에 신이 안 난다는 것은 우선 자기 자신에 대한 모욕입니다. 끊임없이 부추겨야 합니다. 하고 싶은 마음이 들도록 스스로 자꾸 부추겨야 합니다.

나 죽은 줄 알아라

아는 분이 희곡작가인데 상도 많이 받은 유명한 분이십니다. 이 분이 말씀하시기를, 희곡 한 편 쓰는 데 보통 6개월에서 1년이 걸리는데 한 편 쓸 때마다 이가 하나씩 빠진답니다. 새벽 두세 시까지 심혈을 기울여서 쓰다가 이가 이상해서 툭 건드려 보면 쑥 뽑힌답니다. 글 쓰는 일이 그렇게 힘든 일인 거지요.

그런데 우리 사회가 술 권하는 사회잖습니까? 술판에 끌어들여서 취할 때까지 먹이고, 2차, 3차까지 이어지고……. 그래야 의리 있는 사람이라고 여기는 문화가 있습니다.

그분이 보시기에 그렇게 술판에 끌려 다니면 희곡을 못 쓰겠더랍니다. 눈치 보고 체면 차리느라 여기저기 끼다 보면 자기 작품을 못 쓰겠더랍니다. 그래서 생각 끝에 피에로 흉내를 냈답니다. "나는 피에로다!" 하면서 바보 흉내를 내고 말도 바보같이 했답니다. 그러니까 아예 상대를 안 하더랍니다. 그러면서도 무시는 못하더랍니다. 작품은 아주 끝내주게 쓰기 때문입니다. 턱턱 작품을 내놓아서 상을 많이 받았거든요.

저는 그분을 참 괜찮은 사람이라고 여겼습니다. 그럴 줄도 알아야 한다고 봅니다. 한 가지 일에 집중하고 열심히 하는 사람이 뭔가를 이루어 내거든요. 온갖 걸 다 쫓아다니면 언제 뭘 하겠는가? 목표를 이루기 위해 잡다한 건 다 무시할 수 있어야 하지 않겠는가?

한번 주변 사람들에게 사망신고를 해보시면 어떨까요? 가족이나 친구들에게 "나 죽었어, 몇 년부터 몇 년까지 앞으로 5년 동안 나는 죽었어" 하고 신고하는 겁니다. 정색을 하고 말할 필요는 없습니다. 웃으면서 가볍게 "나 죽은 줄 알아라" 말해 보십시오. 정색을 하고 말하는 사람은 좀 덜 된 사람이라고 볼 수 있습니다. 여유와 자신이 있는 사람은 웃으면서 가볍게 말할 수 있습니다.

배짱이 있어야 합니다. 내 인생은 내 것인데 왜 누구 눈치 보며 전전긍긍하고 사십니까? 아무리 사랑하는 사람이 있다 할지라도 이렇게 말할 수 있어야 합니다. "지금 중요한 일을 해야 하니까 몇 년 동안은 나 죽었다고 생각해라, 좋은 사람 만나면 가라."

 일과 명상이 조화되어 가는 길

명상은 양, 일은 음

항상 명상은 외길로 가는 것이 아니라 사회 속에서 병행해 가는 것입니다. 명상이 양이라면 일은 음인데, 음과 양이 조화되어 가운데 길로 나가는 것입니다.

왜 일과 명상을 병행해야 하는가? 진화라는 건 명상만으로는 상당히 더디거든요. 사회 속에서 인간들끼리 부딪치면서 살아가는 데서 상당히 많이 공부가 되는 겁니다. 혼자 공부하는 것은 백보드를 상대로 테니스 연습하는 것과 마찬가지로 반쪽짜리 공부이고, 선수들과 공을 칠 때 온전한 공부가 된다는 말씀을 드린 바 있습니다. 명상만 잘하겠다, 하는 건 반쪽짜리 공부라는 얘기입니다.

두 가지를 병행해서 자신의 일에서도 일가를 이루고, 명상에서도 일가를 이루시기 바랍니다. 사회에서 아주 유용하게 쓰이면서 명상을 해야지 적당히 때우면서 "저 사람은 골치야" 하는 소리 들어가며 명상하는 걸 원하지는 않습니다.

일과 명상을 같이 하시면서 중도의 길로 나가는 것이 가장 바람직합니다. 모든 해결책이 거기서 나옵니다. 명상하다가 생긴 문제는 일에 빠졌을 때 해소되고, 일하다가 생긴 문제는 명상에 빠졌을 때 해소된다는 걸 제가 뼈저리게 체험을 했습니다.

글 쓰면서 터득한 명상의 효과

제가 글을 쓰면서 그걸 터득했습니다. 처음에는 글 쓰는 일이 고통스럽기만 했습니다. 백지를 앞에 놓고 앉아 있을 때의 막막함과 대책 없음이란 이루 말할 수가 없었습니다. 죽고 싶다는 생각마저 들더군요. 그런데 하루 종일 끙끙거리다 보면 저녁때쯤에는 뭔가 그득 채워져 있습니다. 참 기쁘더군요. 아침에는 죽을 것 같은데 저녁에는 살 것 같은 겁니다.

그러다가 점점 시간이 단축됐습니다. 열 시간 끙끙거리던 것이 한두 시간 정도로 줄어들게 됐고, 컴퓨터 앞에 앉으면 즐거워지고 뭔가 떠올라서 신나서 쓰게 됐습니다. 그것이 다름 아닌 명상의 효과입니다.

작가들이 10년을 하든 20년을 하든 컴퓨터를 켜면 막막함과 죽고 싶은 마음을 경험한다고 실토합니다. 계속 새로운 글을 써야 하기 때문이지요. 만일 명상을 하지 않았다면 저도 아직 그러고 있을 겁니다. 그러지 않을 수 있음을 저는 명상을 통해서 터득했습니다. 글 쓰는 일이 즐거워지더군요. 그냥 그 정도까지 가려면 아마 이삼십 년은 걸릴 텐데 명상을 통해서 많이 단축했습니다. 5년도 안 돼서 그런 차원으로 갔습니다. 다 명상의 힘입니다.

명상하시는 분들은 각자 하시는 일에서 굉장히 시간을 단축할 수 있습니다. 직장 일을 예로 들면, 제가 예전에 명상을 하지 않을 때는 직장에서 기안서 하나 쓰려면 삼 일 정도 오가며 계속 생각을 해야 했는데 점차 두세 시간 정도로 줄어들더군요. 나중에는 그냥 앉은 자리에서 별로 생각하지 않아도 쓰게 됐습니다.

여기 계신 분들도 각자의 분야에서 한번 그렇게 돼 보십시오. 그런 정도까지는 가야 뭔가를 할 수 있다는 자신감이 생깁니다. 각자의 분야에서 그렇게 될 수 있도록 매진하시면 그것이 바로 스트레스를 해소하는 방법이 됩니다. 일하는 게 아주 즐거워집니다.

하루 서너 시간만 집중해도

저는 한국 사람들이 일을 너무 많이 하고 있다고 생각합니다. 또 한국의 회사들이 일을 너무 많이 시키고 있다고 생각합니다. 일을 너무 안 하는 꾀돌이들은 좀 더 해야겠지만, 너무 많이 했다 싶은 분들은 일을 좀 줄여서 시간과 에너지를 다른 면에 할애할 수 있어야 합니다. 일은 자신이 필요한 만큼만 하면 되는 것입니다.

그러면 회사에 지장이 생기지 않느냐, 하는 분도 계실 텐데 하루에 서너 시간만 집중해도 진짜 중요한 일은 다 처리할 수 있습니다. 10시간, 12시간 일하는 것은 일하면서 불필요한 소모를 많이 하기 때문입니다.

명상을 하면 핵심을 금방금방 파악하기 때문에 일 처리하는 데 드는 시간과 에너지가 굉장히 많이 줄어듭니다. 전에는 열 시간 하던 일을 서너 시간 안에, 어떤 때는 10분 안에 할 수 있게 됩니다.

책을 읽을 때도 마찬가지입니다. 전에는 책을 다 읽어야 내용을 알았다면 명상을 한 후로는 어느 정도만 읽으면 그 책이 말하고자 하는 내용을 금방 파악할 수 있습니다. 그래서 자료 보는 시간이 굉장히 줄어듭니다.

필요 이상 에너지를 쏟고 있진 않은가?

일 중독증이 있습니다. 현대인들은 살아가면서 알게 모르게 어떤 것에 중독 증상을 보이는 경우가 많습니다. 일에도 필요 이상 에너지를 많이 쓰면서 중독 증상을 보이곤 합니다. 보통 정도의 노력으로 해도 할 수 있는 일을 지나치게 에너지를 쏟으면서 하는데 자신이 그렇지는 않은지 생각해 보시기 바랍니다.

같이 명상하는 분 중에 경찰이 한 분 계신데, 몇 년째 승진을 마다하고 계속 경정에 머물러 있습니다. 본인이 원해서 그러는 것입니다. 총경이 되면 일선에 나가서 경찰서장으로 근무해야 하니까 바쁘거든요.

똑똑한 동기들은 다 승진했고 이분도 능력으로 보면 당연히 승진을 해야 하지만, 자기가 하고 싶은 것은 명상이기 때문에 계속 한직을 찾아다니는 것입니다. 워낙 유능하니까 그래도 자꾸 요직에 있게 되는데 최소한의 일을 하면서 명상에 에너지를 많이 쏟고 있습니다.

자신이 에너지를 쏟는 곳이 어디인지 생각해 보십시오. 일에 필요 이상 에너지를 쓰고 있진 않는지 곰곰이 생각해 보십시오. 자신의 시간과 에너지를 어떻게 안배하면 좋을지 또 생각해 보시고요.

세상 사람들이 다 그렇게 한직만 찾는다면 그것도 문제일 것 같습니다. 바쁜 일을 하는 사람도 있어야 하지 않을까요?

사람은 너무나 다양하기 때문에 그런 사람만 있지는 않지요. 바쁜 일을 좋아하는 사람도 많습니다. 다만 그분의 경우 본인이 금생에 태어난 목적을 명상으로 알기 때문에 그 외의 일은 부수적인 일로 여기는 것입니다.

그렇다고 일을 소홀히 하는 것은 아닙니다. 맡은 일은 최선을 다해서 하되 필요 이상의 에너지는 안 쓰는 것뿐입니다. 그리고 "일은 많이 해도 좋으니까 출세만 시켜다오" 이런 사람이 많지 한직 찾는 사람은 소수지요? 그러니 그런 걱정은 안 하셔도 될 것 같습니다.

먹고살기 위한 일의 비중은……

　먹고살기 위해 하는 일의 비중은 아무리 많아도 20~30%를 넘으면 안 됩니다. 시간이 아니라 마음의 비중을 말씀드리는 겁니다. 일이란 내가 남에게 신세 지지 않고 먹고살 수 있고 주변 사람에게 책임을 다하는 수준에서 비중을 두면 됩니다. 그러면 굉장히 가벼운 마음으로 일할 수 있습니다. 마치 취미 생활하듯이 일할 수 있습니다.

　그런데 거기다 비중을 많이 두고 목숨 걸듯이 하면 마음이 굉장히 무거워집니다. 지쳐서 저녁이면 거의 쓰러지다시피 하는데, 일을 많이 해서가 아니라 그 일에 마음을 많이 썼기 때문입니다. 일을 많이 해도 마음의 부담을 줄이면 가벼운 마음으로 콧노래 부르면서 일할 수 있습니다.

　콧노래 부르면서 여가 활동하듯이 직장 생활을 하자, 다짐은 늘 그렇게 하는데 잘 안 될 때가 많습니다. 일을 하다 보면 저도 모르게 휩싸이더군요. 그러다 보면 몸이 처져서 새벽 명상에 못 나올 때가 많습니다. 어찌해야 좋습니까?

　생각이 문제인데 완벽주의에서 벗어나야 합니다. 기운이 달리면서도 완벽하게 처리해야 직성이 풀리니까 그러는 겁니다. 자꾸 힘을 길러서, 축기를 해서, 별것 아닌 일로 여겨내는 수밖에 없습니다. 아니면 설렁설렁해도 되는 일로 직업을 바꾸거나요.

마음의 비중을 어디에 두는가? •

일도 열심히 하고 명상도 열심히 한다는 게 제 생각에는 불가능한 것 같습니다.

왜 불가능해요? 직장 가면 일을 열심히 하고, 집에 오면 명상을 열심히 하면 되지요.

자신의 일에 일가를 이루라고 하셨는데 그러자면 몰두해야 하지 않습니까?

명상을 하면 역량이 커져서 10시간에 할 일을 1시간에 하게 된다고 했잖습니까? 며칠 걸려서 쓰던 기안서를 몇 시간 안에 쓰는 식으로 시간이 많이 줄어든다는 얘기를 했습니다.

지금 질문하신 분의 경우 이미 교사로서 일가를 이루셨습니다. 유능한 선생이라고 하지 무능한 선생이라고 하는 사람은 한 사람도 없을 겁니다. 제 생각에는 학교 일은 슬슬하셔도 될 것 같습니다. 교육이라는 게 내버려두는 것도 교육이지 일일이 1:1로 애태운다고 교육 효과가 좋은 건 아니잖아요? 선생님이 슬슬하면 또 학생들이 열심히 합니다. 선생님이 열심히 하면 학생들이 슬슬하고요.

저는 요즘 일이 재미있으니까 명상할 시간도 부족할 지경입니다. 일과 명상의 시간 배분을 어떻게 해야 할지 고민이 됩니다. "일도 명상"이라고 말씀하셨지만 해보니까 일은 일이고 명상은 명상인 것 같습니다. 아무리 명상한다는 마음으로 일을 해도 시간을 내서 명상을 안 하면 안 한 게 되더군요.

중도中道라는 건 '적당히'를 말하는 것이지요. 아무리 좋은 일이라도 지나치게 하는 건 바람직하지 않습니다. 성격상 싫으면 무지 싫어하고 좋으면 무지 좋아하잖아요? 적당히 좋아하고, 적당히 싫어하고, 이렇게 적당히 하는 게 바람직한데요. 빠져서 하는 건 바람직하지 않습니다. 적당히 일하고 생활하는 게 좋습니다. 아무리 전성기라 하더라도 좀 여유 있는 정도로 일하시기 바랍니다.

제가 하는 변호사 일에서 일가를 이루려면 열심히 해야 하지 않을까요?

시시한 변호사가 아니라 능력 있는 변호사가 되라는 것이지 명상할 시간조차 없을 정도로 하라는 것은 아니지요. 또 변호사라는 게 하루에 일을 열 건 맡았다고 유능한 변호사가 아닙니다. 한 건이라도 제대로 하면 유능한 변호사입니다.

어떤 것에 가치를 두는가? 닥치는 대로 일을 해야 내가 유능한가? 그건 아닙니다. 자신의 부가가치를 높이십시오. 일에 시간뿐 아니라 에너지도 과도하게 쓰고 있는데 그 정도가 아니어도 되는 겁니다.

사회에서 성공하려면 일에 시간을 많이 할애하는 건 어쩔 수 없는 일 아닌가요?

꼭 명상에 시간을 많이 할애해야 한다는 얘기가 아닙니다. 마음의 비중을 어디에 두느냐가 중요하다는 것입니다. 밥 먹을 때는 밥 먹고, 일할 때는 일하고, 명상할 때는 명상하는데 그 사람의 마음의 중심이 어디 있느냐? 일에 있느냐 명상에 있느냐?

한 시간을 하더라도 마음이 명상 쪽으로 더 많이 가 있으면 되는 것입니다. 일을 많이 하더라도 마음이 명상 쪽으로 많이 가 있으면 적은 시간만이라도 집중적으로 명상을 할 수 있습니다. 마음이 일 쪽으로 많이 쏠려 있으면 명상을 10시간을 해도 제대로 안 될 것이고요.

명상하는 사람의 술자리 문제 •

명상을 하면서 술자리에 어울리는 걸 잘 안 하게 됐는데 사회생활에 손해를 보는 느낌입니다. 자꾸 혼자가 되는 느낌이고 친구들하고도 멀어지는 것 같습니다. 사회에서 살아가려면 어느 정도 관계를 유지해야 하는 것 아닌가요?

어쩔 수 없이 술자리에 가야 한다고 많이 얘기하는데 사실은 본인이 가고 싶어서 가는 것입니다. 어울리고 싶으면 어울려야죠. 스스로 하고 싶어서 하는 거니까 핑계를 대지는 마시고요.

명상을 계속 하다 보면 어울릴 수 없는 상황이 됩니다. 기적氣的으로 맞지 않고 파장도 맞지 않아서 만나는 게 괴로워집니다. 아무리 내 출세의 열쇠를 지니고 있는 사람이 만나자고 해도 그 사람이 탁한 사람이면 만남이 그리 즐겁지가 않습니다.

지금은 그냥 어울리면서 지내십시오. 사람 만나는 게 좋고 미련이 많다면 그냥 만나시면 됩니다. 그러면서 평상시 하는 명상과 몸의 기반을 조성하는 일을 하시면 됩니다. 그러다 보면 문득, 며칠만이라도 혼자 있고 싶어질 때가 있을 겁니다. 명상은 혼자 있고 싶어서 하는 거잖아요? 그때 하시면 됩니다. 할 것 다 하셔도 되는데 그러다가 문득 얼마 동안이라도 본격적으로 명상을 해보고 싶은 마음이 들면 그렇게 하시라는 겁니다.

술자리에 어울리지 않으면 사회생활에 지장이 있는가? 우리 회원님들 중에 술을 전혀 안 드셔도 주변에 친구도 많고 출세도 하신 분이 많습니다. 그분들에게 한번 비결을 여쭤 보십시오.

노선을 분명히 하는 게 중요합니다. 색깔을 분명히 하면 주변 사람도 헷갈리지 않는데 이랬다저랬다, 술자리 끼었다 안 끼었다 하면 헷갈립니다. 자기가 방침을 정했으면 아예 분명하게 "나는 술 못 먹는다" 하고 선언하십시오. 그러면 처음에는 서운해 하고 이해하지 못할지라도 점차 인정을 할 겁니다.

학생이면 공부 잘하면 되고, 직장인이면 일 잘하면 됐지, 술 안 먹는 건 아무 상관이 없습니다. 일도 못하면서 술도 안 먹고 안 어울리면 따돌림 당할 수 있지만 자기 할 바를 다 하면 왜 그러겠습니까? 괜히 일 못하는 사람들이 술자리 빠지면 소외될까봐 빌붙는 것입니다. 자기 분야에서 당당하면 그렇게 눈치 볼 필요가 없습니다.

오히려 "술 안 마시니까 참 좋은데 당신도 한번 끊어 봐라" 하고 권할 수도 있습니다. 끌려가지 않는 거지요. "담배 안 피우니까 날 아갈 것 같다" 이렇게 권해 보십시오. '저 사람이 담배 안 피우는 걸 보니 뭔가 있을 거다' 이렇게 돼야 합니다. "명상을 하니까 참 좋은데 당신도 한번 해봐라" 했을 때 "아, 저 사람이 다니는 것 보니까 거기 참 괜찮은 곳인 것 같다" 이렇게 돼야 합니다. "저 사람이 다니는 것 보니까 거기 참 별 볼일 없는 데구나" 이러면 안 되지요.

제 경우 스스로 소외되고 싶어서 소외된 적은 있어도 따돌림을 당해서 소외된 적은 없었습니다. 참 이상한 게 사람들이 명상을 안 해도 기운이 맑고 좋은 것은 알더군요. 무슨 일이 있으면 저를 찾아 하소연하고 상담해 옵니다. 제가 따라다니려고 애쓰지 않아도 그 사람들이 저를 따라다닙니다.

구도자求道者가 아닌 수도자修道者, 즉 도를 구하는 단계가 아니라 도를 닦는 단계에서는 가만히 있어도 다 그렇게 옵니다. 지금도 그 사람들이 계속 전화하고 찾아오고 합니다. 소외당할 걱정은 안 해도 되는 겁니다. 남들이 가지고 있지 않은 세계를 가지고 있기 때문에 오히려 부러워하지 소외되지는 않습니다.

한 사람이 할 수 있는 일은 일생에 걸쳐 한 가지뿐이다. 여러 가지 일을 하고 있는 것처럼 보이는 것은 그 한 가지 일을 하기 위한 준비 기간의 일들이다. 이 한 가지를 하면 그 사람의 일생은 보람이 있는 것이요, 한 가지를 다 못하면 그 사람의 일생은 보람이 없는 것이다.

이 한 가지란 미리 정해져 있는 것은 아니며 이승에 태어나서 본인의 의사에 따라 정해지는 비율이 80%, 사전 예정이 20% 선이다. 인간의 의지는 자신에 관한 거의 모든 것을 통제 조정할 수 있다.

따라서 자신이 마음먹으면 못하는 것은 거의 없다고 할 수 있으며, 모든 것은 마음을 먹지 않아서 못하는 것들이다. 환상은 결코 환상으로 끝나지 않으며 인간의 마음속에 존재해 있는 한 반드시 현실로 다가오게 되어 있다.

인간의 능력으로 한 가지 이상의 일을 할 수 있는 방법은 수련밖에 없다. 수련에 매진할 경우에는 수련과 일과가 병행되는 것이며, 그 병행 속에서 두 가지 일의 결합으로 더욱 새로운 결과가 생성되는 것이다. 모든 것은 한 가지를 위한 과정이니라.

알겠습니다.

너의 한 가지 일은 공부(수련)이니라. 그 외는 모두 그것을 위한 조건이니라.

— 『다큐멘터리 한국의 선인들』 5권에서

3장
성숙한 대인관계를 위하여

커뮤니케이션 기술

인간관계가 나쁘면 반쪽

　사회에서 원하는 사람은 대개 세 가지로 볼 수가 있습니다. 능력, 노력, 그리고 인간관계입니다. 능력이 있는데 노력도 하고, 거기다 인간관계도 좋으면 두말할 것 없이 유능한 사람입니다. 능력은 있는데 인간관계가 원만치 못하면 반쪽입니다. 능력도 없고 인간관계도 안 좋은데 노력도 하지 않는다면 더 이상 볼 게 없는 사람이고요.
　고루 갖추도록 노력해야 합니다. 능력은 있는데 인간관계가 뾰족해서 아무도 좋아하는 사람이 없는 상태여도 안 되고, 능력은 없는데 인간관계만 좋아서도 안 되고, 능력은 있는데 더 이상 노력을 하지 않는 상태여도 안 됩니다.
　예술 하는 사람은 경우가 조금 다릅니다. 재능이 있는가, 그런데 노력은 하는가, 그렇게 두 가지만 봅니다. 인간관계는 안 따집니다.

대개 보면 재능이 있으면 노력을 안 하거나, 노력은 엄청 하는데 재능이 없거나 합니다. 그 두 가지를 겸비하면 틀림없이 두각을 나타냅니다.

하지만 예술계 이외의 모든 조직에서는 세 가지를 다 구비해야 합니다. 자신이 갖추지 못한 면을 갖춰야 합니다. 그래야 전인입니다. 항상 어디서나 환영받는 사람이 돼야지 '저 사람은 좀 없었으면 좋겠다' 하는 사람이 되어서는 안 되겠습니다. 반드시 있어야 하는 사람, 그게 안 된다면 적어도 있는 듯 없는 듯한 사람이라도 되어야겠습니다.

나를 좋아해도 내가 미숙하면 •

인간관계는 다 기술입니다. 어떤 사람이 있다 했을 때, 그 사람이 나를 좋아하면 관계가 좋고 나를 싫어하면 관계가 나쁜 것이 아닙니다. 나를 좋아해도 내가 미숙하면 갈등이 오고, 나를 싫어해도 내가 잘 헤쳐 나가면 부딪히지 않고 관계를 잘 유지할 수 있습니다. 내가 누군가와 껄끄러운 관계에 있다는 것은 내가 그만큼 관계에 미숙하다는 것입니다.

다룰 줄 알아야 합니다. 주변 사람과 계속 갈등이 있는 것은 내게 그만큼 미숙하고 막무가내 같은 면이 있기 때문입니다. 일방적으로 하지 말고 지혜롭게 하시기 바랍니다.

커뮤니케이션 기술 •

그동안 줄곧 느껴온 것은 우리 수선인들뿐 아니라 많은 인간에게는 의사소통에 장애가 있다는 것입니다. 도반(道伴, 길을 같이 가는 벗) 간에, 가정에서, 학교에서, 직장에서, 나아가서는 수선재와 사회 간에 말이지요. 기본이 덜 되어 있는 것입니다. 이런 근본적인 것들을 가르쳐 주는 학교가 없어서 그런 것 같습니다.

인간에게 일어나는 모든 문제들이 커뮤니케이션의 부재로 일어나는 일들이라고 해도 과언이 아닙니다. 크게 이해관계가 걸려 있는 협상이라고 해도 커뮤니케이션으로 적정선에서 해결 가능하지요. 하물며 도반같이 추구하는 것이 같은 가장 가까운 사이에서 단절을 겪는다면 수준 미달로 보아도 무방할 것 같습니다.

대화가 잘 안 될 때는 말하는 이의 입장에서는 다음과 같은 이유를 생각해 볼 수 있습니다.

1. 말하는 내용의 문제
2. 말하는 태도의 문제
3. 말하는 시간과 장소의 문제
4. 대화 당사자 간의 문제(평소에 허물없는 사이가 아니라면 직접 말하는 것과 타인을 통하여 말하는 것)
5. 화법에 관한 문제(듣는 이가 까다로운 사람이라면 직접 화법보다는 간접 화법을 사용하여 상대방이 알아채도록 하는 방법)

에 대하여 다시 한 번 생각해 보는 것입니다.

　대화를 시도하는 이가 전문가라면 상처를 내지 않고 환부만 가볍게 도려낼 수 있는 데 비하여 비전문가라면 여기저기 상처만 내고 정작 환부는 도려내지 못하는 것이지요. 또한 대화를 듣는 이가 전문가라면 말을 전하는 이가 미숙해도 깔끔하게 단 한마디의 말로 정리하여 받아들일 수 있는 것이고요.
　대화가 어긋났다면 또한 몇 번에 걸친 대화와 출혈을 겪은 후에 수습이 되었다면 둘 다 미숙했다고 보아야 합니다. 슬쩍 던져 보아서 못 알아듣거나 출혈이 많다면 상대방이 아직 그런 말을 받아들일 때가 안 되었다고 생각하고 때를 기다려야 합니다. 반드시 필요하여 말했다면 더 이상 긴 변명은 하지 말고요.
　짧은 말로 짧은 시간 안에 가볍게 미소 지으며 대화를 마치는 것을 전문가라고 합니다. 상대방을 위하는 담담한 사랑을 말이 끝나고 돌아서는 순간에 느끼게 해준다면 더없이 훌륭한 전문가이지요. 우리 수선인은 모두가 커뮤니케이션의 전문가여야 한다고 봅니다. 관계가 틀어지는 것은 거의 모두가 대화의 기술 부족에서 온다고 봅니다. 인간관계란 모두 사소한 어긋남으로 인한 작은 상처를 계속 덧나게 하여 돌이킬 수 없는 지경에까지 이르는 것이고요.
　말을 듣는 입장에서 수긍이 안 된다면 다음의 원인을 생각해 볼 수 있습니다.

1. 상대방이 어떤 말을 해도 싫을 만큼 상대방을 싫어하는가?
2. 그것이 아니라면 칭찬은 좋고, 지적은 싫은가?
3. 내용은 수긍이 갔으나 말하는 시기, 장소와 태도가 걸렸는가?
4. 시기, 장소와 태도는 적절했으나 내용에 수긍하지 못하는가?

에 대하여 다시 한 번 생각해 보는 것입니다.

시소 타듯 맞춰주면 된다

대인관계는 시소를 타는 것과 같습니다. 시소 탈 때 유능한 사람은 항상 상대방에 맞춰줍니다. 상대가 무거운 사람이면 자기가 조금 뒤로 앉아 무게를 맞춰주고, 상대가 가벼운 사람이면 앞으로 나와서 앉습니다. 자기를 먼저 내세우고 고집하면서 "나를 따르라" 하지 않고 상대가 어떻게 하는지 보다가 반응해 주는 것입니다.

주위 사람과 문제가 생기는 것은 명상하시는 분들에게는 화두입니다. 그런 문제가 왜 왔는지 생각해 보시고, 내가 현재 어떤 상황에 처해 있는지 분별하시고, 앞으로 어떻게 해야 할지 계획해서 움직이시기 바랍니다.

가족이나 친구가 내가 하는 일에 우호적이지 않고 빈정거리는 게 고민이라면 한번 원인을 분석해 보십시오. 곰곰이 생각해 보면 원인이 본인에게 있음을 알게 될 겁니다. 본인이 무턱대고 밀고 나갔거나 아니면 다른 어떤 면에서 불신을 준 일이 있을 겁니다. 그렇게 원인을 찾아내셔야 합니다. 그 다음에는 현재 자신이 어떤 입장에 있는지 냉철하게 판단해 보시고요. 그러고 나서 해결책을 만들어 개선해 나가시면 됩니다.

제가 여성개발원에 있을 때 한번은 저보다 일곱 살 많은 선배와 팀을 짜서 국제기구에서 하는 연수를 갔습니다. 여성개발원이 앞으로 어떤 식으로 사업을 전개해 나가겠다는 청사진을 컴퓨터로 디자인하는 프로그램이었습니다.

컴퓨터가 두 사람당 한 대씩 주어졌는데 같이 간 선배가 너무 열의가 많아서 컴퓨터를 계속 혼자서만 쓰더군요. 저는 어깨너머로 보고 있을 수밖에 없었고요. 다른 팀 사람들이 그 선배가 너무 이기적이지 않느냐, 어떻게 저렇게 혼자서만 하느냐, 말할 정도였지요. 그분이 선배인데다 의욕이 너무 많으니까 계속 비켜줄 수밖에 없었는데 사실 마음이 편치가 않았습니다.

일주일 정도 있다가 참다못해 나도 컴퓨터 좀 하고 싶다고 얘기를 했습니다. 그랬더니 아주 의외로 미리 얘기를 하지 그랬느냐고 하면서 양보를 하더군요. 그분이 너무 열의가 많다 보니 미처 알아채지를 못했던 겁니다. 그 다음부터는 같이 사용했습니다. 말이 전혀 안 통할 것 같은 사람이었는데 알고 보니 다르더군요. 얘기해서 안 되는 일은 없구나, 생각했습니다.

그런 식으로 상대방이 미처 알아채지 못해서 오해가 생기는 일이 많습니다. 상대방이 충분히 내 입장을 이해해서 알아서 해주겠거니, 했는데 그렇지 않은 경우가 많은 것입니다. 가까운 사이일수록 그렇게 생기는 오해가 많습니다. 알아서 해주겠지, 했는데 각자 자기 생각에 열중해 있다 보면 미처 생각이 못 미치는 것이지요. 일깨워 주고 대화하면 다 해결이 나는데 일방적으로 생각해서 자꾸 오해가 생기는 것입니다. 오해가 생기다 보면 불신이 쌓여서 점점 벌어지고요.

대화로 안 되는 일은 없습니다. 분위기를 만들어 가면서 차근차근 대화하면 다 되는데 사람들이 남의 비위 맞추는 걸 참 못하더군요. 주도권을 자기가 쥐고 "따라오라" 하는 사람은 많은데 상대방에게 맞춰주는 사람은 거의 없습니다.

저는 직장 다닐 때 따돌림 받는 사람, 아예 돌려놓은 사람하고도 친하게 지냈습니다. 다른 사람들은 저보고 어떻게 그런 사람하고 친한지 도저히 이해를 못하겠다고 했지요. 제가 회색분자냐 하면 그것도 아닙니다. 할 말 다 하고 아주 분명했는데도 그랬습니다.

비결은 딱 하나, 상대방에 맞춰주면 됩니다. 간단합니다. 이 사람은 이렇게 저 사람은 저렇게 대하면 됩니다.

어루만져 주는 마음으로 •

상대방과 대화를 해보면 그 애로사항이 별것 아닌 경우가 많습니다. 계속 앵앵거리며 불만을 얘기하는데, 살펴보면 별것 아닌 게 눈덩이처럼 커져서 그러는 것입니다. 딱 끄집어내서 해결해 주면 언제 그랬냐는 듯이 없어질 일인데 그걸 못해준 것이지요.

명상을 하다 보면 열쇠 구멍이 보입니다. 자물쇠를 끄르는 게 열쇠잖습니까? '저 사람을 내가 열어주려면 어디를 어떻게 열면 되겠구나' 하고 열쇠 구멍이 보이는 것입니다. 열쇠 구멍이 여기 있는데 다른 데를 아무리 열려고 해봤자 안 열리지요.

열쇠 구멍이 보이면 헛발질을 안 합니다. 단번에 그 사람이 뭘 원하는지 압니다. 그걸 열어주면 쉽게 해결 나는 일인데 못 열어주고 딴 데 가서 막 헤쳐 놓으니까 문제가 생기는 것입니다. 앙심을 품고 저지르는 살인 같은 큰일도 시발은 간단합니다. 대개 무시당했다, 저 사람이 내 자존심을 건드렸다, 하는 것입니다. 주변 사람이 나를 힘들게 한다, 했을 때도 그 이유는 대개 간단한 걸 해결해 주지 못했기 때문이지요.

원하는 바를 들어주십시오. 가까운 사람의 소원 하나 못 들어줘서야 뭘 하겠는지요? 그런 야박하고 초라한 마음으로 무슨 명상을 하겠는지요? 주변 사람을 보면 이 사람은 이렇고, 저 사람은 저렇고, 약점이 많이 보일 것입니다. 그걸 다 감싸주는 눈이어야 합니다. 저 사람은 저기가 아프구나, 이렇게 보는 눈이어야 합니다. 단점을 드러내는 부분이 사실은 다 아픈 부분입니다. 피 흘리고 있는 부분입니다. 그걸 헤쳐 놓으면 어떡하겠다는 것인가?

명상하시는 분들은 상처를 어루만져 줘야 합니다. 이 사람은 이 부분을 굉장히 아파하는구나, 그렇게 치료해 주면서 가는 것이 명상하시는 분의 마음자세입니다. 항상 돈이나 물질보다는 말 한마디, 마음 한 조각 써주는 것에 크게 은혜를 입고 감동하고 힘을 얻는 것입니다. 어루만져 주는 마음으로 대하면 이심전심으로 그 마음을 압니다.

약점을 끄집어내어 고쳐주겠다, 하면 그건 덕이 아닐뿐더러 고쳐주지도 못합니다. 자기 약점을 모르는 사람은 없습니다. 자기 약점을 모른다면 그건 바보 천치입니다. 그걸 왜 내가 굳이 알려주려고 하는가? 지금은 모르더라도 일을 저질러 놓고 며칠 있으면 '아, 내가 잘못했구나' 하고 압니다. 그런데 왜 내가 굳이 알려줘야 하는가?

살인을 하고 붙잡혀서 재판을 받을 때 최후 진술을 하잖습니까? 그때 "나는 할 일을 했다, 죽일 사람을 죽였다" 이렇게 말하는 사람은 한 사람도 없습니다. "내가 왜 그랬는지 모르겠다" 다 이렇게 얘기합니다. 그 당시는 몰라도 시간이 지나면 압니다. 그러니 다 감싸주고 덮어주면서 가 주십시오.

공주병, 왕자병 이해해 주기 •

공주병, 왕자병 걸린 분들이 있습니다. 그 얘기 들어 주기가 굉장히 힘든데 그냥 들어 주면 됩니다. 그렇게 공주이고 싶어서 그러는데 못 들어 줄 건 뭐 있습니까? 상대방의 입장을 이해해 주고 들어주면 되는데 그것조차 못할 정도로 야박하고 인색한 겁니다.

공주이고 싶으면 공주라고 생각하도록 해 주십시오. 굳이 "너는 공주 아니다"고 끌어내려서 하녀로 전락시켜야 직성이 풀리시나요? 그런데 사실 그분이 공주병에 걸릴 만한 이유가 꼭 있습니다. 그걸 보상받고 싶어서 그런 건데 뭘 그리 들어 주지도 못하는가? 그런 식으로 대응해 주면 인간관계에 무리가 없습니다. 꼭 끄집어내서 밟아줘야 직성이 풀린다, 하면 영원히 어려울 수밖에 없는 것이고요.

  남의 약점을 건드려야 직성이 풀리는 것은 사실 본인의 약점 때문입니다. 자기 자신에게 감추고 싶은 열등의식이 있기 때문에 굳이 그렇게 하는 것입니다. 능력 면에서나 노력 면에서나 자신 있는 사람들은 굳이 그렇게 드러내려고 하지 않습니다. 누가 자기를 건드려도 아무렇지도 않습니다. 그 두 가지를 갖추지 못한 상태에서는 조금만 건드려도 발끈하고 상처받는 것이고요. 그러지 않으려면 자신에게 부족한 면을 갖추어야 하지요.

할 수 있는 일, 할 수 없는 일 •

  누구를 바꿔 놓겠다는 생각은 아예 안 하는 것이 좋습니다. 남을 바꿀 수는 없습니다. 저 사람을 어떻게 해보겠다, 내 마음대로 해보겠다, 그런 마음은 버려야 합니다.
  자기 자신만 어떻게 조절할 수 있어도 큰 수확입니다. 내 마음도 내 마음대로 못하지 않나요? 유행가 가사처럼 "내 마음 나도 몰라"

이러지 않나요? 하물며 남의 마음을 움직여보겠다는 것은 말이 안 되는 일인 것입니다.

남의 마음은 남의 소관입니다. 절대 내 소관이 아닙니다. 남의 마음에 관한 부분은 그 사람에게 맡기고 자신에 관한 부분만 처리하면 됩니다. 그러면 벌써 반이 줄어듭니다. 자기 힘으로 되는 일이 있고 안 되는 일이 있습니다. 자기 힘으로 되는 일은 자기 혼자만의 일입니다. 컴퓨터로 하는 일이나 자기 자신을 상대하는 일은 자기 마음대로 됩니다. 반면 타인과의 관계는 자기 마음대로 안 됩니다.

자기가 할 수 있는 일과 없는 일을 구분해서, 할 수 있는 일은 적극적으로 하되 할 수 없는 일은 그냥 포기해야 합니다. 계속 붙들고 있으면 에너지 소모가 엄청납니다. 판단을 빨리 해서 할 수 없는 일이면 제쳐 놓아야 합니다.

내 힘으로 안 되는 걸 아무리 해봐야 힘만 들고 되지도 않습니다. 남의 마음을 돌려보겠다, 버릇을 고쳐주겠다, 하는 것은 아주 부질없는 소모입니다. 그러나 공부를 열심히 하겠다, 명상을 하겠다, 술을 안 먹겠다, 하는 것은 자기와 관련된 부분입니다. 그런 것도 잘 못하지 않나요? 그런데 왜 남의 일까지 참견을 하나요?

충고, 절대로 하지 마라

주변 사람들에게 충고는 안 하는 것이 낫습니다. 힘들겠지만 스스로 깨달을 때까지 인내하여 주십시오. 하고 싶은 말을 때가 될 때까지는 안 하는 것도 공부입니다. 충고에 대한 재미난 글이 있더군요.

> 충고, 절대로 하지 마라.
> 정말 충고가 필요할 정도의 인간이라면
> 결코 당신의 충고를 받아들이지 않는다.
> 당신의 충고가 필요하지 않은 인간이라면
> 처음부터 충고할 필요가 없다.
> 당신의 충고를 알아들을 인간이라면
> 당신의 충고는 그가 이미 알고 있는 사실을
> 반복하는 간섭에 지나지 않는다.
> 당신의 충고를 알아들을 수 없는 인간이라면
> 당신의 충고는
> 돼지에게 춤을 가르치려는 시도만큼이나 무의미하다.
> 충고하건대
> 누구에게도 절대로 충고하지 마라.
> (막시무스, 『지구에서 인간으로 유쾌하게 사는 법』, 갤리온)

재미난 글입니다.
누구라도 충고가 하고 싶어지면 이 말을 꼭 기억하시기 바랍니다.

마음은 유능한 전문가가 다루어야

　마음의 세계는 아주 유능한 전문가가 다뤄야 하는 분야입니다. 말 한마디도 적시에 해줄 수 있어야 합니다. 그러자면 그 사람의 상태를 다 파악하고 있어야 하는데 보통은 잘 모르는 상태에서 자신의 편견에 의해 얘기합니다.
　예를 들어 어떤 사람이 굉장히 건방져서 눈에 자꾸 거슬린다 할 때 겸손하라고 계속 옆에서 충고하는 경우가 있습니다. 그런데 현재 그분의 공부는 그게 아닐 수 있습니다. 지금은 맘껏 교만해도 되는 때일 수 있습니다. 그 교만함을 가지고 뭔가를 해야 하는 시점일 수도 있다는 것입니다.
　굳이 그럴 필요가 없는데 옆에서 보기 싫다고 계속 겸손하라고 주문하면 혼돈이 옵니다. 겸손한 것이 늘 좋은가? 그렇지 않습니다. 겸손이라는 것이 다 양보하고 낮아지는 것이기 때문에 사실 그렇게 의욕적인 상황은 아니거든요. 한참 뭔가를 이루어야 할 때 겸손하면 그 사람은 이루지를 못합니다. 뭔가 막 용솟음치고, 하고 싶고, 주체할 수 없이 기운이 뻗치고, 이런 힘으로 뭔가를 할 수도 있는 것입니다. 그런 시점인데 옆에서 자꾸 "겸손해라, 낮아져라" 하면 그 사람은 지금 해야 하는 공부를 못할 수도 있습니다.
　"비전문가가 전문 분야를 다루는 것은 범죄"라는 말을 제가 늘 합니다. 말 한마디 하는 것이 고도의 테크닉이 필요한 일입니다. 적시에 해야 하고 상처를 내면 안 됩니다. 피부에 가벼운 생채기가 난 것도 아무는 시간이 필요한데 마음에 깊은 상처를 입은 것은 말할 것도 없습니다. 한번 마음에 깊은 상처를 입으면 아무는 데 굉장히 시간이 오래 걸립니다. 사실 그 사람은 상처를 받을 이유가 없습니다. 가만히 있는데 옆에서 보기 싫다고 자꾸 긁어댄 겁니다.

가볍게 한마디 툭 •

나와 의견이 다른 사람이 있을 때 '그 사람을 180도 바꿔 놓겠다' 생각하는 것은 욕심입니다. 그 사람 생각을 바꿔 보겠다고 장시간 앉아서 설전을 벌일 필요가 없습니다.

자기 의사가 어떻다는 것은 분명하게 알려줘야 하지만, 그것도 힘들이지 않고 그냥 한두 마디로 해줄 수 있는 것입니다. 가볍게 한마디 툭 던졌는데 뒤돌아서서 '어?' 하고 생각하게 할 수 있으면 좋은 것입니다. 생각이 있는 사람이라면 한번 돌이켜 볼 겁니다. 그렇게 한 번씩 툭툭 건드려 보다가 들을 만하면 얘기하는 겁니다. 들을 만하지도 않은데 왜 에너지 낭비를 하나요?

여유를 가지십시오. 크게 봤을 때 바른 방향으로 가고 있으면 되는 겁니다. 가는 방향이 바르다는 믿음만 있으면 자질구레한 것은 던질 수 있어야 합니다. 이런저런 일들이 마음에 안 들 수도 있지만 일이라는 게 항상 그렇게 긍정적인 쪽으로만 가는 건 아니지요. 구성원들이 다 각각이므로 그 사람들의 수준에서 옳은 방향으로 가고 있으면 되는 거지요.

내 방향이 옳은데 지금 잘못 가고 있다, 이렇게 생각하는 분이 많더군요. 자기 입장에서 볼 때는 마음에 안 드니까요. 그러나 그런 건 대개 기술적인 부분입니다. 큰 대의명분에서 어긋나는 건 아닐 겁니다.

사람은 감동을 받아야 변한다 •

사람은 감동을 받지 않으면 마음이 움직이지 않습니다. 인간이라는 동물을 변화시키려면 감동을 시켜야 합니다. 감동을 시키면 서서히 마음이 열리면서 변하는데 감동을 안 시키면서 '저 사람을 어떻게 해보겠다' 하면 엄청난 에너지만 소모될 뿐입니다.

감동을 시키려면 어떻게 해야 하는가? 자신이 변하면 됩니다. 말은 그저 가볍게 한마디 던져 보는 것이고 자신이 변해야 따라옵니다. 자신이 변해서 감동을 주든지 아니면 포기하든지, 둘 중 하나를 선택하시기 바랍니다.

말로 제압한다고 해서 감동을 받지는 않습니다. 저 사람이 지식이 많아서 나를 완전히 제압한다 해서 감동을 받지는 않는 것입니다. 감탄은 합니다. '아, 많이 아는구나!' 하고 입은 벌립니다. 하지만 그게 마음을 움직이지는 못합니다.

마음을 울려 주는 것은 다른 부분입니다. 몸에서 풍겨 나오는 분위기라든가 태도라든가 하는 감성적인 부분입니다. 다들 느낌을 갖고 있기 때문에 맑다, 부드럽다, 친절하다, 이런 것에 감동을 받습니다. 지식으로는 설득은 할 수 있어도 마음을 움직이지는 못합니다. 중단을 움직이는 것은 지식이 결코 아닙니다.

엊그제 은행에 갔는데 은행 창구에 직원이 없어서 조금 기다렸습니다. 옆 창구에 있던 직원이 와서 응대를 해주는데 계속 웃더군요. 웃음으로 시작하더군요. 제가 질문을 많이 했는데 바쁜 와중에서도 웃음으로 응해 줍니다. 상당히 인상적이었지요. 명상도 안 한 사람이 어떻게 저렇게 될 수 있는가? 꾸민 것도 아닙니다. 억지로 하는 것도 아닌데 미소로 그렇게 합니다. 그런 게 감동을 주는 것입니다.

제가 직장 다닐 때 동료 한 분이 상당히 상냥했습니다. 제가 그분에게 부러운 점이 몇 가지 있었는데 그중 가장 부러운 점이 상냥하다는 것이었습니다. 박사이고 많이 갖췄는데도 "네, 선생님" 하는 게 입에 딱 배어 있었습니다. 자신보다 나이가 어리거나 동료이거나 관계없이 누구에게나 그렇게 합니다.

보통 "네, 선생님" 하는 소리를 들으면 아부한다거나, 아니꼽다거나, 치사하다거나, 이런 느낌이 들 수도 있는데 그 소리가 굉장히 듣기 좋더군요. 아주 자연스럽게 나옵니다. 나중에 국내 박사였는데도 국립대 교수로 가게 됐습니다. 제가, 그렇게 된 이유는 "네, 선생님" 때문일 거라고 했습니다. 그게 너무나 인상적이었으니까요.

진짜 내 것은 태도뿐 •

"진짜 내 것은 태도밖에 없다"는 말씀을 여러 번 드렸습니다. 몸이든 외모든 생각이든 어떤 것도 자신의 것은 없다는 것이지요.

우리 몸은 지구에서 생성되는 물질로 조합해서 쓰다가 다 쓰면 돌려주는 것입니다. 내가 생각하는 것이 내 것인가 하면 그렇지 않아서, 그동안 어디서 배운 것, 본 것, 책에 쓰여 있는 것입니다. 그것이 내 것이 되려면 내 안에서 한번 익어서 나와야 합니다.

왜 실천을 해야 하느냐 하면 내가 알고 있는 것이 실천을 통해서 나타나기 때문입니다. 그게 지속적이면 행동이라고 하고 그냥 드러나는 것은 태도라고 합니다. 그래서 진짜 내 것은 태도밖에 없다고 하는 것입니다.

사람이 사람을 만나서 저 사람이 어떤 사람인지 판단하는 데 0.1초가 걸린다는 기사가 있더군요. 오래 안 걸린답니다. 괜찮은 사람인지 멋있는 사람인지 이상한 사람인지 쓱 보면 안답니다. 흔히 "느낌이 좋다, 분위기가 좋다"고 얘기하는데 우리가 보면 그게 기운이고 파장입니다. 온몸으로 그걸 나타내는 것이고, 상대방은 또 그걸 0.1초 안에 판단합니다.

말이 많이 필요 없습니다. 그 사람의 태도를 보고 그냥 알 수 있습니다. 스님들이 하는 선禪문답이 그런 것이지요. 한마디 던져 봐서 답변하는 것을 들으면 공부가 어느 정도 됐다고 파악을 합니다. 선문답집을 보고 그럴듯하게 대답하는 사람도 있더군요. 이런 질문을 하면 이렇게 대답한다는 정보를 갖고 있어서, 자기도 모르게 멋들어지게 말하는 데 젖어서 그럴듯하게 대답합니다.

하지만 한 5분간 같이 차를 마셔 보거나 아무 대화 없이 10분간 같이 앉아 있어 보면 그것만으로도 상대방의 수준을 알 수 있습니다. 차 따르는 것만 봐도, 찻잔을 잡고 있는 것만 봐도 저 사람은 뭔가 쫓기고 있구나, 대단히 성급하구나, 기운이 떠있구나, 너무 가라앉아 있구나, 어디가 비뚤어져 있구나, 그런 걸 다 알 수 있습니다. 그렇게 파악하는 게 또 가장 좋은 방법입니다.

사소한 것에 달려 있다 •

사소한 행동들이 굉장히 중요합니다. 기분 상하고 기분 좋고 하는 것이 사실은 큰 게 아니라 작은 것에서 비롯됩니다. 상대방이 나를 어떻게 배려하는가? 어떻게 대우하는가? 이런 것이 굉장히 중요합니다.

예를 들어 누가 왔는데 본척만척하고 딴 일을 열심히 하고 있거나, 뭔가 열심히 치우면서 말하면 안 되는 것입니다. 아무리 중요한 일이 있다 하더라도 그때는 그 사람이 가장 중요한 사람입니다. 자신을 낮추고 경청해야 합니다.

경청할 때는 시선을 적당히 상대방의 가슴쯤에 두고 얘기를 듣되, 도중에 전화를 받는다거나 하는 일은 하지 말아야 합니다. 대화

중에 전화가 오면 "잠깐만요" 하고 받지 말고, "지금 누구와 얘기하는 중이니까 10분 내에 다시 전화를 드리겠다" 하고 끊거나 전화를 돌려놓는 것이 좋습니다.

테레사 수녀님이 "나는 하느님의 종입니다"라는 말씀을 하셨는데 종까지는 아니더라도 내가 제일 낮은 사람이라고 생각하면 틀림이 없습니다. 그런 마음으로 사람을 대하면 틀림이 없는 것이지요.

장사를 해보신 분들은 들어왔다가 "나중에 올게요" 하는 분들을 종종 봤을 것입니다. 그분들이 꼭 뭔가 조건이 안 맞아서 그런 건 아닐 겁니다. 껌을 씹고 있었다거나, 신발을 끌고 다녔다거나, 자기와 얘기하다가 전화를 받고서는 오래 안 끊었다거나, 그런 사소한 문제 때문일 수 있습니다.

상대방을 대하는 마음이 예의로 표현되는 것입니다. 항상 자신을 낮추고 상대방을 예우해 주시기 바랍니다.

인간에 대한 예의 •

저는 스무 서너 살 때부터 해외여행을 많이 다녔는데, 그 이유 중의 하나는 한국의 질서 없음, 급함, 무례함이 싫어서였습니다. 우리가 참 많이 거칩니다. 자신에 대해서도 거칠고 남에 대해서도 거칩니다. 말도 행동도 함부로 합니다.

휴식을 취하려고 지방 어디에 갔다가 불쾌해져서 돌아온 경우가 참 많았습니다. 제가 온천을 좋아하고 목욕을 좋아하는데 가면 왜 그렇게 떠드는지 모릅니다. 듣기 싫은데 남의 가정사를 다 들어야 합니다. 탕 안에서 때를 밀지 않나, 세수를 하지 않나, 수영을 하지 않나……. 외국에 가면 한국인이 자주 가는 수영장, 목욕탕에는 어김없이 "때 밀지 마시오, 침 뱉지 마시오"라는 한국말이 붙어 있습니다. "떠들지 마시오"라는 말은 차마 못 써 붙인 것 같습니다. 공항에서도 한국 아줌마들의 웃는 소리, 떠드는 소리가 저 멀리까지 들립니다. 그러니 한국에서는 어디를 가도 유쾌하지가 않은 겁니다. 가면 그 무례함과 예의 없음 때문에 불쾌해집니다.

외식을 하면 밥 먹으면서 종업원 눈치를 봐야 합니다. 손님이 있는데 종업원들이 자기네끼리 떠듭니다. 그런 것들이 사실 있을 수가 없는 일이지요. 손님을 위한 식당이지 종업원을 위한 식당이 아니잖습니까? 얘기할 일이 있으면 작게 소곤소곤 얘기해야 하는데 종업원들이 손님보다 더 떠듭니다. 주방에서 소리가 안 들려야 하는데 설거지 콱콱하고 그릇을 쾅쾅 내려놓습니다.

식사 시중도 손님이 앉아 있는 오른쪽에서 해야 하고, 그 옆 손님은 또 그 오른쪽에 가서 해야 하는데 쑥 들어와서 여기저기 막 합니다. 반찬도 다 휘저어 놓고 가고요. 다 먹기도 전에 물어보지도 않고 가져가기도 합니다. 택시를 타면 택시기사 눈치를 봐야 합니다. 음악 틀어놓지, 계속 말 시키지, 도대체 누가 주인인지 모릅니다. 거칠게 다루어지고, 내던져지고, 택시 타는 걸 황송해 해야 하고……. 손님으로 가서 정당한 대접을 못 받는 것입니다. 정당한 대접을 못 받으니까 마음이 자꾸 상처를 입습니다. 거친 대접을 받았기 때문에 또 남을 거칠게 대접합니다.

그런 게 다 교육입니다. 인간에 대한 예의부터 교육해야 하는데 안 되어 있습니다. 우리 국민성이 이렇게 된 이유는 아마 어디 가서 기본적인 예의를 배운 적이 없기 때문일 겁니다. 회사에서 껌을 짝짝 씹고, 슬리퍼를 끌고 다니고, 30분씩 개인 전화를 하면서 떠들고……, 다 교육을 받지 못했기 때문입니다.

이제는 시정해 나가야 합니다. 그분들은 그렇다 하더라도 우리는 안 그래야 합니다. 서로 그러지 않도록 사소한 것들을 짚고 넘어가야 합니다.

상대방을 배려하는 매너 •

물건 사러 어디 들어가면 "언니, 오빠, 아줌마, 아저씨" 이런 식으로 호칭하는 경우가 많더군요. 저는 그러면 "손님"이라고 불러달라고 합니다. 손님이라는 좋은 말이 있는데 왜 언니, 오빠라고 하느냐? 장사하시는 분들은 그런 배려를 해주시면 좋겠습니다. 항상 사소한 것들이 중요합니다.

반말하는 것도 마찬가지입니다. 상대방이 반말해도 좋다고 허락해야만 반말을 하는 것입니다. 왜 반말을 하십니까? 저도 "이랬어요, 저랬어요" 하고 회원님들에게 경어를 씁니다. 제가 태생적으로 반말이 잘 안 됩니다.

　남들이 안 쓰는 생소한 어휘를 즐겨 쓰는 분도 있더군요. 언어는 보편적이어야 하는 건데요. 나만 아는 언어여서는 안 되는 것입니다. 나만 아는 언어면 굳이 말을 할 필요가 없습니다. 입 밖으로 꺼내서 말을 하는 것은 상대방에게 나의 생각을 전달하기 위해서인데 전달을 하려면 상대방이 알아듣게 전달해야 하는 것입니다. 그게 상대방에 대한 예의입니다. "나는 이렇게 던지니까 알아듣든지 말든지 알아서 해라" 하는 건 예의가 아닙니다.

　여자 분들은 팔짱을 끼는 경우가 많고 남자 분들은 손을 가랑이 사이로 넣고 앉는 경우가 있는데 하지 말아야 할 것들입니다. 그런 게 다 성적인 매너입니다. 가슴이나 생식기 근처를 접촉하지 말아야 합니다. 문화에 따라 다르긴 하지만 외국사람 중에는 그런 걸 질색하는 분도 있습니다. 동구권 남자들은 누가 자기를 만지는 걸 굉장히 불쾌하게 여깁니다. 가볍게 접촉하는 것에도 굉장히 모욕감을 느낍니다. 반갑다고 툭툭 치는 것도 하지 말아야 합니다. 상대방이 싫어하는 건 하지 말아야 하는 것이지요.

　떨어진 옷을 입으면 어떠냐, 냄새 나면 어떠냐, 내가 편하면 됐지, 이러는 분도 있는데 상대방에게 불쾌감을 주는 일입니다. 자신은 좋을지 몰라도 보는 사람이 아름답게 느끼지 않고 불쾌합니다. 우선 심신을 단정히 해야 하는 것입니다. 기본적인 예의를 갖춰야 합니다.

무심으로 대하라

감정 이입하지 마라

항상 일은 하시되 감정을 이입하지 마시기 바랍니다. 일할 때 지치는 건 감정 때문에 지치는 것이지 일 자체 때문은 아닙니다. 일은 그냥 머리 쓰면서 하면 되는데 거기다가 감정을 계속 이입하면서 하니까 피곤하고 지치는 것입니다.

아는 한의사가 있는데 하루에 백 명 이상 진맥하고 약 짓고 해도 저녁에 만나면 쌩쌩합니다. 어떻게 그럴 수 있는가 물어봤더니 "나는 무심無心으로 한다"고 하더군요. 환자를 볼 때 여자인지 남자인지, 돈이 많은 사람인지 없는 사람인지, 얼굴 생김은 어떤지 등 잡다한 생각을 하지 않고 그냥 환자로만 본답니다. 그러니까 이 사람은 이렇게 하면 되겠다, 저 사람은 저렇게 하면 되겠다, 쉽게 판단이 되더랍니다.

왜 지치고 피곤한가? 내가 이런 말을 하면 삐칠까, 저 사람이 돈이 많은 사람일까, 비싼 약 지으라고 하면 화낼까, 이러면서 머리가 복잡하게 돌아가기 때문입니다. 그러면 피곤해서 못합니다. 열 명만 상대하면 그냥 나가떨어집니다.

일하실 때 사물을 그 자체로만 보십시오. 자신과 관련시켜 보지 마시고요. 그렇게 하면 지치지 않고 일할 수 있고 적은 에너지로 최대의 효과를 낼 수 있습니다. 왜 지치는가? 생각을 너무 많이 해서 머리가 뒤죽박죽인데 거기에 또 감정이 들어가서 복잡해졌기 때문입니다. 머리는 생각만 하고 가슴은 느끼기만 하고, 그렇게 서로 섞지 마십시오.

거래처 사람과 마찰이 생기거나 상사로부터 꾸지람을 들으면 화가 나고 부당하게 느껴지는데 그럴 때도 그냥 무심으로 드십시오. 거기에 감정 섞어 가며 같이 얘기하면 더 지치고 피곤해집니다. 상대방의 말을 들어 주면서 "그럴 수도 있다"고 공감해 주고, 또 이쪽 입장도 얘기하면서 타협점을 찾아 나가면 화가 안 납니다.

사실 일 자체는 그렇게 힘들지 않은데 괜히 옆 사람에게 신경 쓰고 일에 감정을 이입하느라 지치고 피곤한 것입니다. 사회생활은 하되 느낌을 갖지 않는 자세, 행여 가져도 이내 잊어버리는 자세가 필요합니다.

아무 생각도 안 하는 걸 무심이라고 하나요?

아무 생각도 없는 게 무심이 아니라 자기를 내세우지 않는 걸 무심이라고 합니다. '내가 했다, 내가 칭찬과 보상을 받아야 한다' 이러지 않고 '누군가가 해야 할 일인데 내가 그 역할을 할 뿐이다' 생각하는 것입니다. 나를 내세우지 않고 우주의 구성원으로서 우주의 일을 하는 것입니다. 이런 생각을 갖고 일하면 부딪힐 일이 없습니다. 상대에게 다 전달이 되니까요.

허준 선인의 경지가 그러했습니다. 그냥 무심으로 열심히 환자를 치료하셨습니다. 병을 고쳐야겠다, 환자를 살려야겠다, 이 생각밖에 없으셨지요. 자기가 의사라는 걸 내세우고 싶은 마음도 없으셨고요. 그러니까 높은 사람이 불러도 안 가실 수 있었던 것입니다. 환자로만 보고 병으로만 보셨기 때문입니다. 저 사람이 돈을 낼 것인가 안 낼 것인가? 내게 어떤 보상을 해줄 것인가? 이런 마음이 없는 경지에서 일하셨던 겁니다.

풍경 보듯이 보라

어떤 일이나 사물을 볼 때 풍경 보듯 보시기 바랍니다. 차 타고 지나치면서 경치를 볼 때 '좋구나, 아름답구나, 더럽구나' 그러잖습니까? 그렇게 보시기 바랍니다.

누가 뭐라고 하면 '그런가 보다' 하면 될 걸 접수해서 내 일로 만들더군요. 일일이 반응하고 몇 시간씩 얘기해서 풀려고 하고요. 그럴 것 없습니다. 내 일이 아닙니다. 누가 뭐라고 나한테 걸었다? 걸지 않아도 자기가 걸리는 것입니다. 사실 시비를 거는 사람은 없습니다. 그냥 오가는 풍경을 자기가 잡아당겨 번잡하게 요리를 하는 것입니다. 그러면 상대방이 또 반응해서 삼십 분, 한 시간을 그냥 주거니 받거니 시달립니다.

그러면 뭐가 남느냐? 상처가 남지 뭐가 남겠습니까? 그러지 마십시오. 남의 일입니다. 내가 반응하지 않으면 되는 건데 오다가다 만난 것들이 다 내 일인 것처럼, 내가 아니면 세상이 안 돌아가는 것처럼 참견을 합니다.

감정상의 문제, 지식, 생로병사, 어떤 사물에 관한 것, 철학적인 문제들……, 모두 그냥 텔레비전 화면 보듯 하시면 됩니다. 누가 자기 의견을 열심히 주장하면 그냥 '저 얘기는 맞는 것 같다' 혹은 '아닌 것 같다' 하시면 됩니다.

그런데 굳이 아니라고 따지고 집에 가서까지 머리 아프게 생각하는 분이 있더군요. 전화를 걸거나 편지를 써서 틀렸다고 지적해 주는 등 굉장히 열심히 반응합니다. 감정적인 측면에서 전쟁 치르는 분도 있고 지식적인 측면에서 그러는 분도 있습니다. 그러지 마십시오. 그냥 내가 접수할 것만 접수하고 지나가게 하십시오. 온갖 일에 다 관여할 필요는 없습니다.

제 얘기를 들을 때도 그냥 흘러가듯이 들으면 됩니다. 제가 한 시간 내내 말씀드려도 그 내용이 다 접수되지는 않을 겁니다. 그때그때 상태에 따라 어떤 말이 크게 와 닿거나 혹은 다 잊어버릴 겁니다.

일 처리하실 때도 마찬가지입니다. 평소에는 늘 비어 있다가 접

수가 되면 그때 순간적으로 하시면 됩니다. 그득하게 담겨 있으면
안 됩니다.

안 알아주면 어떤가? •

왜 자꾸 감정이 이입되는가? 왜 자꾸 기분이 나빠지고 부부간에
도 어쩌고저쩌고 싸우는 일이 많은가? 이유는 단 한 가지 '나를 알
아 달라'는 것입니다. 나를 알아 달라는 얘기를 하고 싶은데 상대방
이 안 알아주기 때문입니다.

나를 알아 달라 — 내가 이렇게 재주가 많고, 일 잘하고, 머리가 좋
고, 아는 게 많고, 가진 게 많고, 통이 크고……, 단지 그런 걸 알아
달라는 것입니다. 그게 안 되니까 말로 이야기하고, 몸으로 이야기
하고, 온갖 걸 동원해서 표현을 하는 것입니다.

그런데 안 알아주면 어떤가요? 내가 나를 알아주면 되고, 하늘이
나를 알아주면 되는 것 아닌가요? 왜 이 사람 저 사람이 다 나를 인
정해 줘야 하나요?

스스로 자신을 인정할 수 없을 때, 자신감이 없을 때 남의 도움이
필요한 것입니다. 스스로 짱짱하면 "나 어떠냐? 잘하냐?" 안 물어봅
니다. 스스로 만족할 때는 남의 인정이 필요 없습니다. 자기가 자기
를 바라볼 때 뭔가 꿀리고 만족하지 못할 때 주위 사람에게 인정받는
게 필요한 겁니다. 그러니 굳이 이 사람 저 사람에게 인정받으려 하

지 마시고, 내가 스스로 나를 인정할 수 있도록 갖추시기 바랍니다.

그리고 옆에서 누가 알아 달라고 하면 그냥 "잘한다"고 한마디 해주십시오. 그러면 됩니다. 그냥 알아주면 되는데 굳이 '안 알아주겠다' 할 건 뭐 있습니까? 그냥 한마디 해주면 되는데요.

물론 매일같이 "잘한다, 잘한다" 할 수는 없는 일이지요. 사흘이 멀다 하고 알아 달라고 하면 그것도 피곤한 일입니다. 부부간에도 매일같이 "나 사랑해?" 하고 물으면 지치고 싫증나잖아요? 가끔, 한 달에 한 번 정도 "참 잘한다, 참 괜찮은 사람이다" 말해주면 되는 겁니다.

왜 태도까지 잡아두나?

대개 일만 하면 그렇게 지치지 않습니다. 일은 몇 시간 집중해서 하면 되는데 회사 다니는 게 지치고 피곤한 이유는 대부분 인간관계 때문입니다. 상대방의 못마땅한 점을 계속 신경 쓰면서 일하기 때문에 그렇게 힘든 겁니다.

그런 것은 보지 않도록 하십시오. 그 사람의 문제입니다. 그렇게 타고났고, 환경이 그 사람으로 하여금 그런 성격을 갖지 않을 수 없게 했기 때문에 그런 태도를 보이는 겁니다. 내가 신경 쓸 문제가 아니지요.

내가 신경 쓸 문제는 나와 견해 차이가 있는 부분입니다. 내 생각이 옳다면 상대방의 틀린 점을 지적해 주고 토론을 통해서 설득하면 됩니다. 거기서 감정적인 면은 빼야 합니다. 그렇게 하면 일 자체로는 전혀 피곤해지지 않습니다.

우리나라 사람들이 특히 그렇더군요. 외국 사람들은 격렬하게 논쟁을 하다가도 회의가 끝나면 금방 툭툭 털어버리고 악수하는데 우리나라 사람들은 회의 중에 한번 싸우면 평생 가더군요. 원한이 남아서 아예 등지게 되기도 하고요. 우리나라 사람들이 민족성이 상당히 감정적이기 때문이겠지요.

토론할 때는 격렬하게 논쟁을 하더라도 뒤돌아서면 끝나야 합니다. 왜 그 사람의 태도까지 마음에 잡아 두십니까? 그러지 마십시오. 그러면 일 처리가 쉬워지고 피곤하지도 않을 것입니다.

왜 반응을 요구하는가?

어느 분은 홈페이지에 글을 많이 올리는데 글에 반응이 없으면 그렇게 안타까워하시더군요. "내가 의견을 냈는데 왜 아무 반응이 없는가?" 하고요. 그런데 개인의 의견입니다. 반응을 보일 수도 안 보일 수도 있는 겁니다. 매번 반응을 보여 달라는 것은 지나친 요구입니다. 그분의 생각이 다 옳은가 하면 개인의 생각일 뿐이지요. 이렇게 생각할 수도 있고 저렇게 생각할 수도 있는데 그분은 그렇게 생각한 것뿐입니다. 그분의 생각이 정답이라고 확신할 수는 없는 것이지요.

"내 생각이 정답인데 왜 받아들여지지 않는가?' 이런 생각을 버리고 '내 생각은 하나의 의견'이라는 마음을 가져야 합니다. 어느 것도 정답은 없습니다. 사람은 너무나 다양하기 때문에 의견이 다 다릅니다. 또 의견이라는 것이 내가 100% 옳고 상대방이 100% 그르지는 않습니다. 다 옳고 다 일리가 있습니다. 자연 과학이나 의학 분야에서는 진위 여부를 놓고 논쟁을 할 수 있습니다. 지구가 도는지 안 도는지, 지구가 둥근지 평평한지, 이런 과학적인 진실은 반드시 검증이 돼야 하기 때문에 반박하고 논쟁하는 게 꼭 필요합니다. 하지만 철학이니 문학이니 하는 인문학에서는 해석하기 나름입니다. 얼마든지 다른 해석이 나올 수 있기 때문에 그걸 반박하고 논쟁하는 것은 에너지 낭비가 되기 쉽습니다.

간혹 '말'로 명상을 하려는 분이 찾아오는 경우가 있더군요. 오다가다 한마디 툭 들은 얘기를 하기도 하고 별로 알고 싶지도 않으면서 언뜻 떠오르는 대로 묻기도 합니다. 그럴 시간 있으면 앉아서 호흡을 하면 좋겠는데요. 여기 계신 분들은 그러지 마시기 바랍니다. 다 남의 일입니다. 내가 필요한 것만 취하면 되는 것입니다.

너무 많이 기대하지는 않는가?

사람에게 너무 여러 가지를 기대하지 마십시오. 한두 가지만 훌류하면 되는 것입니다. 가족이나 주변 분들에게 너무 많은 걸 기대하지 않으면 스트레스를 줄일 수 있습니다.

사회에서도 정치가는 정치만 잘하면 되고 사업가는 사업만 잘하면 됐지 인간적으로 완벽할 필요는 없습니다. 역대 대통령에 대해서도 평가가 엇갈리는데 대통령이 그렇게 완벽할 필요는 없는 것입니다. 대통령은 정치가이기 때문에 정치를 잘하면 되고, 편안하게 잘 먹고 잘 살게 해주면 되고, 어떤 한 가지 면에서 표상이면 되는 것입니다. 인간적으로 완벽할 필요는 없습니다.

학자라면 자기 학문 분야에서 확실하고, 신념이 있고, 자기가 진리라고 믿는 것에 대해서 목에 칼이 들어와도 밀고 나가는 용기가 있으면 됩니다. 그 사람의 사생활이나 주변 상황을 들춰내서 꼬집을 필요는 없습니다.

예전에 종암 경찰서 김강자 서장이라는 분이 매스컴에 많이 나오셨지요. 미아리 텍사스에 철퇴를 내린 용기 있는 분입니다. 인터뷰하는 걸 봤는데 협박 전화도 많이 오고 저항이 굉장했나 봅니다. 경찰이라 해서 목숨 보전하라는 법 없는데 아주 당당하게 나가시더군요. 자기는 하나도 안 무섭다면서 용기를 보여주시더군요.

그 한 가지 면으로 귀감이 됩니다. 그분의 사생활까지 궁금해 하기도 하는데 어떤 한 가지 면에서만 모델을 제시하면 충분히 자기 역할을 한 겁니다. 지금 이 시기에 용기 있게 나서서 그 대단한 동네에 손을 댔다는 것, 그거면 된 겁니다.

행복의 비결은 기대하지 않는 마음

행복의 비결은 기대하지 않는 마음에 있습니다. 명상을 할 때도 뭔가 오는 것은 아무 기대가 없을 때입니다. 아무 생각이 없을 때 단계가 올라가고 뜻하지 않은 선물이 오더군요. 잔뜩 기대하고 있으면 그런 게 안 되는데요.

사람을 대할 때도 빈 마음이면 새로워지는데 기대가 있으면 마찰이 생깁니다. 주변 사람들과 계속 마찰을 일으키는 분들은 왜 그러느냐 하면 기대가 있기 때문입니다. 기대가 전혀 없으면 뭘 하나 해주면 "아, 놀라워!" 하게 됩니다. 기대를 잔뜩 하면 아무리 뭘 해줘도 못마땅하고요. 기대하는 바가 있기 때문에 거기 못 미치면 못마땅한 거지요.

무심이란 명상뿐 아니라 대인관계에서도 필요한 것입니다. 주변 사람들과의 관계에서 무심으로 있으면 모든 게 감사로 다가옵니다. 그런 마음으로 있으면 늘 편안하고 행복할 수 있습니다.

반면 기대하는 마음이 그득 담겨 있을 때는 늘 못마땅하고 불만입니다. 나는 왜 이런가, 저 사람은 왜 저런가, 따지는데 그러다 보면 인생이 불행해집니다. 자기가 한 것만큼만 바라도 덜 섭섭할 텐데 대개는 더 바라지요. 하나를 주고 하나를 받으려고만 해도 덜 섭섭할 텐데 하나를 주고 열을 받으려고 하다가 섭섭해 합니다.

그릇을 키우라

사랑과 정으로 대하면

일하면서 스트레스 받는 것은 일 자체보다는 인간관계 때문에 그런 경우가 많습니다. 내 일, 네 일, 하면서 일의 책임소재를 밝히다가 그러는 겁니다.

사랑이 없으면 사물을 보는 눈이 메말라집니다. 인간미가 없어집니다. 대세에 크게 지장이 없는 한 여유 없이 일하지 말아야 하는데요. 일이라고만 생각하지 말고 사랑과 정情으로 대한다면 많은 것들이 걸리지 않을 겁니다.

사랑으로 대하면 이해하지 못할 일이 없습니다. '그 사람은 그래서 그렇구나' 하면서 넘어갈 수 있고 '그런 사정이 있었구나' 하면서 사사건건 따지지 않게 됩니다. 굉장히 일을 잘하면서도 옆 사람과 부딪힘이 있고, 나는 도와주려고 얘기했는데 상대방이 별로 탐

탁지 않게 여긴다면 원인은 바로 그런 데 있습니다. 해주고도 모른 척하고, 내 일이 아니면 그냥 눈감아 주고, 남의 일이어도 내 일처럼 해주는 여유가 부족해서 그렇습니다.

저도 온갖 종류의 사람들과 일을 해봤는데 한번은 용어를 굉장히 중요하게 생각하는 사람이 있었습니다. 잘하다가도 누가 용어 한마디 틀리면 그걸 물고 늘어지니까 아무도 안 좋아했습니다. 남들은 '용어 좀 틀리면 어떤가' 하는데 그 사람한테는 그게 굉장히 중요한 문제였지요.

전에 알던 방송국 피디 한 분은 문학을 논리라고 보아 딱 맞게 들어가야 하는 사람이었습니다. 대사 한마디에도 주어가 있고, 서술어가 있고, 이렇게 전체 문장이 딱 맞아야지 논리에 안 맞으면 문장이 아니라고 봤습니다. 그래서 작가들과 많이 부딪혔는데 문학은 "밥 먹었니?" 하면 됐지 "너 밥 먹었니?" 하지 않아도 되는 것이거든요. 그런데 본인은 그게 목숨보다 중요한 것이더군요. 일 잘하는 사람들이 대개 그렇습니다.

일 잘하는 사람들이 또 교통정리를 하려는 경향이 강합니다. 내 일 네 일 가르고 거기 어긋나면 걸려합니다. 좀 넘어갈 줄도 알아야 하는데요. 어떻게 보면 '덕德'이라고 표현할 수도 있는 부분입니다. 한번 원칙을 세우고 나서 그거 아니면 안 된다고 생각하는데 그러다 보면 마음의 여유가 없어지지요. 갑갑해지고 융통성이 없어집니다.

사랑의 본 모습은 '덕'

우리 명상의 비밀은 중단(中丹, 양 젖꼭지를 연결한 선의 중간 지점에서 다시 안쪽으로 들어간 지점에 위치하며 마음을 관장한다)에 있습니다. 다른 곳에서도 하단의 중요성은 많이 강조하는데 중단이 중요하다는 건 잘 모르더군요. 중단을 여는 방법을 몰라서 진전이 잘 안 되더군요. 명상의 비결은 중단에 있습니다. 중단이 어느 정도 열리느냐에 따라 명상이 급진전됩니다.

'중단은 사랑' 이라는 말씀을 드렸는데 사랑이란 바로 '덕德' 입니다. 사랑이라고 하면 남녀 간의 사랑을 생각하기 쉬운데 사랑의 본 모습은 덕입니다. 덕은 인간으로서 구비해야 할 가장 중요한 요소인 것입니다. 여타의 요소들을 구비했더라도 덕이 없으면 "다 가졌는데 덕이 부족하다"고 말합니다.

덕은 하늘이 베푸는 것이기 때문에 덕이 부족한 것은 인위적인 노력으로는 잘 안 됩니다. 전생의 인과응보에 의해 부여받은 것이기 때문에 후천적으로 고치기가 굉장히 어렵습니다. 딱 한 가지 방법이 있는데 그릇을 없애면 된다는 말씀을 드린 바 있습니다.

하늘에서 보실 때는 다 갖췄어도 덕이 부족하면 가장 안타까워합니다. 그런데 재주가 뛰어날수록 덕이 부족한 경우가 많더군요. 제가 요즘 텔레비전에서 어떤 철학자의 강의를 즐겨 듣는데 아주 뛰어난 분이더군요. 지식이 많고 생각도 많이 열렸습니다. 다만 한 가지 부족한 게 있다면 덕이 부족하다는 점입니다. 제가 매번 강의를 들을 때마다 덕이 부족하구나, 하는 느낌을 받습니다.

오늘은 종교계를 비판하고, 내일은 문단을 비판하고……, 가차 없이 비판하더군요. 덕이 있으면 그렇게까지 하지 않아도, 하고 싶은 말을 할 텐데 마구 휘두르더군요. 어떻게 보면 깡패 같습니다. 깡패라는 게 꼭 칼을 휘둘러야 깡패가 아니지요. 자신이 갖고 있는 무기를 무차별적으로 휘두르면 깡패입니다.

물론 듣는 분들이 대리 만족을 얻을 수는 있습니다. 자기는 그렇게 비판하고 싶어도 못했는데 이름 있는 분이 공개적으로 비판해 주니 얼마나 시원하겠습니까? 그렇다 하더라도 그렇게 가차 없이 비판하는 건 좀 문제가 있습니다. 일부 문제가 되는 사람도 있지만 열심히 노력하는 사람이 더 많잖습니까? 그분들이 그런 얘기를 들었을 때 어떻겠는가? 마음에 상처가 되지 않겠는가?

인기가 높은 만큼 비판의 목소리도 높은데 덕이 부족하기 때문에 그렇다는 생각을 했습니다. 상대방의 입장을 이해해 주고 "내 견해로는 이렇게 했으면 더 좋았을 것 같다" 하는 정도로 말해도 뜻이 다 전달이 될 텐데요.

바닷물에 잉크 한 방울 •

덕이라는 것은 받아들일 수 있는 마음입니다. 다 어루만지고 받아들이는 마음을 덕이라고 합니다.

'그릇의 크기'라고 표현하기도 하는데 그릇이 작으면 남은커녕 자기 자신도 다 못 담습니다. 자신의 어떤 부분만 담고 나머지 부분은 수용이 안 돼서 삐죽삐죽 나옵니다. 자신의 자질, 가정환경, 처해 있는 상황 등을 인정하지 못하는 거지요. 좋은 부분, 스스로 인정하고 싶은 부분만 받아들이고 나머지는 인정을 안 합니다. 내 탓이 아니라고, 내 의사와 상관없이 피동적으로 주어진 여건이라고 거부합니다. 또 누가 그런 부분을 건드리면 비명을 지릅니다. 그릇이 크면 아무 움직임이 없는데 그릇이 작으면 누가 돌만 던져도 아우성치고 난리가 나는 겁니다.

그릇이 크면 다 수용하고, 있는 그대로 받아들이고, 내 책임이라고 인정할 수 있습니다. 바닷물에 잉크 몇 방울 떨어져 봐야 아무 영향이 없는 것과 같습니다. 자신과 남을 다 담고도 한없이 여유가 있습니다.

나와 다른 것을 받아들일 수 있는 여유

덕이라는 것은 나와 다른 것을 받아들일 수 있는 여유입니다. 나와 다르다고 해서 수용하지 못한다면 덕이 없는 상태입니다.

이 세상에는 나와 마음이 맞는 사람보다는 안 맞는 사람이 더 많습니다. 그런데 마음이 안 맞는다 해서 상대를 안 하다 보면 자기 무대가 좁아집니다. 고만한 사람들이 끼리끼리 해봐야 뭘 하겠습니까?

꼴 보기 싫은 사람이 있다는 건 그만큼 내 생각이 많다는 것입니다. 마음이 열린 상태, 즉 우주화宇宙化하지 못해서 그렇습니다. 우주라는 게 안 받아들이는 게 어디 있나요? 먼지나 티끌까지 받아들입니다. 예쁘고 좋은 것만 받아들이고 미운 것은 안 받아들인다면, 보기 싫은 인간들을 다 한강물에 처넣어 버리면 좋겠다, 한다면 우주가 아닙니다. 다 받아들이고 끌어안고 사는 것입니다.

그 사람들도 다 존재의 이유가 있습니다. 내 관점에서 본 게 100% 옳은가? 아닙니다. 그건 내 관점이지 그 사람의 관점에서는 내가 그럴지도 모릅니다. 그 사람이 나를 보면서 "저 사람 너무 편협해" 이럴지도 모릅니다.

이렇게 저렇게 다 조화를 이루어 낼 수 있어야 합니다. 사회생활을 하다 보면 도저히 상종을 못하겠다 싶은 사람들이 많은데 그 사람들을 다 상대할 수 있어야 합니다. 보기 싫다고 문 탁 닫고 돌아서면 제한적일 수밖에 없습니다. 자기 무대에 머물고 맙니다. 무대가 넓으려면 이런저런 사람들이 있다는 걸 다 받아들여야 합니다. 백 명, 천 명도 끌고 갈 수 있는 큰 그릇이 되어야 합니다.

전쟁터에서 장군이 자기 마음에 드는 사람만 중용하면 꼭 측근에게 당합니다. 자기 눈 밖에 난 사람과 제일 먼저 화합을 해야 하는 것이지요. 크게 보고 무대를 넓히시기 바랍니다.

편견이 강한 사람들 •

끌어안지 못하는 이유는 편견 때문입니다. 정치하는 인간들 눈꼴 시어서 못 보겠다, 기업하는 인간들 못 봐 넘기겠다, 예술 한답시고 설쳐대는 딴따라들 못 봐주겠다, 이런 식의 편 가르고 차별하는 생각이 많기 때문입니다.

같은 분야에 종사하는 사람들을 업신여기는 경우도 많더군요. 순수 문학하는 사람은 드라마 쓰는 사람을 우습게 알고, 대기업에 다니는 사람은 구멍가게를 우습게 여기고, 이렇게 편 가르는 마음이 있습니다. 그런 마음이 없을 때, 지게를 져도 그 사람의 귀함을 인정할 수 있을 때 비로소 편견이 없어졌다고 볼 수 있습니다.

시야가 바뀌면 벌써 사람을 보는 차원이 달라집니다. 단점만 크게 보이다가 '아, 저 사람은 내가 갖지 못한 저런 면을 갖고 있구나' '저런 면을 높이 사서 활용하고 싶다' 이렇게 됩니다. 시야가 180도 바뀐다고나 할까요?

만날 마음 맞는 사람하고만 어울려 다니면 뭐합니까? 배울 점은 이미 다 배웠고 취할 점은 다 취했습니다. 그 한계를 압니다. 그러면 이제 다른 사람들을 포용하고 어울려야 합니다.

반골 기질이 강한 사람도 알고 보면 쓸모가 많은 사람입니다. 눈이 시퍼렇게 살아 있는 거잖습니까? 그걸 긍정적으로 활용할 수 있으면 되는 겁니다. 사람들의 다양한 장점을 활용하면서 자기편으로 만들 수 있어야 합니다.

내 기준을 버릴 수 있는가?

편견이 강한 사람을 보면 대개 자기 기준이 강합니다. 타인을 평가하는 자기 나름의 기준이 강한 경우가 많습니다.

지식이나 학식이 기준인 분이 있습니다. 많이 알면 좋은 사람, 무식하면 나쁜 사람, 이렇게 봅니다. 외모가 기준인 분도 있습니다. 잘생기면 좋은 사람, 못생기면 나쁜 사람, 이렇게 봅니다. 특정 지역을 선호해서 함경도 사람이면 무조건 좋은 사람, 강원도 사람이면 무조건 나쁜 사람, 이런 식으로 보는 분도 있고요.

어느 여자 분은 데이트할 때 남자가 좋은 음식점에 데려가서 맛있는 음식을 먹게 하면 좋은 남자, 아무 데나 들어가서 먹게 하면 나쁜 남자, 이렇게 보더군요. 재미있는 남자는 좋은 남자, 재미없는 남자는 나쁜 남자, 이렇게 보는 분도 있고요.

내가 가진 판단 기준은 무엇일까? 평소에 어떤 말을 제일 많이 쓰는지 보면 압니다. 맛있는 것 좋아하는 사람은 "맛있다, 맛없다"는 말을 하루에도 몇 번씩 합니다. 깨끗한 것 좋아하는 사람은 "깨끗하다, 더럽다"는 말을 입에 달고 살고요.

저도 처음에는 편견이 이루 말할 수 없었습니다. 잘난 사람, 유식한 사람, 깨끗한 사람 좋아하고, 무식한 사람, 지저분한 사람은 사람 취급도 안 했습니다. 그런데 이제는 비듬이 떨어져도 다 예뻐 보입니다. '저 사람은 피곤하구나, 머리를 못 감았구나' 이렇게 봅니다. 지저분하게 먹는 사람 보면 밥맛이 뚝 떨어졌는데 이제는 그냥

다 사랑스러운 인간으로 봅니다. 뻐드렁니가 튀어나오면 '뻐드렁니구나' 하고, 밥알이 튀면 '밥알이 튀는구나' 합니다.

　판단의 기준이 달라졌기 때문입니다. 지게꾼이라도 마음이 비워져 있으면 높이 평가하고, 지위나 재산이나 학식을 아무리 많이 갖추고 있어도 버릴 걸 많이 갖고 있으면 높이 보지 않습니다. 기준이 그런 게 아니기 때문입니다.

타인의 입장에 서보면 ·

　우리는 그동안 받아온 교육이나 종교나 철학에 의해서 많이 채워진 상태입니다. 그런데 그런 데서 주장하는 주의나 이론이 사람을 자유롭게 하기보다는 어떤 개념을 자꾸 심어줌으로써 오히려 덧붙여주고 편견을 갖게 합니다. 그런 것들로부터 자신을 무장 해제시켜야 합니다. 오로지 본성(本性, 생명의 근본 자리)의 마음으로 보아야 합니다.

　하늘은 음과 양, 선과 악, 밝음과 어두움을 다 가지고 있습니다. 양면성이 있습니다. 천둥벼락이 몰아치다가도 따뜻한 햇살을 보여줍니다. 낮에는 밤이 오리라는 생각을 못하는데 12시간도 못 돼서 밤이 옵니다. 한여름에는 더위가 영원히 지속될 것 같은데 조금만 지나면 찬바람이 붑니다. 그렇게 상반되는 모습을 보여줌으로써 내 기준이 다가 아니고 다른 기준이 같이 있음을 보여주는 것입니다.

명상을 하면 나만 알다가 점차 하늘을 알게 되고, 동시에 타인의 입장을 알게 됩니다. 나와 다른 사람도 많다는 걸 알게 되면서 타인의 입장에 서봅니다. 저 사람은 왜 저럴까? 저 사람의 어떤 면이 굉장히 싫은데 왜 저렇게 됐을까? 그 입장에 서보면 그 사람이 그렇게 될 수밖에 없었던 이유가 꼭 있습니다. 자라온 환경이 어떻다거나 부모님이 어떻다거나 하는 이런저런 이유 때문에 성격과 개성이 그렇게 형성된 것입니다. 그 사람은 그렇게 할 수밖에 없는 겁니다. 만일 나보고 그 처지가 되어 보라고 하면 나도 똑같이 그렇게 할 겁니다.

인색한 사람을 보면 인색할 수밖에 없는 이유가 있습니다. 어려서부터 사랑을 못 받았다든가 물질적으로 시원찮게 받았다든가 하면 남에게 줄 줄 모릅니다. 악한 사람을 보면 악할 수밖에 없는 이유가 있습니다. 환경이 그랬기 때문에, 환경을 이길 만큼 본인의 의지가 굳지 못했기 때문에, 교육을 받지 못했기 때문에 등등 이런저런 이유가 있습니다.

타인의 입장에 서보면 그렇게 '아, 그래서 그렇구나' 하고 이해하는 마음이 생깁니다. 그것이 바로 하늘 단계의 마음이며 그 정도만 돼도 마음이 굉장히 많이 열렸다고 볼 수 있습니다.

우주의 입장에 서보면 •

 더 나아가 우리가 궁극적으로 가고자 하는 상태는 타인의 입장, 내 입장, 이렇게 상반된 입장이 아니라 우주에서 바라보는 입장입니다. '나는 이런데 상대방은 저렇구나' 하고 공정하게 보이는 상태입니다.

 양쪽을 다 내려다볼 수 있으면 저 사람은 저게 옳은 것이고 나는 이게 옳은 것입니다. 저 사람이 옳기 때문에 받아들이거나 그르기 때문에 배척하는 게 아닙니다. 다 옳은데 내 방식과 다르므로 나는 그렇게 안 할 뿐입니다.

 우주의 입장에서 보면 좋고 싫고가 없습니다. 마치 바다와 같은 마음입니다. 하늘은 물에 비유하면 강과 같다고 볼 수 있습니다. 강은 물줄기의 계보가 있어서 '한강' 하면 그 부류끼리 서로 통하고, 전혀 다른 물줄기인 '낙동강'으로 가면 그 부류끼리 또 통합니다. 하지만 한강하고는 어쩐지 수온도 다르고 이질감이 있습니다. 그래서 끼리끼리 모여서 삽니다.

 그런데 흘러흘러 바다까지 가면 그때는 한강에서 흘러왔는지 낙동강에서 흘러왔는지 따지지 않습니다. 너와 내가 없이 다 같은 바닷물입니다. 시원을 따지지 않는 것입니다.

 바다는 다 받아들입니다. 너는 공장폐수니까 싫다, 너는 한강물이라서 싫다, 낙동강물만 받겠다, 이런 편견이 없습니다. 어찌어찌해서 바다까지 흘러들어온 인연을 높이 사는 것입니다. 물줄기 하나가 참 어려운 과정을 거쳐서 — 땅속으로 스며들 수도 있고 아예 자취도 없이 사라질 수도 있었는데 — 끊임없이 힘을 내서 물줄기를 이루고, 또 강을 이루어서 끝내 바다까지 흘러온 인연을 높이 사면서 다 받아들입니다.

그럼 자기는 어떻게 정화를 하느냐 하면 파도나 폭풍이나 해일을 통해서 끊임없이 자체 정화작용을 합니다. 그러면서 남을 탓하지 않습니다. 그런 상태가 바로 우주의 상태이고 "마음이 열렸다" 하는 상태입니다.

내가 상대방을 바라볼 때 이해는 하되 싫고 좋은 분별이 있다면 '내 상태가 아직 바다의 경지는 아니구나' 생각하시면 됩니다. 그러나 또 아쉬워할 것도 없이 그 단계를 인정하시면 됩니다. '계속 이렇게 가다 보면 끝내는 바다까지 가겠구나' 하면서 자기 단계를 솔직하게 인정하시면 됩니다. 인위적으로 싫은데 좋은 척할 필요도 없는 거지요. 물론 노력은 해야 합니다. 다 이해하고 받아들이도록 노력해야 합니다.

그 사람이 되어 보기 전에는 모른다 •

세상만사를 좋게만 받아들일 수는 없는 것 아닌가요? 자신이 사랑하지 않는 사람이라면 이러든 저러든 상관 안 해도 되겠지만, 사랑하는 사람이 어긋날 때는 참견을 해서라도 바로잡아 줘야 하는 것 아닌가요? 다 좋게 이해하고 받아들이면 자기 마음은 편할지 몰라도 그 사람을 고쳐줄 기회는 놓치지 않습니까?

그럼 자신의 생각은 옳은가? 그것이 문제입니다. 예를 들어 동성애라고 하면 부정적으로 보는 게 보통 사람들의 생각입니다. 만일 내 가족이 동성애자다, 하면 끝까지 쫓아가서 말려야 한다고 생각하시겠지요? 아마 그럴 겁니다.

그런데 그 사람이 왜 동성애자가 됐는가 하면 꼭 이유가 있습니다. 전생의 이유든 금생의 이유든 기적으로 부조화돼서 그런 것입니다. 왜 게이가 되는가 하면 남자이면 양기가 많아야 하는데, 50% 이상은 양기여야 하는데 양기보다 음기가 더 많기 때문입니다. 그러면 여자에게 성적인 매력을 전혀 못 느낍니다. 여자는 음기이기 때문입니다. 오히려 양기가 많은 남자에게 매력을 느끼면서 마음이 동합니다. 레즈비언도 마찬가지고요.

그런 기적인 특성은 타고나는 것입니다. 일종의 환자라고 볼 수도 있습니다. 자기도 외로워서 사람들하고 살갑게 살아 보려고 하는데 도저히 이성에게는 매력을 못 느끼는 걸 어떡합니까? 사랑도 하고 연애도 하고 싶은데 안 되니까 자기도 살려고 그러는 것입니다.

그걸 내 기준으로 옳다 그르다 할 수는 없습니다. 그동안 살아온 경험이나 교육받은 기준으로 보면 도저히 있을 수 없는 일일지도 모릅니다. 그러나 어떤 기준으로 보느냐가 굉장히 중요한 거지요.

중용이란 그런 것입니다. 어떤 상황도 이해가 가는 것이 중용입니다. 이쪽에서 봐도 이해가 가고, 저쪽에서 봐도 이해가 가고, 내려다봐도 이해가 가고, 위에서 봐도 다 이해가 가는 것입니다. 도대체 이해할 수 없는 상황이란 없습니다.

중용이 아닐 때는 어떤 고정된 시각이 있습니다. 딱 앞에서만 보거나 아니면 기울어져서 봅니다. 우측으로 기울어진 분은 우측에서만 보고, 좌측으로 기울어진 분은 좌측에서만 봅니다. 그런 시각으로 보면 당연히 정답이 나오지 않습니다.

어떤 사람이라도 그럴 수밖에 없는 이유가 있습니다. 아니면 그 사람 보고 죽으라는 얘기나 다름없습니다. 남에게 참견할 때는 '내 생각이 과연 정답인가' 판단해서 해야 하는 것입니다. 상대방의 입장에서 그럴 수밖에 없는 이유를 찾아내서 이해해 주고, 내가 어떻게 도움을 주면 그 사람이 그걸 개선하겠는가 생각해 주는 식으로 접근해야지, 옳다 그르다만 주장하면 안 됩니다.

정확한 판단을 내려줌으로써 대번에 좋아지게 만들 수도 있는 것 아닌가요?

'정확한 판단'이라는 표현을 쓰시는데 자기가 정확한 판단을 내리는지는 어느 누구도 장담할 수 없습니다. 대개는 "내가 이렇게 옳은 얘기를 하는데 너는 왜 안 따르느냐?" 그렇게 확신에 차서 얘기하지요. 그런데 어느 누구도 내가 옳은 말을 한다고는 장담 못합니다. 상대방의 입장이 돼 보기 전에는 모르는 겁니다.

자신의 생각은 하나의 의견으로 제시해야 합니다. "내 생각은 이런데 너는 어떠냐?" 이런 화법으로 해야 합니다. 일리가 있다고 생각하면 받아들일 겁니다. "내가 정확한 판단을 제시해 줬는데 왜 안 받아들이냐?" 하면 상대방과 거리감만 생길 것이고요.

꼭 조언을 해야겠다, 하면 타이밍을 잘 봐야 합니다. 에너지가 50% 이상 어느 한쪽으로 쏠리고 있을 때는 아무리 말해도 안 들립니다. 예를 들어 축복받지 못하는 만남은 갖지 말라고 아무리 말해도 그 남녀의 마음 상태가 이미 50%를 넘어 쏠리고 있으면 그 얘기가 안 들립니다. 그럴 때는 내버려둬야 합니다. 마음이 한참 쏠려 있을 때는 내버려두는 게 좋습니다. 둘이 늘 좋기만 하지는 않잖습니까? 만나다 보면 안 좋은 점도 발견하고, 지겹게 느껴지고, 그러다 보면 마음이 좀 사그라질 겁니다. 그때 얘기를 하는 겁니다.

주변에 나를 괴롭히는 사람이 있다면 •

마음에 뭐가 걸리면 항상 상대방에게 문제가 있다고 생각하는데 사실은 자기에게 문제가 있는 겁니다. 이런 사람 저런 사람이 있다는 걸 수용하지 못하는 겁니다. 왜 자기 같은 사람만 있기를 바라나요?

주변에 원인이 있는 것같이 여겨지지만 사실은 다 내 문제입니다. 내 문제이기 때문에 내가 바뀌어야 주변이 바뀝니다. 내가 안 바뀐 상태에서는 절대 주변이 먼저 안 바뀝니다.

주변에 나를 괴롭히는 사람이 있다면 나를 공부시켜주는 교재라고 여기십시오. 그런 교재는 내가 공부를 안 하면 죽을 때까지 따라

다닙니다. 그 사람이 나를 공부시키지 않으면 다른 사람을 통해서 공부를 시킵니다. 내게 괴로움을 주던 사람이 죽었다? 그래서 속 시원하다? 그러면 다른 사람이 똑같은 문제를 가지고 괴롭힙니다. 그 공부를 마치지 않았기 때문에 상황이 개선되지 않는 것입니다. 내가 공부를 해야 주변 여건이 개선됩니다. 명상에 들어왔기 때문에 그 과정을 반드시 넘어야 합니다.

내 마음에서 해결이 나면 그 사람이 언제 그랬냐 싶게 딴사람이 됩니다. 이게 어떻게 된 일인가? 저 사람이 죽을 때가 가까워졌나? 그게 아니라 내가 탁 났기 때문에 상대방이 바뀐 것이지요.

내가 왜 걸렸는가?

상대방의 어떤 점 때문에 내가 마음이 거의 끊길 지경까지 갔다면 한번 점검해 보시기 바랍니다. 저 사람이 좋아보이다가 왜 갑자기 싫어졌는가? 어떤 면에 내가 걸렸는가? 그게 내 모습은 아닌가?

상대방의 어떤 면에 걸렸다는 것은 나와 연관되는 면이 있다는 것입니다. 예를 들어 그 사람이 밥 먹는 게 촌스러워서 싫다, 할 때 그 자체가 그렇게 걸리는 일은 아닐 겁니다. 그 사람이 밥을 촌스럽게 먹든 말든 나와 상관이 없지 않습니까? 내가 그 문제를 아무렇지도 않게 넘길 수 없는 이유가 반드시 있는 것입니다.

한번 그 사람이 그렇게 될 수밖에 없는 이유를 그 사람의 입장에서 생각해 보시기 바랍니다. 그 사람이 약속을 잘 안 지켜서 마음에 안 든다, 하면 그 사람이 왜 그러는지 생각해 보는 겁니다. 그 사람이 그러든 말든 나와 무슨 상관이 있는가, 생각해 보시고요.

그 사람에게 문제가 있다 해서 꼭 적극적으로 해결해야 하는 것은 아닙니다. 무관심할 수도 있고 젖혀놓을 수도 있는 일입니다. 한꺼번에 결론까지 내려 하지 마시고 우선은 그냥 원인만 생각해 보시기 바랍니다. 내가 왜 걸렸는가?

 힘이 되어 주라

갈채와 바그다드 카페 •

영화 두 편을 얘기하겠습니다. 첫 번째로 말씀드릴 영화는 《갈채》(원제: The Country Girl)라는 영화입니다. 그레이스 켈리와 빙 크로스비가 주연한 50년대 고전영화인데 알코올 중독에 빠져 폐인이 된 남편과 헌신적인 아내의 이야기입니다.

남편은 한때는 잘나가는 뮤지컬 배우였지만 아들이 교통사고로 죽은 걸 계기로 알코올 중독에 빠집니다. '죽은 아들만 생각하면 술을 마시지 않을 수 없어'라고 핑계를 대면서 10여 년을 술에 절어서 삽니다.

아내가 어떻게든 남편을 재기시키려고 노력하지만 허사입니다. 스스로 서려는 의지가 없기 때문입니다. 세상을 두려워하면서, 죽은 아들과 아내를 탓하면서 회피하려고만 합니다. 남편과 더불어

아내도 10여 년을 마냥 황폐하게 삽니다. 자신이 미인임을 잊어버리고 꾸미지도 않고 할머니처럼 삽니다.

그러던 어느 날, 한 남자가 그들 부부를 찾아옵니다. 남편에게 재기 무대를 마련해 주고자 찾아온 뮤지컬 감독입니다. 처음에는 남편 말만 믿고 아내가 남편을 망치고 있다고 비난합니다. 하지만 그 남자도 결국 깨닫습니다. 문제는 남편 자신에게 있으며 그녀는 희생양일 뿐이라는 것을……. 그녀가 사실은 아주 사랑스러운 여자라는 것을……. 그녀의 가치를 발견하고 사랑을 고백합니다.

그러니까 여자가 눈을 뜹니다. 내가 그렇게 가치 있는 여자였던가, 하면서 한순간에 아름다워집니다. 까마귀가 백조가 되는 것처럼 눈부시게 변합니다. 이윽고 그 남자가 그녀를 남편으로부터 떼어내려고 합니다. 행복하게 해줄 테니 나한테 오라고 말합니다.

결말이 어떻게 되느냐 하면 다시 남편한테 돌아가더군요. 남편에 대한 애정이 아직 남아 있었기 때문입니다. 제가 어렸을 때 본 영화인데 같이 보던 분들이 그 장면에서 박수를 치더군요. 남편에게 되돌아가니까 안심을 하는 거였습니다. 만일 새 남자에게 갔다면 돌을 던졌을 겁니다. 50~60년대는 사람들의 정서가 그랬습니다.

두 번째 영화는 80년대에 나온 《바그다드 카페》라는 영화입니다. 주인공이 독일 여자인데 뚱뚱하고 못생겼습니다. 그 여자가 어찌어찌해서 미국 댈러스에 있는 시골 카페까지 왔습니다. 부부동반으로 여행을 왔다가 남편과 싸움을 하는 바람에 그곳에 남게 된 것입니다.

이름이 "바그다드 카페"인데 사막 한가운데에 있는 주유소 겸 카페입니다. 어찌나 폐허인지 파리만 날리고 아무것도 없습니다. 제대로 된 커피 한 잔 마실 수 없을 지경입니다. 주인 여자는 또 어찌나 사나운지 남편이 뭐라고 싫은 소리를 하면 쏘겠다고 총을 들이댑니다. 부부싸움을 하다가 남편이 집을 나가버리더군요. 아들이 피아노를 치면 듣기 싫다고 고래고래 소리를 지르고요. 딸은 또 바람둥이입니다.

독일 여자가 그곳에 가서 하나하나 개선해 나갑니다. 청소도 깨끗하게 하고, 커피도 맛있게 끓이고, 피아노를 치면 칭찬도 해주고……. 또 이 여자가 마술을 할 줄 압니다. 찾아오는 손님들에게 마술을 보여줍니다. 점점 사람이 많이 오더니 보름도 안 되어 사람이 들끓는 낙원이 됩니다. 자기도 버림받은 여자인데 외모도 별 볼 일 없는 여자가 그 폐허를 살맛나는 곳으로 바꾼 겁니다.

명상하시는 분들은 《갈채》에서처럼 누구 때문에 죽음 같은 삶을 살아도 안 되고, 또 자신이 주변을 폐허로 만들어도 안 되겠습니다. 《바그다드 카페》에서처럼 폐허에 생기를 불어넣는 사람, 자신이 가진 재능을 끄집어내어 분위기를 살리는 사람, 살맛나게 하는 사람이 되어야겠습니다. 그것이 바로 명상하시는 분들이 할 일입니다. 각자 자신의 자리에서…….

생기를 지녔는가, 사기를 지녔는가?

　기운에는 생기生氣와 사기死氣가 있는데 어떤 기운을 지녔느냐에 따라 주변 사람을 생할 수도 사할 수도 있습니다. 기운이 센데 생하는 기운을 갖고 있으면 그렇게 좋을 수가 없습니다. 반대로 기운이 센데 사하는 기운을 갖고 있으면 주변 사람을 자꾸 칩니다. 주변 사람이 그 기운에 의해서 점점 위축되고 우울해지면서 시들게 됩니다. 기운이 약한 사람은 특히 그런 영향을 더 많이 받습니다. 기운이 강한 사람이 편치 않는 상태에 있으면 해를 입습니다.

　명상을 열심히 하셔서 기운이 강해지면 그런 해를 끼칠 위험이 생깁니다. 전에는 혼자 화내고 말았던 일이 주변 사람에게 큰 영향을 끼치게 됩니다. 도인이 한 번 화내면 산천초목이 떤다는 말이 있잖습니까? 생각 한 번에 그 정도의 힘이 실리는 것입니다.

　그러니까 축기를 할 때는 생하는 기운, 맑은 기운으로 하시기 바랍니다. 상대방을 짓밟는 기운, 숙살지기肅殺之氣로 축기를 하면 점점 더 큰 업을 짓게 됩니다. 주변 사람을 들들 볶게 되니까요.

　어디를 가나 분위기를 짓누르고 무겁게 하는 사람이 되면 안 되겠습니다. 주변 사람을 부추기고 격려하고 생기를 많이 만드는 사람이 되어야겠습니다.

힘이 되는가, 짐이 되는가?

나는 나 스스로에게 힘이 되고 있습니까, 짐이 되고 있습니까? 또 주변 사람들에게 힘이 되고 있습니까, 짐이 되고 있습니까?

힘은 에너지를 말하고 짐은 부담이 되는 걸 말합니다. 힘이 되는 사람은 자신뿐 아니라 타인에게 도움을 주고 짐이 되는 사람은 부담을 줍니다. 독자적으로 기능하지 못해서 타인에게 기대어 생활하기 때문입니다.

어떻게 하면 힘이 되고 어떻게 하면 짐이 되는가? 본인이 능력을 갖추면 힘이 되고 갖추지 못하면 짐이 됩니다. 명상하시는 분들은 힘이 돼야 합니다. 절대 누구에게 짐이 되어서는 안 됩니다.

종이 한 장 차이입니다. 생각 한번 잘못 먹으면 짐이 되고 방향을 잘 틀면 힘이 됩니다. 가장 중요한 것은 '내가 나 자신에게 힘이 되는가 짐이 되는가' 입니다. 내가 내 머리로 감당치 못할 만큼 너무 많은 생각을 지고 있지는 않은가? 내 몸이 감당치 못할 만큼 너무 많은 욕구를 가지고 있지는 않은가? 주변 사람을 향해서도 같은 질문을 던져 보시기 바랍니다. 내가 배우자에게 힘이 되는가 짐이 되는가? 또 위아래 가족에게 힘이 되는가 짐이 되는가?

자신이 짐이 된다고 여기신다면 갖추려는 노력을 해주시기 바랍니다. 상대방에게 요구하기보다 먼저 자신을 갖추는 일에 열중해야 하는 것입니다. 힘이 된다고 여기신다면 힘을 더 길러서 자신뿐 아니라 주변에도 힘이 되도록 해주시고요.

맑음으로 힘이 되는 사람 •

그럼 어떻게 할 때 힘이 될 수 있는가?

첫째는 맑음입니다. 맑음은 우주에서 가장 가치 있는 덕목입니다. 맑음이 영성靈性의 우열을 가리는 기준이기 때문에 맑아져야 합니다.

명상을 하시다 보면 점차 맑아져서 나중에는 아주 투명한 상태, 모든 것이 다 들여다보이는 상태가 됩니다. 물도 맑은 물일 때 훤히 들여다보이고 흐린 물일 때는 아무것도 안 보이듯이 자신이 극도로 투명해지면 사물을 훤히 꿰뚫는 눈을 갖게 됩니다. 명상을 하면서 맑은 기운으로 자신을 계속 갈고 닦다 보면 한없이 투명해져서 본질이 들여다보입니다.

맑아진 다음에는 누구에게나 힘이 됩니다. 명상을 하셔서 기운이 맑아지면 맑음 자체만으로도 별 다른 일을 하지 않아도 됩니다. 주변을 맑게 정화해 주는 일만 해도 엄청난 일이기 때문입니다. 맑은 사람과 잠시 대화라도 하고 나면 괜히 가슴이 후련해지고 머리가 맑아집니다. 그래서 맑은 사람 주위에는 자꾸 사람이 모입니다. 하루에 열 사람과 전화 통화를 했다면 그 열 사람을 그 순간이라도 정화해 주는 것입니다. 그래서 맑음만으로도 선을 베푸는 일이 됩니다.

가진 게 아무것도 없어도 맑은 사람이 만나자고 하면 반갑고 즐겁습니다. 아무리 돈이 많고 권력이 높아도 탁한 사람이 만나자고 하면 피하고 싶습니다.

밝음으로 힘이 되는 사람 •

둘째는 밝음입니다. 밝아야 합니다. 밝음이란 마음이 무겁지 않고 가벼운 상태를 말합니다. 자신만 가벼운 게 아니라 그 가벼움으로 주변 사람들까지 날아갈 것 같은 분위기를 갖게 하면 힘이 됩니다.

제가 옛날에 명상할 때 한동안 상당히 마음이 어두웠습니다. 세상 걱정 다 짊어진 것처럼 다 끊고 무거운 마음으로 앉아서 명상을 했습니다. 그때는 그것이 높은 차원인 줄 알았습니다. 그래서 웃지도 않고 무게 잡고 점잖게 있었는데 공부하다 보니 가벼운 게 더 차원이 높다는 걸 알겠더군요.

무겁게 가라앉아서 남들까지 무겁고 침울한 분위기로 만드는 사람이 있습니다. 자아도취에 빠져 있어서 본인은 그런 줄도 모릅니다. 나는 이렇게 무겁고 심각한 사람이다, 그런 걸 즐깁니다. 나는 호락호락 가벼운 사람이 아니다, 하는 자세입니다.

그런데 명상을 해보니까 가벼움이 무거움보다 훨씬 차원이 높더군요. 자신 있는 사람은 가볍습니다. 마음이 날아갈 것처럼 가볍습니다. 무겁게 내리누르는 사람은 자신이 없는 사람입니다. 만일 내가 마음이 무겁다면, 나뿐 아니라 주변 사람들까지 짓누르고 있다면 '나는 짐이 되고 있다'고 생각하시면 됩니다. 표정 하나만 봐도, 기운만 느껴 봐도 무겁고 가벼운 걸 금방 압니다.

밝아지십시오. 밝음 자체가 힘이 됩니다. 항상 구름이 끼어 있는 상태에서 벗어나 자꾸 밝아지려고 노력하십시오. 노력하면 다 됩니다. 고쳐지지 않는다면 사실은 고치고 싶지 않기 때문에 그런 것입니다. 은근히 그런 상태를 좋아하는 거지요. 모든 사람이 다 싫다고 하는데도 관 속까지 갖고 들어갈 심산인 양 굳세게 안 고치는 사람들 있잖습니까? 고치고 싶지 않기 때문입니다. 정말 고치고 싶다고 마음먹으면 고칠 수 있습니다.

스스로 어두운 것을 좋아하는 마음을 고치고 밝음을 지향한다면 주변 사람들에게 태양과 같은 존재가 되어 힘이 될 겁니다.

따뜻함으로 힘이 되는 사람

셋째는 따뜻함입니다. 따뜻한 마음과 시각을 가지면 주변 사람들에게 힘이 됩니다.

사물을 보는 시각이 너무 냉정하고 비판적인 사람이 있습니다. 좌측으로 기울어진 사람입니다. 그런 사람은 매사에 삐딱하고 냉소적입니다. 남이 한 건 잘한 게 하나도 없습니다. 내가 하면 더 잘할 거라고 말합니다. 말 한마디라도 격려해 주고 살고 싶게 만드는 사람이어야 하는데 열심히 살려고 하는 사람까지 맥 빠지게 만듭니다.

시각은 긍정적이어야 합니다. 옆 사람이 힘들어할 때는 말 한마디라도 거들어서 힘이 돼 줘야지 힘들어 하는 사람을 자꾸 더 힘들게 하면 짐이 됩니다.

명상하시는 분들이 처음부터 따뜻해지기는 어렵습니다. 따뜻함이라는 게 참 차원이 높기 때문입니다. 명상을 하시다 보면 기존의 판단 기준이 다 무너지는데 새로 정립될 때까지 한참 혼돈기가 있습니다. 전에 옳다고 믿었던 가치들이 흔들리면서 혼돈스런 상태가 되는데 그 다음에는 아주 차가워집니다. 냉성, 즉 마음이 얼어붙는 상태가 되는데 그러다가 다시 점점 따뜻한 상태가 되는 게 정석입니다.

처음에는 뜨거워서 사회에 대한 열정 같은 게 막 타오르다가, 그게 식으면서 기준이 무너지고 차가워졌다가, 거기서부터 다시 점점 애정이 솟는 것입니다. 사물을 다른 시각으로 보게 됩니다.

힘이 되고 짐이 되는 것은 사실 경제적인 면보다는 마음입니다. 남에게 빚을 지는 것도 마음 때문이고 은혜를 베푸는 것도 마음 때문입니다. 살면서 아주 고맙게 느끼는 것들은 그렇게 큰 것이 아닙니다. 힘들고 괴로울 때 해주는 따뜻한 말 한마디, 정성들여 지은 따뜻한 밥 한 공기입니다. 거지가 왔는데, 찬밥을 툭 주는 게 아니라 새로 밥을 지어서 상에 받쳐서 주면 그렇게 감격스러워 하고 못 잊는 것입니다.

그렇게 마음 한 조각 베풀면 힘이 되는데 그걸 인색해서 못합니다. 예를 들어 너무 힘들어서 자기 심정을 호소하는데 거기다 대고 비판적으로 말하는 사람이 있습니다. 물론 그런 비판이 옳을 수도 있습니다. 하지만 상대가 원하는 건 그런 게 아니잖습니까? 시시비비를 가려 달라고 얘기한 게 아니라 따뜻한 말 한마디 얻어듣겠다고 하소연한 것입니다.

명상하시는 분들이 특히 그런 성향이 강하더군요. 사물을 보는 시각이 냉정하고 객관적이어서 누가 뭘 물으면 일단 시비부터 가려주려 하더군요. 물론 그런 게 필요할 때도 있습니다. 한쪽으로 너무 치달아서 더 이상 내버려두면 안 되겠다, 싶을 때는 그런 것도 좋습니다.

그러나 대개는 그렇지가 않지요. 춥고 외로워서, 위로받고 싶어서 얘기를 하는 것이지요. 그럴 때는 아무리 좋은 충고를 해준다 해도 도움이 안 됩니다. 나중에 10년, 20년 지나면 고마운 생각이 들지언정 당시에는 원수같이 됩니다. 그러니 비정하게 하지 마시고 따뜻하게 대해 주십시오.

언제나 모든 것은 내 탓이다. 내게 부족함이 있어 벌어지는 일이요, 내가 못나 생기는 것들이다. 나로 인한 것들이 내게 영향을 미치는 것은 당연하다. 내가 저지른 것이 타인에게 영향을 미치는 것보다 나에게로 영향을 미쳐 다른 일이 없는 것이 업을 쌓지 않는 방법이며 타에 빚이 없는 방법이다.

세상의 모든 것은 그냥 가고 그냥 오는 것이 없다. 모두 가는 것만큼 오는 것도 이유가 있는 것이며 그 이유는 타당하지 않은 것이 없다. 현재의 시점에서 일견 타당치 않은 듯 보여도 모두 내 탓이며 나로 인해 벌어진 일이니 주변의 다른 곳에서 원인을 찾을 것이 아니라 나 자신에게서 원인을 찾으면 오히려 쉬울 것이다.

우주의 털끝 하나도 이유 없는 것이 없으며 인간의 편협한 사고방식이 아닌 한 모두 정당한 것이다. 인간만이 삿된 생각과 아울러 정의 방향으로도 생각이 발전할 수 있도록 되어 있느니라. 모두 내 탓이다.

알겠습니다.

내게서 원인도 결과도 모두 나오는 것이니 내게서 찾아라.

— 『다큐멘터리 한국의 선인들』 5권에서

4장
멤버십과 리더십

 **내가 먼저 꿰어 드리죠**

내가 먼저 꿰어 드리죠 •

제가 여성개발원에 다닐 때의 일입니다. 어느 날 제 상관이 그러더군요. 여성개발원이 누구 코를 꿰면 잘 돌아갈지 생각해 봤더니 제 코를 꿰면 돌아가겠더랍니다. 그런데 꿰기가 좀 어렵겠다는 생각이 들더랍니다.

제가 그 말을 듣는 순간 "그럼 제가 코를 꿰어 드리죠" 했습니다. 그분이 그렇게 솔직하게 얘기를 하니까, 또 잘하려고 애쓰고 있으니까 그렇게 응해드린 것입니다.

그렇게 한번 코를 꿰어 주는 것도 멋진 일이 아니겠습니까? '어디 내 코를 꿰나 두고 보자' 하는 것보다는 상대방이 마음에 안 들더라도 "그럼 내가 먼저 꿰어 드리죠" 하는 게 더 멋진 모습입니다.

제가 그분을 개인적으로 좋아해서 그랬던 건 아니지요. 대의를 위해서 그랬던 것이고, 상관이지만 새로 오신 분이니까 오히려 약자일 수 있다고 생각해서 그랬던 것이지요. 그럴 줄도 알아야 합니다. 괜히 고집부릴 필요는 없는 겁니다.

리더십보다 멤버십이 먼저 •

멤버십을 발휘하지 못하는 사람은 절대 리더가 될 수 없습니다. 자기 자리도 못 찾는 사람이 어떻게 지도자를 하겠습니까? 늘 우두머리여야만 하는 게 아니라 그림자 노릇도 할 수 있어야 합니다. 그림자 노릇도 못하는 사람이 우두머리를 할 수는 없습니다. 만일 그런 사람을 리더로 세우면 또 얼마나 독주를 하겠습니까?

내가 하면 잘할 것 같지만 시켜보면 아마 거기서 거기일 겁니다. 본인이 특출하게 잘하는 분야가 있겠지만 그건 부분일 뿐입니다. 다른 분야에서 못 갖춘 면들, 너무 넘치거나 모자라는 면들이 있을 겁니다. 지금으로서는 그래도 그분이 제일 준비된 분인 것입니다.

마음에 안 드는 일이 있으면 반대 세력을 형성할 게 아니라 보이지 않게 긍정적으로 기여하면 됩니다. 보이지 않게 그런 역할을 하면 조직이 좋은 쪽으로 갈 것입니다.

앉아 보기 전에는 모른다

　직장 생활이라는 것이 사실 업무 자체보다는 상하좌우 인간관계가 더 힘듭니다. 거기서 오는 소모가 굉장히 많습니다. 특히 부하가 하나라도 있는 팀장이다 하면 부하 눈치 봐야지, 상사 눈치 봐야지, 아주 양쪽에서 찢어집니다.
　얼핏 '내 상관이 하는 일이 대체 뭔가?' 생각할 수도 있습니다. 그 자리에 안 있어 봤기에 모르는 것입니다. 팀원, 팀장, 부장, 사장 역할을 다 해보면 그 입장을 아는데 어떤 한 가지 일만 하면 그게 전부일 수 있는 거지요. 그 사람의 시야로는 다른 건 안 보이고 자기 일만 크게 보이는 것입니다.
　출근해서 사무실에 앉아 있는 시간에 비례해서 일한다고 생각할 수도 있습니다. 그런데 그렇지가 않아서 만일 내가 사장이다, 회장이다, 하면 그 타이틀만 가지고도 굉장히 무겁습니다. 모든 면에서 두루 갖춰야 하는 자리잖습니까? 능력도 있어야지 심적으로도 너그러워야지 이런저런 회의에 참석해야지……, 지도자로서 필요한 기능이 너무 많습니다. 그 자리에 앉아 있다는 것만으로도 가위가 눌릴 만큼 버겁습니다. 그 자리가 주는 중압감이 엄청난 것입니다.
　그러니 함부로 생각하지 말아야 합니다. 그 자리에 앉아 보기 전에는 도저히 모르는 일이니까요. 아랫사람의 입장에서는 자기 일만으로도 버겁기 때문에 윗분의 고충을 이해할 여력이 없을 수도 있습니다. 그러면 차라리 이해를 안 하는 게 낫습니다. 함부로 이해하고 평가하지 말라는 얘기입니다.

윗사람은 다 쓸모가 있다 •

제가 여성개발원 다닐 때 제가 있는 부서의 장이 1년에 한 번씩 바뀌었는데, 그렇게 새로 윗분이 오실 때마다 제가 가서 "국제 협력 업무는 이렇습니다" 하고 브리핑을 했습니다.

무능한 분이 오면 더 스트레스를 받았습니다. 무능할수록 더 권위로 내리누르려고 하니까요. 차라리 윗분이 없는 게 더 낫겠다, 생각한 적도 많았습니다. 혼자 일하는 것도 바빠 죽겠는데 윗사람까지 가르쳐 가면서 일하려니 참 피곤한 노릇이었습니다.

그러나 조직이라는 건 그런 것이지요. 아래위로 가르쳐 가면서 가야 하는 것입니다. 그럼 그분이 아무짝에도 쓸모가 없는 사람인가? 그렇지 않습니다. 아무리 무능한 사람이 와도 살펴보면 어딘가 꼭 쓸모가 있습니다. 그걸 끄집어내서 도움을 청하면 그렇게 좋아할 수가 없습니다. 내가 이렇게 쓸모 있는 사람이다, 하고 자긍심을 느끼기 때문이지요. 그런 식으로 도움을 청하기도 하고 칭찬해 드리기도 하면서 멤버십을 발휘하시기 바랍니다.

윗사람에게 신임 받는 방법

아랫사람이 윗사람에게 신임 받는 방법은 두 가지입니다. 첫 번째로 말을 조심하면 윗사람이 좋아하고, 두 번째로 돈 계산을 분명히 하면 아주 신뢰합니다. 이 두 가지를 다 충족시키면 "너밖에 없다"고 할 정도로 굉장히 신임합니다. 둘 중 하나는 못 믿겠다 하면 반입니다. 둘 다 아니면 아예 불신 받는 것이고요. 이 두 가지만 해주시면 되겠습니다.

말은 어떻게 조심해야 하는가? 여러 가지가 있는데 우선 다른 사람 흉을 보면 안 됩니다. "그 사람이 어떻게 일을 잘하더라" 하고 칭찬만 해야 합니다. 단점은 자기 선에서 덮고 윗사람에게 전달하면 안 되는 것입니다. 윗사람의 입장에서는 아랫사람이 다 사랑스럽게 보이고 장점만 보여야 합니다. 좋지 않은 정보는 몰라도 되는 것입니다.

자꾸 다른 사람의 단점을 얘기하면 윗사람이 치우치기 시작합니다. 사람인 이상 "그 인간 나쁘다"는 말을 자꾸 들으면 미워하지 않을 수가 없게 됩니다. 판단이 흐려집니다. 급기야는 눈이 멀어서 다른 사람은 다 돌려놓고 "내가 믿을 사람은 너밖에 없다" 하게 되는데 그게 좋은 건 아니잖습니까? 우리나라 역대 대통령들이 대부분 그러다 실정失政을 했잖습니까?

그리고 윗사람의 권위를 손상시킬 만한 언행은 하지 말아야 합니다. 세워주고 높여줘야 합니다. 이곳 명상학교를 예로 들면, 누가 앞에 나와서 명상을 지도한다 할 때 그분의 권위를 손상시킬 만한 말을 하거나 태도를 보이면 안 됩니다. 수련장에 오신 분들은 다 학생으로 온 분들이지요. 그 순간에는 앞에 계신 분이 선생님입니다. 어떻게 하든 그 시간에는 그분이 최고입니다. 명상법을 왜곡하지 않는 한 그분에게 맡기고 따라줘야 하는 것입니다.

특히 사람이 많이 있는 자리에서 즉각적으로 지적을 하는 것은 절대로 해서는 안 되는 일입니다. 이제 막 명상을 시작한 초심자에게는 그런 게 아주 나쁜 영향을 끼칩니다. 명상 지도자를 하늘같이 여겨 왔는데 그분의 권위가 다른 선배의 언행으로 인해 떨어지면 명상은 하나 마나입니다. 앞에서 아무리 열심히 전하고자 해도 불신하는 마음이 있으면 전달이 안 되기 때문입니다. 할 말이 있으면 끝나고 나서 단둘이 있을 때 "저는 이렇게 생각하는데 어떻게 생각하십니까?" 하면 됩니다.

뒤바뀐 상황에서 어떻게 하는가?

조직 생활을 하다 보면 예전에 내 부하였던 사람 밑에서 일해야 하는 경우도 있습니다. 그렇게 뒤바뀐 상황에서 어떻게 하는가? 나는 죽어도 상사여야 하고 저 사람은 죽어도 내 부하여야 하는가? 그게 아닙니다. 경우에 따라서는 예전에 내 부하였던 사람이 상사가 될 수도 있는 겁니다.

"난 죽으면 죽었지 그 사람 밑에서는 일 못하겠다" 하면 그 사람은 그냥 평범한 사람입니다. 그걸 없애야만 본인 그릇도 커지고 그 조직도 발전할 수 있습니다. 고문단이라고 해서 사장이나 회장을 오래하셨던 분들을 뒤에 앉히는 경우가 많지요? 그렇게 하면 그 조직은 벌써 죽은 조직이 됩니다.

"예전에 내 부하였던 사람 밑에서 기꺼이 일하겠다" 하면 그 사람은 굉장히 멋진 사람입니다. 또 그래야만 원만한 사람이 될 수 있습니다. 뒤바뀐 상황에 놓여 봐야 다른 사람의 심정과 사정을 알기 때문입니다. 직책이 뒤바뀌는 게 오히려 좋은 일일 수도 있는 것이지요. 명상이란 중도를 찾아가는 것인데 그러려면 높은 사람 사정, 낮은 사람 사정, 좌우 사람 사정을 다 알아야 합니다.

명상학교에 들어와서 나이 어린 분들에게 깍듯이 대하고 존경하기를 바라는 건 그래서입니다. 사회에서는 내가 기득권, 지위, 나이가 있었다 할지라도 여기 들어와서는 탄력이 있어야 하는 겁니다.

소리 없이 채워주라

나는 어떤 학생인가?

　예전에 어느 심리학책에서 이런 그림을 봤습니다. 한 교실에서 공부하는 50여 명의 학생들의 행태를 그렸더군요. 선생은 열심히 교단에서 가르치고 있는데 학생들의 행동은 다 다르더군요.
　꾸벅꾸벅 조는 학생, 엎드려서 본격적으로 자는 학생, 밖으로 들락거리는 학생, 복도에서 뛰어다니는 학생, 옆 친구와 떠드는 학생, 뭔가를 꺼내어 먹는 학생, 다른 책을 보는 학생, 전화 통화하는 학생, 그림을 그리거나 낙서를 하는 학생, 노래를 부르거나 흥얼거리는 학생, 열심히 경청하는 척하며 다른 생각을 하는 학생, 노트에 뭔가를 쓰는 학생, 입을 비쭉거리며 선생 흉을 보는 학생, 교단으로 나가 선생의 뒤에서 선생을 향하여 도끼질을 하는 학생……. 이런 학생 저런 학생이 다 있어서 그림을 보고 참 재밌다고 생각했습니다.

한번 생각해 보시기 바랍니다. 그 50여 명 중에서 어떤 학생이 나와 가장 가까운 모습입니까? 내가 속한 조직에서 나는 지금 어떻게 처신하고 있습니까?

소인, 중인, 대인

만일 내가 어떤 단체의 회원으로 들어가서 활동을 시작했는데 어떤 움직임이 마땅치 않다 하면, 예를 들어 총무가 일하는 게 마음에 안 든다면 어떻게 처신해야 할까요?

세 가지 방법이 있습니다. 나이, 학벌, 사회 경력 등 모든 면에서 내가 더 뛰어나니까 총무를 불러다 한번 얘기를 해야겠다 할 수도 있고, 총무가 일 처리하는 게 마땅치 않다고 다른 회원들과 흉을 볼 수도 있고, 말없이 총무의 부족한 부분을 채워주는 일을 할 수도 있습니다. 그게 다 그릇의 크기인데 나는 어떤 타입인지 한번 돌아보시기 바랍니다.

회원들끼리 같이 흉보고 비판한다면 그 사람은 소인입니다. 잘못된 점을 소리 내어 지적하면서 그 모임이 잘 돌아가도록 노력한다면 그 사람은 중인입니다. 아무 소리 없이 부족한 부분을 채워주면서 움직인다면 그 사람은 대인입니다.

소인은 없을수록 좋은 사람입니다. 중인은 있어도 그만 없어도 그만입니다. 어느 정도 기여를 하긴 하는데 상쇄하는 면이 있습니다. 자신이 기여한 부분을 말로 상쇄합니다. 하지만 대인은 꼭 필요한 사람입니다. 부족한 부분을 소리 없이 채워주는데 당시에는 소리가 안 나도 지나고 나면 족적이 남습니다. 없어지고 나면 빈자리가 크게 느껴지는 사람입니다. 덕을 많이 갖춘 사람이란 그런 대인을 말하는 것이지요.

무슨 일을 하든지 소리 내면서 하면 공이 없습니다. 소리 없이 할 수 있어야 귀한 사람입니다. 명상하시는 분들은 그런 인격을 갖춰주시면 좋겠습니다.

선배가 선배답지 못하더라도

최근에 어느 분이 저에게 편지를 보내서 "잠시 명상을 쉬고 싶다"는 의사를 전해오셨습니다. 그 이유를 몇 가지 적어놓았는데 "선배가 선배답지 않다, 배울 점이 없다"는 구절이 있더군요.

선배란 선배로서 처신을 잘해야 선배입니다. 그렇지 못하다면, 후배들에게 어느 면에서도 도움이 되지 못한다면 참 수치스러운 일입니다. 대접을 받을 수 있도록 스스로 처신을 잘해야 하는 겁니다.

그런데 선배가 선배답지 않아서 명상을 하지 않겠다면 그것 또한 소인입니다. 그 사람을 보고 명상하는 게 아니잖습니까? 선배에게 부족한 부분이 있다면 나는 그렇게 하지 않으면 되는 일입니다. 꼭 그걸 문제 삼아 지적할 이유도 없는 거지요.

그분의 경우 내가 많이 갖춘 사람이다, 후배로 들어왔지만 나이도 더 많고 사회에서의 경력도 더 많다, 그런 마음이 있어서 그랬던 겁니다. 허나 사회에서 높은 위치에 있었다 해서 여기 와서까지 대접받으려 해서는 안 되지요. 아무리 많이 갖췄어도 평회원이면 평회원답게 자신의 자리를 찾아야 하는 겁니다.

자리를 찾으라고 하니까 "어떻게 도와드리면 좋겠습니까?" 묻는 분도 계시더군요. 굳이 그런 질문을 할 것도 없이 빈 부분이 보이면 먼저 역할을 해주시면 됩니다. 청소를 해주셔도 좋고 물을 떠놓아 주셔도 좋습니다. 부족한 부분이 보이면 소리 없이 그 부분을 메워주면 되는 것입니다.

상처를 주면서 조언을 한다면

선배의 입장에서는 또, 상대가 아무리 후배라도 내가 갖추지 못한 면을 갖고 있으면 고개 숙일 줄 알아야 합니다. "그거 내가 못하는 일인데 졌다" 하고 인정할 줄 알아야 합니다.

그러지 않고 자꾸 작은 티끌을 들춰내는 사람은 소인입니다. 단점이 많더라도 장점이 크게 하나만 있으면 덮을 줄 알아야 하는데, 하물며 장점이 많은데 작은 단점을 자꾸 들춰내는 것은 아주 비겁한 행동입니다.

특히 선배입네 하면서 후배를 불러다 놓고 지적하고 훈계하는 일은 안 해야 합니다. 『선계에 가고 싶다』에 "충고로 끝내야지 지도는 불가하다"는 구절이 있듯이 같이 명상하는 입장에서 누가 누구를 지도할 수는 없는 일입니다. 지도는 선생만이 할 수 있습니다.

같은 회원들끼리는 조언은 하되 마음이 다치지 않도록 부드럽게 조언해야 합니다. 만일 상처를 주면서까지 조언을 한다면 그건 이미 조언이 아닙니다. 조언을 넘어서 가르치려고 드는 것입니다. 조언을 하되 조용히 상처받지 않도록 해주시기 바랍니다.

동등하게 혹은 조금 낮게

드라마를 쓸 때는 시점을 열아홉 살 수준으로 두라 — 방송국 관계자들이 흔히 하는 말입니다. 나이 오십이 돼도 정신연령은 열아홉 살인 경우가 많기 때문에 열아홉 살짜리를 겨냥해서 쓰면 틀림없이 시청률이 높다는 것입니다.

그런데 그게 작품의 수준을 낮게 두라는 뜻은 아닙니다. 열아홉 살이 어리지가 않습니다. 열아홉 살은 인생을 통틀어 감수성이 가장 예민한 시기입니다. 또 열아홉 살쯤 되면 자기 주관이 서기 때문에 남이 어떻게 할 수가 없습니다.

외국에서는 자식을 열여덟 살 때부터 자립시키는데 그게 참 합리적이더군요. 우리는 스물 몇 살까지 부모가 끼고 살고, 결혼이니 직장이니 다 관여해야 직성이 풀리는데 그 정도 나이가 되면 본인의 주관이 서기 때문에 존중해 줘야 합니다.

부모라 할지라도 그러한데, 하물며 친구나 선후배의 입장에서는 어떻겠는가? 말할 것도 없이 본인에게 다 맡기고 의사를 존중해 줘야 합니다. 본인이 하고자 하는 바를 들어 주고 조언해 주는 입장이어야지 지도해 주는 입장이면 안 됩니다. 상대방이 아무리 나이가 어리다 할지라도 눈높이를 동등하게 둬야 하는 것입니다. 나와 대등한 인격을 갖춘 인격체로 대해야 합니다.

거기서 조금 더 가르치려면 방석 두께만큼만 위에서 대하십시오. 그것이 가장 바람직한 선배의 모습입니다. 항상 문제는 상대방을 자신보다 낮게 보는 데서 생깁니다. 왜 상처를 주느냐 하면 높은 곳에서 내려다보는 시각으로 얘기하기 때문이지요.

얼마 전에 인도의 어느 성자가 쓴 책을 봤는데 아주 통쾌하더군요. 탁탁 집어주면서 시원스럽게 얘기하더군요. 그런데 그분의 단점이 또 그거였습니다. 높은 데서 내려다보면서 "인간들아!" 하고 얘기하는데 지도자로서 그런 방편을 쓸 수도 있습니다. 그렇게 카리스마를 풍겨야 따라오는 무리가 많을 테니까요. 대등하게 대해주면 업신여기는 사람도 있을 것이고요. 기법상의 문제입니다.

하지만 진심으로 사람을 대할 때는, 상대방이 인격을 갖춘 사람이라면 항상 눈높이는 자기와 같게 둬야 합니다. 조금만 높아도 안 됩니다. 조금 낮아지면 오히려 그때는 무리가 없습니다. 아무리 나이가 어린 사람이라 할지라도 눈높이를 같게 하거나 낮게 하면 무리가 없고 상대로부터 존경을 받는데, 항상 눈높이를 높게 해서 문제가 발생하는 것입니다.

　사람을 대함에 있어 나보다 조금이라도 더 책임을 가진 사람이면 예의를 갖추시기 바랍니다. 함부로 반말을 하지 마시고요.

마냥 비판만 하는 사람 •

　누가 무슨 의견을 내면 마냥 비판만 하는 사람이 있습니다. 이건 이래서 안 되고, 저건 저래서 안 되고, 왜 안 되고, 왜 안 되고……. 계속 비판을 하는데 본인의 의견은 없습니다. 그럼 뭔가? 서로 피곤합니다.

　그런 게 다 필요 없고 본인의 아이디어를 내면 됩니다. "나는 이렇게 생각하는데" 하고 대안을 내면 되지 왜 비판을 합니까? 사람들의 의견은 다양합니다. 다르기 때문에 존중되어야 마땅합니다. "그 의견도 좋지만 내 생각은 이렇다" 하고 자기 의견을 제시하면 되는 것입니다.

자신이 아무리 크고 위대해도 •

　단체 행동에 잘 적응하지 못하는 분은 왜 그런지 원인을 생각해 보셔야 합니다. 만일 내가 일정 기간 단체 프로그램에 참여하기로 했다면, 단체 행동에 들어갔다면 따라줘야 합니다.

그런데 죽어도 그렇게 못하는 분이 있더군요. "나는 좀 이랬으면 좋겠다" 하고 꼭 불만을 제기합니다. 가령 오늘은 등산을 가는 날이다 하면 "왜 꼭 등산을 가야 하느냐?" 비판하면서 빠지려고 합니다. 자기가 하고 싶은 건 따로 있으니까요.

일단 들어갔으면 좀 미비한 게 있더라도 자신을 맡겨봐야 합니다. 한번 자신을 버려볼 수 있어야 합니다. 늘 옳고 그름을 분별하면서 '옳아야만 나를 맡기겠다' 하면 안 되는 것입니다. 자신이 생각하기에 옳지 않더라도 따라가 줄 수 있어야 합니다. 그 기회에 나를 버리는 공부를 하는 것이지요.

늘 돌출 행동, 개별 행동을 하는 사람은 자신이 너무 크기 때문에 그러는 것입니다. 다른 사람은 다 바보라서 그렇게 단체 행동을 하는 게 아닙니다. 자신이 아무리 크고 위대하다 하더라도 따라주는 맛이 있어야 합니다. 절에 가면 절의 규율을 따르고 교회에 가면 교회의 규율을 따르듯이 어디 들어갔으면 그곳의 규율에 자신을 맡기는 지혜가 필요합니다. 늘 자신의 주장을 한다는 것은 자신이 너무 큰 것입니다.

단체 프로그램이라 해서 24시간 단체 행동을 하라고 하지는 않을 것이고, 그중 자유 시간이 있을 것입니다. 그 자유 시간에 자유로우면 됩니다. 단체 행동 시간에는 자신을 버리고 단체 행동을 하고, 자유 시간에 충분히 자유로우면 되는 것입니다.

사실 그냥 내버려두면 오히려 못 견디는 사람도 많습니다. 아무

것도 안 시키면 그게 즐거운 사람도 있지만, 또 굉장히 괴로워하는 사람이 있는 겁니다. 명상하시는 분들은 이쪽저쪽을 다 할 수 있어야 합니다.

올라가는 사람을 밀어주라 •

자기가 크려면 라이벌이 커야 합니다. 잘난 정치가는 의도적으로 라이벌을 키운다고 하지요? 적당히 라이벌이 형성돼 있어야 같이 크기 때문입니다. 혼자 독주하면 어느 시점에서 더 이상 크지를 못합니다. 한계가 생깁니다.

그러니 누가 일을 잘하면 그걸 꺾으려고 하지 마시고 오히려 키워 주십시오. 그러면 아마 자기가 더 클 겁니다. 누가 두각을 나타내면 설친다고 못마땅하게 여기지 마시고 더 잘할 수 있도록 밀어주십시오. 그러면 그 힘으로 자기도 커집니다. 올라가는 사람을 잡아당기면 같이 떨어지는 것이고요.

사실 앞서가는 분들을 보면 불균형한 분들이 많습니다. 치우친 기운으로 뚫고 가는 것입니다. 예를 들어 정경화 씨 같은 분은 화 기운으로 치우친 분인데 치우쳤기에 그렇게 두각을 나타내는 것입니다.

처음부터 다 갖추고 갈 수는 없습니다. 할 만큼 하다가 나중에 고루 원만해지면 됩니다. 어느 지점까지 갈 때는 그런 치우친 힘이 에너지가 되는 것입니다. 오행(五行, 우주의 모든 곳에 존재하는 5가지 기운의 유형, 곧 목화토금수木火土金水)을 고루 가지고 있으면 그냥 정체되기가 쉽지 원동력이 되지는 않습니다.

그런 의미에서 앞서 가는 분들을 잡아끌지 말고 더 밀어주십시오. 괜히 단점 끄집어내서 흉보지 말고 누가 뜨려고 하면 확실하게 밀어줘서 더 뜨게 하십시오. 열심히 일하시는 분들은 대개 인정받고 싶고 칭찬받고 싶은 마음 때문에 그렇게 열심히 하는 것입니다. 거기다 대고 자꾸 단점을 지적하면 일할 의욕이 사라져 버립니다. 자꾸 시달리면 일하기가 싫어지는 거지요.

언젠가는 다듬어져야 할 부분이지만 그런 분들을 앞장세워서 가야 하는 시기가 있습니다. "당신이 앞장서라, 내가 뒤에서 밀어주겠다" 이러면서 같이 커야 합니다.

나는 사랑받을 면이 없는가?

텔레비전에서 궁중 사극을 보면 투기하는 여인들이 많이 나오더군요. 보면 '저렇게 하면 왕이 또 싫어하겠구나' 하는 행동을 합니다. 어떤 이유로 왕의 마음이 멀어졌는데 점점 더 마음이 멀어지는 행동을 합니다.

현명한 사람이라면 그렇게 하지 않을 겁니다. 왕의 사랑이 다른 여인에게 옮겨갔다면 왜 옮겨갔는가를 볼 겁니다. 틀림없이 옮겨간

이유가 있습니다. 틀림없이 그 여인에게는 내게 없는 사랑스러운 면이 있습니다. 그런 면이 내게는 없는가? 있습니다. 있는데 내가 발견하지 못하고 키우지 못했을 뿐입니다. 그걸 자꾸 발견해서 스스로 사랑받을 수 있는 조건을 갖춰야 합니다.

질투라는 것이 뿌리가 참 대단합니다. 질투가 인류역사를 바꿨다 할 정도입니다. 셰익스피어의 4대 비극을 보면 전부 질투로 인해서 비극이 시작됐습니다. 그러나 명상하시는 분이라면 거기서 벗어날 줄도 알아야 합니다.

누가 남들로부터 사랑을 받으면 질투할 게 아니라 '나는 사랑받을 면이 없는가' 찾아내서 자기도 사랑받도록 하시기 바랍니다. 그게 아름다운 모습입니다. 저 사람이 사랑받는 이유가 틀림없이 있음에도 불구하고 깎아내리고 시기하는 건 아름답지 못한 모습입니다.

예쁜 면을 찾아보라 •

미운 사람이 있다면 자꾸 예쁜 구석을 찾아보십시오. 아무리 밉상이라도 예쁜 점을 찾으려고 노력하면 또 예뻐집니다. 마음을 주면 예쁜 구석이 나옵니다.

대개 보면 일 처리하는 방식이 달라서 미워진 경우가 많더군요. 예를 들어 매사 꼼꼼하고 치밀한 스타일인 분은 막 벌려놓는 스타일을 싫어하게 마련입니다. 그런 분의 얘기를 들어보면 '늦게 가더라도 확실하게 기반을 다지고 가야 한다'는 생각이 강합니다. 맞는 얘기입니다.

그런데 벌려놓는 사람이 있으면 마무리하는 사람이 있는 겁니다. 벌려놓은 사람이 다 마무리하지는 않습니다. 한 사람이 벌려놓으면 다른 사람이 마무리하고, 한 사람이 허하게 하면 다른 사람이 야무지게 결실을 얻고, 그러면 되는 겁니다.

다지는 데만 중점을 두다 보면 세월이 그냥 가버립니다. 철저하게 하느라 굼벵이처럼 있으면 발전이 더딥니다. 예를 들어 사업이 1안, 2안이 있다 했을 때 1안을 추진하다가 아니다 싶으면 바로 2안으로 갈 수 있어야 합니다. 꼼꼼한 스타일은 이럴 때 실의에 빠져서 2안으로 못 가는 경향이 있는데 그게 아닙니다. 벌려놓았는데 아니면 바로 다른 안으로 가야 합니다. 끝을 보려고 하다가는 세월이 그냥 가버립니다. 이렇게 저렇게 헤쳐 놓다 보면 거기 어딘가에 길이 있을 수도 있는 겁니다. 벌려놓는 분은 또 상대방이 자신에게 없는 치밀한 면을 갖고 있으면 참 고맙다, 부럽다, 생각해야 하고요.

서로 미워하는 두 사람을 보면 대개 서로 약이 되는 걸 갖고 있습니다. 마음만 합쳐지면 서로 천생연분일 수 있습니다.

진짜 실력자는 어떤 역할을 하는가?

얼마 전에 회원님들과 더불어 중국으로 명상여행을 다녀왔습니다. 여행하면서 모든 게 다 좋았는데 딱 한 가지, 진행이 매끄럽지가 않더군요. 흐름이 자꾸 끊기더군요. 여행 일정이 전달이 안 돼서 "몇 시에 출발할 거냐, 어디로 갈 거냐, 가서 뭘 할 거냐?" 수시로 물어봐야 하는 식이었습니다.

행련 단장도 있고 사회를 보는 분도 있는데 진행하는 분이 없는 게 문제였지요. 사실 제일 중요한 게 진행입니다. 소리 없이 매끄럽게 진행하는 분이 있어야 합니다. 그래야 흐름이 안 끊기고 원만하게 진행이 됩니다. 앞에서 마이크 들고 사회 보는 게 진행이 아닙니다. 사령탑에서 결정이 나면 그게 순식간에 전달이 되도록, 커뮤니케이션이 되도록 하는 게 진행입니다.

조직에서도 드러나지 않게 흐름을 이어주는 분들이 가장 중요한 역할을 하는 분들입니다. 누가 사장이다, 누가 이사다, 누가 본부장이다, 이게 중요한 게 아닙니다. 사장과 이사, 사장과 직원, 그 사이를 이어주는 사람이 실력자입니다.

"조직을 위해서 뭔가 역할을 해 주십시오" 하면 꼭 앞장서서 해야 한다고 생각하는 분도 있더군요. 그럴 땐 참 갑갑합니다. 앞장서서 하는 사람은 그냥 허수아비일 수 있는데요. 뒤에서 조정하고 기운을 지원하는 역할을 하는 사람이 실력자입니다.

드러나는 사람만 역할을 한다고 생각하기 쉽습니다. 이어주는 사람은 아무것도 아니라고 생각합니다. 그래서 드러나는 역할만 맡으려 하고, 드러나지 않는 역할은 아무도 안 맡으려 합니다. 소인들은 또 오히려 흐름을 끊어 놓는 역할을 합니다. 흥을 보면서 관계를 끊어 놓습니다.

그런데 그건 다들 볼 줄 압니다. 누가 조직을 끌고 가는지 다들 느낌이 있습니다. 보이지 않게 흐름을 주도하는 진짜 실력자가 되어주시기 바랍니다.

불의에 대처하는 세 가지 노선 •

사회생활을 하다 보면 사리사욕을 위해 비리를 저지르는 사람을 만날 때가 있습니다. 거기에 협조를 안 해주면 보복하기도 하는데 어떻게 처신해야 하나요?

그 일에 어떻게 대처할지 태도를 정해야 하는데 대개 세 가지입니다. 상대방의 잘못을 파헤쳐서 바꾸는 사람이 있고, 방관하는 사람이 있고, 거기에 동조해서 같이 그 일을 도모하는 사람이 있습니다. 어떤 방법을 동원해서든 바로잡고 말겠다, 옳지 않지만 나는 관여하지 않겠다, 끼어들어서 나도 한 몫 챙기겠다, 이렇게 세 가지 유형이 있는 거지요. 그중 한 가지를 선택하시면 됩니다. 시시비비를 가리는 마음을 앞세우지 마시고, 왔다 갔다 하지도 마시고 한 가지 노선을 분명하게 정하십시오.

나 몰라라 방관해도 무방하다는 뜻인가요?

세상에서 일어나는 모든 일에 내가 관여할 수는 없습니다. 구경

꾼의 입장에서 지나가는 일에 매번 관여할 수는 없는 것이며 당사자라 할지라도 매번 정면 대응해야 하는 건 아닙니다. 상황에 따라 방침을 정하시면 됩니다.

예를 들어 내가 회사 직원인데 우연히 사장이 공금을 빼돌리는 걸 알았다, 했을 때 그걸 꼭 바로잡으려 들어야 하는가? 회사가 내 인생의 전부는 아닙니다. 부분일 뿐입니다. 내가 태어난 목적이 다른 데 있다고 여긴다면 관여하지 않을 수도 있는 것입니다. 세상이 불의하게 돌아간다 해서 모두 혁명가가 될 수는 없는 거잖습니까? 각자 자신의 일이 있습니다.

어떤 조직에 들어가든 항상 못마땅한 점을 먼저 보는 분도 있더군요. 정의파라고도 볼 수 있는데 못마땅한 점이 눈에 띄면 그걸 고쳐보려고 애씁니다. 좋은 일 쪽으로 에너지를 쏟기보다는 잘못된 걸 바로잡는 데 쏟습니다.

물론 자기가 힘이 세고 지혜가 있을 때는 상대를 제압할 수도 있습니다. 하지만 힘에서 밀리고 깨질 게 분명할 때는 일보 후퇴하는 게 현명합니다. 나중을 위해서 힘을 비축할 줄 아는 지혜가 필요한 겁니다. 내 힘이 닿지 않는 영역까지 굳이 바로잡으려 할 필요는 없는 것이고요.

자꾸 옳고 그름만 따지지 말고 자신의 처지를 생각해 보십시오. 내가 가진 유한한 에너지와 시간을 그걸 바꾸는 데 쓸 것인가, 아니면 힘이 생길 때까지 명상하는 일에 쓸 것인가? 그걸 판단해 보시기 바랍니다.

지금 내 판단이 옳다고 확신할 수도 없습니다. 명상하다 보면 전에는 중요하게 여겨졌던 일이 그다지 중요하지 않게 여겨질 수도 있습니다. 조금 놔뒀다가 나중에 확실하게 주관이 설 때 칼을 뽑으면 어떨까요?

언제 칼을 뽑을 것인가?

사람이 태어나서 꼭 칼을 뽑아야 할 시기는 그리 많지 않아서 세 번 정도라고 봅니다. 세상에 무슨 일이 벌어질 때마다 매번 칼 뽑고 덤벼들 수는 없습니다. 너무 자주 칼을 뽑으면 헛손질이 되기 쉽습니다. 아껴 뒀다가 꼭 뽑아야 할 시점에 뽑아야 합니다. 칼을 한 번 뽑기 위해 준비를 많이 해야 하며 일단 뽑았다면 뭔가를 해내야 합니다.

제 생각에는 명상에서 한 번 뽑고, 자신이 진정 하고 싶은 일에서 한 번 뽑고, 명상과 일 이외에 자신이 가치 있다고 여기는 일에서 한 번 더 뽑으시면 될 것 같습니다. 나머지 일에서는 다 모른척하고 눈감아 주는 지혜가 필요합니다.

계속 세상을 눈 부릅뜨고 쳐다보면 뭐 합니까? 매번 내가 관여해서 바꿔 놓을 수는 없는 일이잖아요? 사실 이 세상은 내가 없어도 잘 돌아갑니다. 악이 지배하는 것처럼 보일 수도 있으나 선악이 반반 섞여 돌아가면서 모델을 제시해 주고 있는 것입니다. 거기서 내가 보고 배우면 됩니다. 그냥 바라볼 수도 있어야 하는 것이지요.

홍선대원군은 십여 년 동안 그런 생활을 했습니다. 참 남자답다고 여겨지더군요. 그릇이 얕은 사람 같으면 뜻을 내비치고 싶어서 안달이 날 겁니다. 그러나 남자라면 그렇게 할 수 있어야 합니다. 품은 뜻을 매번 내비치면 뭘 하겠습니까? 상갓집에서 개 취급당하면서도 자기 뜻을 감출 수 있어야 합니다. 사람이 명상을 하다 보면 깊어집니다. 얕았다가도 깊어져서 한 번 마음을 품으면 서슬이 퍼렇게 나타나집니다.

그리고 일단 칼을 뽑았다면 뭔가를 해야 합니다. 특히 가장 가치 있는 일이라 할 수 있는 명상에서 한 번 칼을 뽑았다면 어느 경지까지는 가야 합니다. 한 것도 없이 다시 칼집에 넣는다면 참 시시하잖아요?

 **지도자는 치어리더**

잘한다! 잘한다!

얼마 전에 어느 신문 칼럼을 보니까 이런 내용이 있더군요.
"대통령은 여러 가지 역할을 동시에 할 수 있는 사람이어야 한다, 경기에 비유하자면 선수, 코치, 심판 역할을 다 할 수 있어야 한다, 그런데 가장 중요한 것은 치어리더 역할이다, 시합할 때 잘하라고 선수들을 북돋아 줘야 하는 사람이 대통령이다, 괜히 김 빼는 사람이 지도자가 아니며 남들이 한참 열심히 뛸 때 '잘한다! 잘한다!' 춤을 추며 치어리더를 해줄 수 있는 사람이 유능한 지도자다."

맞는 말이라고 여겼습니다. 지도자라면 응당 그래야 한다고 생각합니다. 선수로도 뛰고 코치도 해야 하지만 가장 중요한 역할은 옆에 있는 분들의 기운을 북돋아 주는 치어리더 역할일 것입니다. 지도자는 아랫사람의 없던 능력도 생기게 해야 하는 사람인 것이지요. 내가 다

해야 하는 게 아닙니다. 이 사람 저 사람 잘 시켜서, 없던 능력도 생기게 해서 목숨 걸고 일하게 만들면 됩니다.

없던 능력도 생기게 할 것인가, 아니면 있는 능력마저 사라지게 만들 것인가? 기분의 문제입니다. 단점을 자꾸 지적하며 사기를 꺾으면 점점 일하기가 싫어지고 무능해집니다. 능력이 있는데 발휘를 안 하면 그 능력이 그냥 없어지는 것이지요. 잘한다, 잘한다, 계속 부추겨 주면 또 굉장히 유능해지고요. 어떻게든 칭찬받으려고 젖 먹던 힘을 다해 열심히 하기 때문입니다.

일할 수 있는 여건을 만들어 줘야 •

어디든 일으키는 사람은 한두 명입니다. 폐허로 만드는 사람도 한두 명이고 일으키는 사람도 한두 명입니다. 앞서 가는 사람의 발목을 잡는 사람도 있더군요. 직접적으로 못하게 하는 건 아닌데 교묘하게 방해해서 결과적으로 못하게 합니다. 그렇게 사해주는 사람이 되면 안 됩니다. 생해주는 사람이 돼야 합니다.

리더는 그런 걸 간파할 수 있는 사람입니다. 실무를 보지는 않더라도 사람들을 적재적소에 배치해서 일하게 해주고, 팀원들이 화합해서 일할 수 있는 여건을 마련해 주는 사람입니다.

실무를 보면서 그런 걸 하는 다재다능한 리더도 있습니다. 또 높은 자리에 있다 하더라도 실무를 알고는 있어야 합니다. 다만 그걸 일일이 할 필요는 없다는 것입니다. 자기 팀원들이 탁기 품지 않도록 스트레스를 해소해 주고, 말하기 전에 미리 불만을 간파해서 일할 수 있는 여건을 만들어 주면 됩니다. 본인이 탁기를 품으면 그건 아예 자격이 없는 것이고요.

늘 살펴서 잘 융화하게 해주고, 어떤 애로사항이 있는지 미리 알아서 교통정리를 해주면서 끌고 간다면 훌륭한 지도자라 할 수 있습니다.

빼내고 활용할 궁리를 해야 •

간혹 보면 나이가 젊은데도 상당히 권위적인 분이 있더군요. 권위로 일할 나이도 아니고 능력도 없는데도 무조건 권위로 누르려 합니다. 아랫사람이 조언이라고 할라치면 "왜 내 영역을 침범하느냐?" 하면서 싫어하고요. 보스 기질이 있는 분은 또 남녀노소 막론하고 쥐려고 합니다. 예를 들어 누가 영업을 잘한다 하면 "별로 잘하는 실력은 아니네" 하면서 일단 꺾어놓으려고 합니다.

그러면 안 됩니다. 협조를 구하고 내가 갖고 있지 못한 부분을 빼내고 활용할 궁리를 해야지 권위로 내리누르면 안 됩니다. 윗사람이 아랫사람을 다룰 때는 그 사람이 갖고 있는 좋은 점을 빼내어 잘 활용해야 하는 것입니다.

보면 다들 내가 따라갈 수 없는 분야가 있잖습니까? 한번 협조를 구해 보십시오. "내가 어떻게 하면 되겠어?" 하고 솔직하게 물어보는 겁니다. "이건 이래서 이렇습니다, 이렇게 해주시면 좋겠습니다" 대답하면 거기에 따라 주시고요.

그러려면 자기가 없어야 합니다. 자기가 강하면 남이 들어올 여지가 없는데 자기 색깔을 없애서 편안하게 느끼게 해줘야 합니다. 이기려는 생각, 제압하려는 생각이 없어야 하는 겁니다.

'내가 윗사람이다' 하고 자꾸 폼을 재는 것은 자신감 부족이 원인입니다. '어떤 사람이 와도 나는 자신 있다' 하면 무장을 안 할 겁니다. 편한 상태이기 때문이지요. '저 사람을 이겨야겠다, 제압해야겠다' 하는 것은 스스로 자신감이 없기 때문입니다.

이 사람은 이렇게, 저 사람은 저렇게

이 사람은 이렇게 저 사람은 저렇게, 각자의 개성에 맞추어 끌고 가는 것이 리더십입니다. 획일적으로 이렇게만 해라, 하는 건 대개는 군사문화입니다. 군사정권 시절에 언론사 통폐합을 많이 했지 않습니까? 다양하면 통솔하기가 어렵기 때문입니다. 획일화하려고 규제하고 없애고 합치는 일을 했습니다.

하지만 민주주의 사회에서는 그런 것들이 자생적으로 많이 활성화돼야 합니다. 그래야 스트레스가 해소됩니다. 동창회나 취미 모임이 많이 활성화되면 그 사람들끼리 의기투합해서 일도 많이 합니다. 군사정권 시절에는 그런 것까지 정부가 관여해야 한다고 생각했는데 내버려둬야 합니다.

이곳 명상학교에서도 마찬가지입니다. 지도자의 입장에서는 자신의 취향과 특기에 따라 개성 있게 지도할 수 있는 것이며, 지도받는 입장에서도 '나는 어떤 지도자의 지도 방식이 내 취향에 맞는다' 하면 그곳으로 따라갈 수 있는 것입니다.

명상이란 주는 사람과 받는 사람의 마음이 맞아야 전달이 잘됩니다. 왠지 맞지 않으면 그건 지도받는 사람에게 손해입니다. 학창 시절에도 어떤 선생님이 수업을 하면 귀에 쏙쏙 들어오는데, 어떤 선생님이 수업을 하면 책을 덮고 싶잖습니까? 우리가 아직 미완성체이기 때문에 있을 수밖에 없는 일이지요. 완벽한 걸 기대해도 안 되는 것이고요. 큰 뼈대를 왜곡하지 않는 범위 내에서 그런 걸 수용할 수 있어야 합니다.

좋아해 줘야 한다 •

지도자의 기본 덕목은 주변 사람들이 좋아해 줘야 한다는 것입니다. 인정해 주고 존경해 주는 것은 다음 문제입니다. 좋아해 줘야 합니다. 자신이 아무리 잘나고 똑똑하고 특별하다 해도 주변 사람들이 좋아해 주지 않으면 기본이 안 된 것입니다. 적어도 싫어하지는 않아야 합니다. 저 사람이 도대체 어떤 사람인지 모르겠다, 만나자고 하면 굉장히 부담되고 피하고 싶다, 이런 인물이 되면 안 됩니다.

사람의 마음을 얻어야 하는 것입니다. 같이 일하는 사람의 마음도 얻지 못한다면 어떻게 천하를 얻겠습니까? 사람이 한평생 살면서 어떤 한 사람에게라도 마음을 얻었다면 성공한 것입니다. 당신을 위해서라면 내 목숨도 내 놓을 수 있다, 이런 사람이 한 사람이라도 있다면 그 사람은 명상을 안 해도 성공한 인생입니다. 그만큼 사람 마음 얻기가 어렵습니다. 사람 마음이라는 게 너무나 변덕이 심한 거잖습니까?

마음을 얻는 것은 마음 한 조각입니다. 예를 들어 내가 사장인데 직원들 월급을 못 주게 생겼다 하면, 집을 팔아서라도 혹은 빚을 내서라도 먹여줘야 합니다. 만일 직원들을 먹이기 위해 도둑질을 했다면 그게 상줄 일은 아니지만 그래도 도저히 용서 못할 큰 죄는 아닐 겁니다. 같은 도둑질도 어떤 건 큰 죄가 되고 어떤 건 정상 참작이 되는데 자기를 위해서 했느냐 남을 위해서 했느냐에 따라 다르지요. 그렇다고 진짜로 훔치지는 마시고요.

사람농사가 더 중요하다 •

아는 분이 친환경 농법 전문가인데 귀농하신 분들을 이끌고 농사를 짓고 있습니다. 그런데 사람들이 들고 나고를 참 많이 하더군요. 일이 힘들어서 그런 것도 있지만 그분이 뾰족한 구석이 있어서더군요.

그분이 전문가이고, 또 일을 굉장히 열심히 합니다. 그런데 일을 열심히 잘하는 사람일수록 사람보다는 일을 중시하는 경향이 있습니다. 예를 들어 오이농사를 짓는다 하면 오이가 중요하지 사람은 별로 중요하지 않은 겁니다. 그래서 같이 일하는 사람이 오이농사에 별로 도움이 안 되면 막 화를 냅니다. 잠시 어디 외출했다 오면 무슨 일이 벌어져 있기 일쑤인데 농사를 망치니까 얄미워합니다. 오이가 사람보다 더 중요한 것이지요.

사실 농사라는 게 그렇게 노심초사해야 되는 일입니다. 24시간 계속 눈 맞춰야 하는 게 농사입니다. 비가 많이 와도 안 되고, 해가 너무 비춰도 안 되고, 온도가 조금만 안 맞아도 안 되고……. 잠시도 마음을 놓을 수가 없습니다. 농부의 마음이 그렇게 절절하게 사랑으로 가득 차지 않으면 농사를 지을 수가 없습니다.

그러다 보면 같이 일하는 사람들이 미워질 수도 있습니다. 척척 알아서 해주면 너무 힘이 되겠는데, 그냥 혼자서 농사를 지으면 차라리 덜 힘들겠는데 일일이 가르쳐 가면서 일하려니 얼마나 힘이 들겠습니까? 하지만 할 수 없는 일입니다. 지도자가 감당해야 할 몫입니다. 앞서가는 사람은 가르쳐줘 가면서 일해야 합니다. 그래야 지도자입니다.

그리고 오이보다는 사람을 더 중시해야 합니다. 오이농사보다 중요한 것은 사람농사입니다. 오이농사는 좀 망하더라도 사람은 건져야 합니다. 오이가 너무 귀중해서 사람을 잃으면 안 되는 겁니다.

거기 있는 분들이 능력이 달려서 그렇지 몸 바쳐서 일하고 싶은 마음은 다 있더군요. 봐주다 보면 당장은 손해인 것 같아도 돌아오는 게 있겠더군요. 일 년만 지나도 달라질 터였습니다.

왜 나를 나쁘게 볼까?

아는 분이 무슨 협회의 회장을 맡고 있는데 "아랫사람 중 하나가 부정적인 말을 퍼뜨려서 다들 나에 대한 부정적인 이미지를 갖고 있다"고 하소연하더군요.

그런데 그건 남 탓하는 소리일 뿐입니다. 어린아이라도 사람 보는 눈은 다 있습니다. 남편들이 만날 "엄마가 나를 부정적으로 얘기해서 애들이 나를 안 좋아한다"고 탓하는데 애들이 얼마나 정확한지 모릅니다. 엄마는 어떻고 아빠는 어떤지 다 보고 있습니다.

마찬가지로 조직에서도 그 사람에 대한 이미지가 은연중에 다 있습니다. 거기다 누가 한마디 보태면 '역시 그렇지' 하고 공감을 일으키면서 배가될 수는 있지만 전혀 아닌데 나쁘게 생각하는 일은 거의 없는 것입니다.

곰곰이 생각해 보면 그동안 쌓아온 자기 이미지가 그렇게 존경받을 만하지 않다는 걸 느낄 겁니다. 본인이 본보기를 그렇게 보였기 때문에 그러는 것이지 나는 잘하느라고 했는데 누가 나를 모함해서 그러지는 않을 겁니다.

물론 아랫사람이 윗사람을 나쁘게 보는 게 바람직한 일은 아니지요. 윗사람이 모든 면에서 완벽해야 존경하겠다? 이건 아닙니다. 자신이 갖지 못한 면을 크게 하나만 가지면 존경할 수 있는 여건이 되는 것입니다.

서서히 녹이고, 먼저 풀고 •

인간관계란 단칼에 어떻게 되지는 않는 것입니다. 성격이 화끈한 분들은 뿌리 깊은 문제도 일주일 안에 어떻게 해결하려고 드는데 안 되는 일이지요.

마음을 녹이는 것은 서서히 해야 합니다. 마음은 서서히 녹습니다. 이삼십 년 전 일도 용서 못하는 게 사람입니다. 죽을 때까지 용서 못하는 게 사람입니다. 그런데 그걸 어떻게 단칼에 해결하려고 하십니까? 너무 무리수를 두지는 마시기 바랍니다.

무리수를 두지 않되 먼저 풀어야 합니다. 지도자는 먼저 풀어야 하는 위치에 있는 사람입니다. 협조를 얻어내지 못하면 본인이 가장 손해니까요.

강압적인 방법으로는 절대 안 되는 사람이 있습니다. 자존심 하나로 버티는 사람인데 사실은 열등감이 많아서 그러는 거지요. 그런 사람에게는 "부탁한다"는 식으로 하시기 바랍니다. 예를 들어 그 사람이 보고서를 안 낸다 할 때 "왜 안 내는지 이유를 얘기해!" 하면 절대 안 됩니다. 강압적으로 다루면 배 째라는 식으로 나옵니다. "언제까지 되겠느냐, 내가 어떤 도움을 주면 되겠느냐?" 이런 식으로 접근해야 합니다.

 단번에 하려 하지 말고 이런 식으로 서서히 하다 보면 자기를 좋아하는 사람이 하나둘씩 생길 겁니다. 그러면 그게 진짜 힘이 되고 원군이 됩니다.

좋은 지도자가 되는 훈련

사고력, 판단력, 추진력

좋은 지도자가 되려면 어떤 덕목들을 갖춰야 할까요? 참 많은데 핵심적인 것 세 가지를 말씀드리겠습니다.

첫째는 사고력, 둘째는 판단력, 셋째는 사고하고 판단한 것을 밀고 나가는 추진력입니다. 이 세 가지를 갖추면 명실 공히 지도자라 할 수 있습니다.

맨 먼저 사고력, 내가 어떤 관점에서 생각하느냐가 중요합니다. 예를 들어 내가 팀장이다 하면 위로는 사장을 비롯한 운영진이 있고, 옆에는 다른 팀의 동료들이 있고, 또 밑으로는 이끌어줘야 할 팀원들이 있습니다.

위아래와 양옆이 다 있는 다양한 역할을 요구하는 직책인데 팀장으로서 어떻게 생각을 해야 하는가? 위에서는 어떻게 보는가? 옆에서는 어떻게 보는가? 밑에서는 어떻게 보는가? 그런 것들을 다각적으로 봐야 합니다. 한쪽에서만 보면 안 됩니다.

흔히 좌파니 우파니 하는 얘기를 많이 하는데 이쪽에서 보면 우파이고 저쪽에서 보면 좌파입니다. 자기 시각에서만 보니까 나눠지는 겁니다. 그걸 다 볼 수 있어야 합니다. 아래, 위, 옆, 입체적으로 볼 수 있어야 하고, 그 안도 볼 수 있어야 하고, 안에서 밖을 내다볼 수 있어야 하고, 또 밖에서 안을 들여다볼 수도 있어야 합니다. 판단력이란 그렇게 전후, 좌우, 상하, 안팎으로 본 걸 가지고 결정을 내리는 걸 말합니다.

생각만 무한정 많이 한다 해서 유능한 지도자인가? 그게 아니고 생각을 한 다음에는 판단을 해야 합니다. 할 것이냐 말 것이냐, 언제 할 것이냐, 어떻게 할 것이냐, 결정을 내려야 합니다.

사고와 판단을 무한정해서도 안 됩니다. 한 가지 사안에 대해서는 하루를 넘기면 안 됩니다. 아무리 중요한 일이라도 일주일씩 생각하고 판단하면 안 되는 것입니다. 생각하고 판단하는 건 하루에 마쳐야 유능한 지도자라 할 수 있습니다.

만일 한 가지 사안에 대해 똑같은 생각을 일주일, 한 달을 한다 하면 그것만으로도 기진맥진합니다. 그 사람은 이미 판단할 능력도 추진할 능력도 없습니다. 생각하는 데 너무 많은 에너지를 쏟아버렸기 때문입니다.

제 경우 무슨 생각이 나면 밀어붙여서 그 즉시 전화하고 결론을 내립니다. 더 이상 그 일에 에너지를 안 쓰려 하기 때문이지요. 매듭을 딱 짓기 때문에 거의 하루를 안 넘깁니다. 무슨 일을 할 때는 그렇게 생각도 집중적으로 하고, 판단도 집중적으로 내리시기 바랍니다.

생각하고 판단했으면 그 다음에는 추진을 해야 합니다. 그것도 빠른 시일 내에 해야 합니다. 내일 하기로 했으면 내일 할 수 있어야 합니다. 그러려면 몸이 따라줘야 하고요. 몸을 먼저 움직이는 훈련을 해야 합니다.

가령 내가 회사에서 무슨 동호회를 만들겠다, 결심했다면 당장 회사에 벽보를 붙이는 겁니다. "시간은 언제고 장소는 어디니까 희망하는 사람은 나와라" 해서 그날부터 시작하는 겁니다. 일단 시작을 하면 기운의 힘으로 끌려옵니다.

에너지를 생각하고 판단하는 데 쓸 게 아니라 추진하는 데 써야 하는 것입니다. 준비를 철저히 해서 한다? 그러면 생각하느라 기운이 다 빠져서 못합니다. 생각하고 판단하는 데는 에너지의 10%를 넘기면 안 됩니다. 나머지는 전부 추진하는 데 써야 합니다.

명심해 주시기 바랍니다. 하루를 넘기면 안 되고 10% 이상 쓰면 안 됩니다. 그렇게 하면 에너지를 많이 소모하지 않고 갈 수 있습니다.

지도자의 입장에서 생각하는 훈련 •

제가 여성개발원에 있을 때 제 밑에 굉장히 유능한 여직원이 한 명 있었습니다. 결혼을 하면서 직장을 그만뒀는데 3개월 만에 이혼을 하고 어느 외국계 가구 회사에 취직을 하더군요. 그 회사 한국지사장의 비서로 일하게 된 겁니다.

그런데 그 회사에서 일한 지 3년 만에 일약 사장으로 승진을 했습니다. 워낙 유능한 사람이었으니까요. 한편으로는 비서라는 자리가 주는 장점도 있었을 거라는 생각이 듭니다. 비서라는 것이 엄청 공부를 많이 할 수 있는 자리거든요.

사장의 입장에서 생각해야 하는데 사장의 입장이라는 게 얼마나 다각적으로 봐야 합니까? 조직의 모든 사안에 대해 폭넓게 생각해야 합니다. 그러다 보면 생각만으로 지치기도 하는데 그러면서 엄청 공부를 합니다. 생각하는 공부, 즉 지도자로서 어떻게 생각하느냐 하는 공부를 하는 것입니다. 이 공부를 잘 마치면 훌륭한 지도자가 될 수 있습니다.

여기 계신 분들도 본인의 입장에서 생각하시되 지도자의 입장에서 한 번 더 생각해 보시기 바랍니다. 지금껏 내 입장에서만 생각을 했는데 조직의 지도자라면 어떻게 생각할 것인가? 그러면 아마 달라질 겁니다. 나는 이렇게 생각하는데 지도자라면 아마 이렇게 생각할 것이다, 그렇게 연습하는 것이 중용으로 다가가는 지름길입니다.

어떻게 하면 사람을 잘 보는가? •

제 자신이 사람 보는 안목이 부족하다는 생각을 많이 하는데, 그런 안목은 어떻게 하면 키울 수 있을까요?

사람 보는 안목이 됐다, 하면 그건 공부가 다 됐다는 뜻입니다. 사람을 잘 보면 지도자로서 상당한 수준에 가있는 것입니다. "인사가 만사"라고 하듯이 적재적소에 사람을 쓸 줄 알면 지도자로서 대단한 자질을 지닌 것이지요.

저도 참 의심하지 않고 내 마음같이 다 좋게만 생각했는데 그렇지가 않더군요. 사람 보는 게 참 어렵다는 생각이 들었습니다. 사람을 잘 안다는 게 대단한 능력인 겁니다.

사람들이 대체적으로 잘 속는 것들이 있습니다. 첫째는 외모입니다. 잘생긴 것에 사람들이 잘 속습니다. 외모가 번듯하면 우선 점수를 따고 들어갑니다. 특히 여자의 경우 외모가 굉장히 많이 좌우하지요. 외모가 괜찮고 그럴듯하면 좋은 사람이라고 생각합니다. 실은 그게 아닐 수 있는데요.

둘째는 학벌, 그게 또 정확한 판단을 못하게 하는 요인입니다.

셋째는 직업, 저 사람이 판사다, 의사다, 변호사다 하면 우선 점수를 줍니다.

넷째는 언변, 말을 잘하면 거기에 점수를 줍니다.

다섯째는 직책, 무슨 간부다 하면 높이 보는 경향이 있습니다. 일단 믿고 다 내놓습니다. 그런데 우리나라에서는 돈 많은 사람에게는 그리 점수를 높이 주지 않더군요. 아마 돈 많은 사람이 너무 많아서 그런 것 같습니다.

이런 것들을 다 빼고 봐야 하는데 그럼 뭘 보는가? '태도'를 보시면 될 것 같습니다. 태도가 가장 중요하다는 말씀을 여러 번 드렸잖습니까? 면접을 볼 때도 태도를 보면 그 사람이 어떤 사람인지 금방 드러나지요. 말은 거짓이 있어도 그 사람의 태도는 거짓이 있기 어렵기 때문입니다. 말에는 오히려 속기 쉽습니다. 지식을 뽐내고 말을 근사하게 하는데 그 사람의 행동은 훌륭하지 않을 수 있습니다.

자기를 드러내고 과시하려는 사람은 일단 경계해야 합니다. 드러낼 게 없어서 그러는 것입니다. 내가 높은 자리에 있다 해서 아부하는 사람, 괜히 듣기 좋은 말을 하는 사람도 경계해야 합니다. 나이가 어리다고 함부로 반말하는 사람도 경계해야 하고요. 그건 무례한 행동이거든요. 아랫사람이라도 상대방이 반말하는 것을 허용할 때까지는 예의를 갖춰주는 게 도리입니다.

그렇게 생각해 보면 예의 바른 사람이 좋다는 얘기입니다. 물론 쓸데없이 지나치게 공손한 사람도 경계해야 하지만요. 자연스러워야 합니다. 어색하지 않은 가운데 예의 바르면 괜찮은 사람이 아니겠는가 합니다.

흉보는 소리는 과감히 잘라야 •

아랫사람이 윗사람을 보좌할 때 다른 사람 흉을 보면 안 된다는 말씀을 드렸습니다. 그럼 윗사람의 자리에서 그런 말을 들었을 때는 또 어떻게 해야 할까요?

'이 사람이 나를 눈멀게 하는구나, 이 사람 때문에 내가 망하겠구나' 그렇게 생각해야 합니다. "듣기 싫은 소리 그만해라" 하고 과감하게 잘라야 합니다. 나를 보호하고 조직을 보호하기 위해 잘라야 합니다.

윗사람이 편견을 갖기 시작하면 망합니다. 자신도 망하고 조직도 망합니다. 지도자는 균형 감각이 생명인데 어느 한쪽으로 치우치면 망하는 거지요. 제 경우 누가 흉보는 얘기를 10분만 하면 "그만하라"고 잘라버립니다. 또 굳세게 흉 받은 사람을 편들어주는데 제가 살기 위해서 그러는 것입니다.

그러고 나서 제가 직접 판단합니다. 상황이 궁금하면 직접 봅니다. 궁금하지 않으니까 안 보는 거지 알려고만 하면 왜 모르겠습니까? 직접 본 상황을 적나라하게 얘기하면 "어떻게 그렇게 잘 아십니까?" 하고 입을 벌리는데 누구한테 들어서 아는 게 아니지요. 안 들어도 왜 저러는지 다 보입니다.

일견 제가 어느 한쪽 의견만 듣는 것처럼 보일 때도 있는데 일부러 그러는 겁니다. 모든 게 공부이기 때문에, 서로 조율하고 삭히는 과정이 필요하기 때문에 그러는 거지요. 몰라서 그러는 게 아닙니다.

결정은 자신이 하되 귀담아듣기 •

제 경우 아무 생각 없이 최선을 다해 일하는데 주변 사람들이 불편해 한다는 느낌을 자주 받습니다. 제가 정면 돌파하는 성향이 강해서 그런 게 아닌가 합니다. 고쳐야 할 부분일까요?

정공법 때문에 문제가 되는 건 아닐 테고요. 자신의 판단을 굉장히 신뢰해서 '내 생각이 옳다, 내 안목이 높다' 이런 게 있습니다. 실제로 상당히 세련된 분입니다. 세련돼서 안목이 높은데 그래도 그건 안목의 문제가 아니라 취향의 문제입니다.

내가 안목이 높고 고상하기 때문에 좋은 걸 선택하고, 다른 사람들은 안목이 떨어져서 유치한 걸 선택하고, 이렇게 밀어붙이면 상처를 주기 쉽습니다. 사실 그건 기호의 문제입니다. 다른 사람은 다른 게 더 좋을 수 있습니다. 그걸 인정하고 양보하면 됩니다.

누가 문제를 제기하면 한번 그걸 귀담아들어 보십시오. 정공법을 하는 건 좋은데 문제는 여지가 없다는 것이지요. '나는 한번 결정하면 간다' '너는 그래라, 나는 갈 테니' 이런 태도에 대한 불만이 아닐까 싶습니다.

최종적으로는 내가 결정한 대로 밀고 나갈지라도 주변 사람들의 얘기를 충분히 들어 보고, 생각도 해보고, "그래도 나는 내 생각이 옳은 것 같은데 어떻게 생각하느냐?" 이렇게 대화를 하면 되는 거 잖습니까? 말을 들어 보지도 않고 '무조건 간다' 하니까 문제가 되는 겁니다.

옆에서 한두 마디 하는 게 잔소리처럼 들릴 수 있습니다. "도와주지는 못할망정 차라리 가만히 있어!" 이렇게 말하고 싶겠지요. 하지만 그게 다 약이 되는 말입니다. 새겨들으면 아마 독은 아닐 겁니다. 특히 어른들이 하는 말은 다 일리가 있고 타당한 이유가 있습니다.

너무 급하게 밀어붙이지 말고 좀 천천히 하십시오. 오늘 당장 결정하지 않으면 안 될 일이란 없습니다. "좀 더 생각해 볼게요"라고 말하고 나서, 며칠 더 생각해 보고 나서 결정하시면 어떨까요? 당장 하지 마시고요.

OOO이 지도자 역할을 수행하는 데 있어서 보완해야 할 점은 융화입니다.

지도자는 이런 사람, 저런 사람을 모두 하나로 모아서 끌고 가는 역할을 하여야 하는바 인간의 경우 항상 음양과 상하, 좌우로 나뉘게 되어 있으며 그러한 양자 간의 갈등과 조화가 진화의 원동력이 되는 것입니다.

진화란 앞으로 나가는 것인바 신(神)은 아무런 움직임이 없이 뜻만으로도 앞으로 나갈 수 있으나 인간은 몸을 가지고 있어 반드시 육신의 움직임이 있어야 앞으로 나갈 수 있으니 이 앞으로 나감은 바로 양자의 조화에서 힘을 얻어야 하는 까닭입니다.

따라서 생각이 다른 사람 간의 갈등은 진화에서 절대로 필요한 것이며 이러한 갈등을 조절하여 한 방향으로 나가는 힘을 만들어 내는 것이 지도자의 할 일인 것입니다.

갈등이란 사람이나 단체가 일정 단계에 오른 경우에 그 힘으로 나갈 수 있도록 발생하는 것이므로 개인적인 갈등이나 조직적인 갈등이 모두 그러한 연유에서 나오는 것입니다.

자동차의 엔진이 압축하는 실린더가 있고 폭발하는 실린더가 있으며 배기하는 실린더가 있고 흡기하는 실린더가 있으면서도 한 방향으로 나갈 수 있는 이유는 크랭크축에서 모든 동력을 한 방향으로 나갈 수 있도록 조정해 주기 때문입니다.

지도자는 바로 이러한 역할을 하는 것이며 이 역할이 바로 조화이고 가장 중요한 역할인 것입니다.

지도자가 조화력을 잃는다면 그 단체는 어떠한 일을 함에 있어 결과를 얻기 힘든 것이므로 이러한 역할은 절대적으로 필요한 것입니다.

그렇지 않는다면 아무리 힘을 써도 제자리에서 머물고 말 것이니 지도자는 좌로 쏠리는 힘도 우로 쏠리는 힘도 중간으로 모을 수 있어야 하는 것입니다.

배가 앞으로 나가기 위해서는 왼편에서만 노를 젓거나 오른편에서만 노를 저어도 배가 가운데로 나갈 수 있도록 하는 것이 바로 선장의 역할인 것입니다.

이러한 힘은 바로 융화에서 나오는 것이니 융화의 방법을 익힌다면 지니고 있는 재질로 인하여 장차 훌륭한 선장이 될 수 있을 것입니다.

— 《선계통신》에서 (2005. 9. 1)

5장
화와 갈등을 다스리는 방법

스트레스 해소 방법

나만의 해소 방법이 있는가? •

만날 머리 아프다, 하는 분들 있지요? 머리가 띵하고, 자도 잔 것 같지 않아서 비몽사몽이고, 흐리멍덩하고……. 이런 분들이 있는데 스트레스가 있어서 그러는 것입니다.

몸이 제일 싫어하는 게 스트레스입니다. 그냥 내버려두면 견디지를 못해서 꼭 감기에 걸리거나 배탈이 납니다. 스트레스 받는 부분을 반드시 해결해야 하는 것입니다.

살아가면서 스트레스를 해소할 수 있는 방법 하나쯤은 있어야 한다고 봅니다. 그게 없으면 이리저리 끌려 다니고 피곤합니다. 저는 초등학교 다닐 때부터 책 읽는 방법을 썼습니다. 학교에서 무슨 일이 있던 날이면 집에 와서 책가방 던져놓고 책을 봤는데 정신없이 책을 보고 자면 다음날이면 언제 그랬냐는 듯이 싹 해소되더군요.

일찍부터 좋은 방법을 알았던 거지요.

　직장 다닐 때는 인간관계나 경쟁에서 오는 스트레스가 참 심했지요. 학교에서는 스트레스가 있어봤자 거기서 거긴데 직장은 참 심하더군요. 그때도 책을 읽었는데 대하소설 같은 걸 다섯 권, 열 권 쌓아 놓고 읽었습니다. 그러고 나서 월요일에 직장에 나가면 말끔히 없어지고, 제게 스트레스를 줬던 사람도 그리 싫지가 않았습니다.

　명상하시는 분들은 명상으로 푸는 것이 제일 좋은 방법입니다. 그 다음은 일 속에서 방법을 찾으면 좋습니다. 신바람 나게 일하면서 푸는 게 참 좋은 방법이지요. 그래도 해소가 안 되면 다른 도구를 하나 가져야 하고요. 운동을 하거나, 노래를 부르거나…….

　제일 어리석은 방법은 남을 통해 푸는 것입니다. 항상 상대를 찾아야 하고, 상대가 마땅치 않으면 치사해지고, 어떤 때는 구걸하는 심정까지 됩니다. 상대가 필요한 방법은 또 업을 쌓기가 쉽습니다. 그러니 혼자 할 수 방법을 찾으시기 바랍니다.

심호흡과 단전호흡 •

　유난히 스트레스를 많이 받는 분들이 있습니다. 신체 기능상으로 심포삼초(心包三焦, 우리 몸의 면역력·저항력·생명력을 관장하는 장부)의 기능이 부족한 분들입니다. 스트레스를 많이 받는 체질은 심포삼초의 기능이 부족한 거라고 보시면 됩니다. 그 다음으로 이완하는 방법을 잘 몰라서 그런 경우가 많습니다. 스트레스를 받는데 그걸 푸는 방법은 잘 모르는 거지요.

쉽게는 한 열 번 심호흡을 하십시오. 깊이 들이쉬고 내쉬고 하면 어느 정도 풀립니다. 딴것 할 것 없이 가만히 앉아서 심호흡만 열 번 해도 어느 정도 이완이 될 겁니다. 평소에도 가슴을 펴고 심호흡을 한번 해보면 머릿속이 맑아지는 느낌이 들 것이고요. 심호흡은 보통 호흡의 2, 3배의 산소 흡수 능력이 있기 때문이지요.

그렇게 심호흡 10여 회로 마음을 가라앉힌 후 단전호흡을 하십시오.(단전호흡 방법은 『건강하게 사는 법』 참조) 단전호흡은 5, 6배의 산소 흡수 능력이 있으며 기운으로 따지면 100배까지도 차이가 나는 경우가 있습니다. 힘이 빠질 때는 깊게 호흡을 함으로써 금방 진정되고 벗어날 수 있습니다.

하여간에 호흡으로 다 됩니다. 호흡이면 만사형통입니다. 이러쿵저러쿵 하소연을 많이 하는데, 보면 다 호흡을 소홀히 해서 그런 겁니다. 내가 기분이 나쁘고 울적할 때 무얼 하는가? 산책을 하는가, 운동을 하는가, 책을 보는가, 텔레비전을 보는가, 음악을 듣는가? 여러 방법이 있는데 제일 빠른 방법은 호흡입니다.

기분 나쁘고 울적하면 앉기가 싫습니다. 앉기 싫더라도 한 10분 앉아 있으면 기분이 싹 달라집니다. 화장실에 들어갈 때의 마음과 나올 때의 마음이 다르듯이, 앉을 때 마음은 죽을 것 같은데 5분, 10분 앉아 있으면 개운해집니다. 호흡 이상 좋은 방법이 없는 거지요. 잠이 안 와서 이리 뒤척 저리 뒤척 하다가도 일어나서 호흡만 하면 왜 그리 잠이 잘 올까요? 꾸벅꾸벅 졸게 됩니다. 호흡이 만병통치萬病通治입니다.

가슴을 열고 새를 내보내라 •

가슴에 맺힌 것이 많은 분들은 의식으로 가슴을 열어야 합니다. 간단히 할 수 있는 명상법으로 "가슴이 새장인데 새장 문을 열고 새를 내보낸다"고 상상하는 방법이 있습니다. 가슴에 있는 걸 그 새를 통해서 자꾸 내보내는 겁니다. 새가 새장 문을 열고 훨훨 날아간다, 가슴속에 있는 걸 갖고 밖으로 나간다, 그렇게 상상해 보십시오. 매일 열 마리 정도 가슴에서 날려 보내면 후련해질 겁니다.

노래를 부르는 것도 좋은 방법입니다. 큰 소리로 하루에 다섯 곡씩 노래를 불러 보십시오. 버럭버럭 소리 지르면서 불러야 합니다. 그래야 가슴이 펴지면서 맺힌 게 풀립니다.

좀 더 본격적인 명상법으로는 기적인 벌이 한 마리 나와서 막혀 있는 가슴을 뚫는다고 상상하는 방법이 있습니다. 막혀 있는 중단中丹을 기적인 벌이 갉아먹으면서 청소하는 겁니다.

중단은 한의학 상으로는 '심포'라고 부르는 기적인 장부입니다. 마음을 주관하는 장부이자 뇌신경, 교감신경, 부교감신경을 총괄하는 본부와 같은 곳입니다. 기적으로 보면 중단은 아무런 모양이 없이 그냥 통로처럼 비어 있습니다. 하지만 보통은 중단이 막혀 있는 경우가 많은데 이때는 벌집처럼 보입니다. 중단이 막혀 있다는 것은 벌집 같은 데가 꽉 채워져 막혀 있다는 것이지요.

대개의 사람들은 중단이 복잡합니다. 생각들이 엉켜서 복잡하고 감정의 편린들이 앉아 있습니다. 더께더께 쌓여 있는 것들이 있는데 매일같이 청소해줘야 합니다. 오늘 내가 청소했으면 내일은 깨끗한가? 아닙니다. 내일 또 앉고 또 앉고 합니다.

어떤 방법으로든 청소해줘야 하는데 벌이 나와서 갉아먹는다고 상상하는 겁니다. 그러면 누에가 뽕잎을 먹듯이 갉아먹습니다. 그렇게 청소하고 나면 가슴 전체가 펑 뚫립니다. 가슴 앞에서 뒤까지 시원하게 뚫립니다.

에너지를 승화시키는 일 찾기 •

그래도 해소가 안 되고 끝없이 나온다 하면, 명상만으로는 도저히 안 된다 하면 자신의 도구를 하나 만들어야 합니다.

예술이 그런 것이지요. 끊임없이 나오는 것들을 분출시키는 도구입니다. 그림, 글, 건축 등을 통해서 끌어내고 승화시킵니다. 자신과의 싸움이자 자기를 확인하기 위해 하는 일들입니다.

왜 작가들이 읽어주지도 않는 책을 끊임없이 써내는가? 왜 화가들이 팔리지도 않는 그림을 끝없이 그리는가? 자기가 살려고 그러는 것입니다. 그 사람이 살아가는 방법입니다. 그렇게 해소하고 분출시키는 것입니다.

　반드시 예술일 필요는 없습니다. 교육이나 봉사활동에 바칠 수도 있습니다. 꼭 자신을 위해서 뭔가 해야 하는 건 아닌 겁니다. 남을 위해서 할 때 더 빛이 납니다. 자원 봉사하시는 분들은 나오는 에너지를 그런 식으로 승화시키는 것입니다. 만일 끝없이 나온다 하면 그런 도구를 하나씩 만드시기 바랍니다.

마음을 정리하는 습관

매일 자신을 정돈하기

맑은 냇물을 보면 기분이 좋습니다. 들여다보기만 해도 좋습니다. 흐린 물을 보면 괜히 언짢아지고요. 사람도 마찬가지입니다. 맑으냐 흐리냐에 따라서 만나면 괜히 기분 좋은 사람이 있고, 또 괜히 기분 나쁜 사람이 있습니다.

맑고 선명한 사람은 늘 자기 생각을 정리하는 사람입니다. 일기를 쓰든 명상을 통해서든 그날그날의 생각을 정리합니다. 그렇게 정리하면 정리된 상태에서 자게 되지요. 그러면 늘 마음이 맑습니다. 항상 정리하는 사람은 마음이 늘 맑을 수밖에 없는 것입니다.

선명하지 않은 사람은 왜 그런가 하면 정리되지 않은 상태이기 때문입니다. 남들이 볼 때 속으로 무슨 생각을 하고 있는지 모르겠고 뭔가 삐쳐 있는 것 같습니다. 본인도 자기가 무슨 생각을 하는지 모를 정도로 늘 생각이 뒤죽박죽 엉켜 있습니다. 그런 정리되지 않은 상태가 계속 쌓여갑니다.

명상이란 그런 것들을 정돈하는 일입니다. 가구 같은 것만 정돈하는 게 아닙니다. 해결되지 않은 부분을 정리하면서 자기 자신을 정돈해야 합니다.

그날 당장 정리가 안 되는 일은 일단 미뤄두는데 방법은 주머니를 두 개 만드는 것입니다. 한 쪽에는 사회생활하면서 미결 상태인 일을 넣어두고, 다른 한 쪽에는 가정에서의 일을 넣어두십시오. 나중에 결재할 서류처럼 그렇게 넣어두는 것이지요. 완결 사항, 미결 사항, 추진 중 사항을 구분해 놓고요.

명상하시는 분들은 그렇게 그날그날 나름대로 정리를 하고 주무셔야 합니다. 마음에 품지 말고 편하게 잠자리에 드십시오. 미결된 사항은 주머니가 알아서 처리하도록 하면 마음이 깨끗할 수 있습니다. 머리에 담고, 가슴에 담고, 뒤통수에 담고, 이런 식으로 몸 안에 지니고 있으면 정리가 안 됩니다. 몸 밖에 있는 주머니가 알아서 하도록 주머니에 넣고 닫아 놓으십시오.

그렇게 하면 마음이 정리가 됩니다. 정리가 되면 당연히 맑아집니다. 주변 사람도 함께 맑아집니다. 본인이 정리되지 않은 상태이면 주변 사람도 영향을 받고요. 그러니 항상 정리하는 습관을 가지시기 바랍니다.

하루 한 가지씩 해결하기

하루에 한 가지씩 해결하십시오. 방치했다가 날 잡아서 한꺼번에 하고 그러면 스트레스가 쌓일 수밖에 없습니다. 방 정리하는 것도 하루에 하나요? 오늘은 여기서부터 여기까지, 내일은 여기서부터 여기까지, 이런 식으로 하는 거지요. 서류도 그렇게 매일 한 가지씩 하면 정리가 잘될 겁니다.

환경이 지저분하면 당연히 마음도 지저분하고 머리도 아픕니다. 깨끗하게 정리하고 하루에 한 가지씩만 해결하십시오. 아침에 일어나서 '오늘 뭘 할까?' 하면 떠오르는 생각이 있을 겁니다. 그걸 한 가지씩만 하시기 바랍니다. 오늘은 누구를 만나야겠다 하면 만나는 일을 하고, 장을 봐야겠다 하면 장 보는 일을 하고, 김치 담가야겠다 하면 김치 담그는 일을 하고, 이렇게 한 가지씩 해야 합니다.

어느 날 기분이 좋다고 다 했다가, 그 다음에 내팽개치고 그러면 당연히 질서가 없고 머리가 아픕니다. 옆 사람까지 덩달아 스트레스가 생깁니다. 정신없는 건 전염되는 것이거든요.

'하루 한 가지'가 얼마나 중요하고 무서운가 하면, 평론하는 분 중에 저서가 수백 권 되는 분이 계십니다. 그렇게 엄청나게 글을 많이 쓰시는 분이 또 없습니다. 남의 작품을 읽고 평론을 쓴다는 게 쉬운 일이 아니거든요.

"어떻게 그렇게 많은 책을 쓸 수 있습니까?" 하고 누가 물었더니 자기는 매일 20매를 쓴답니다. 더 써도 병나고 덜 써도 병난답니다.

더 쓰면 리듬이 깨져서 병나고, 덜 쓰면 '내일 더 써야 하는데' 하는 스트레스 때문에 병나기 때문에 매일 20매씩만 쓴답니다. 하루에 원고지 20매씩 쓰면 한 달이면 600매입니다. 두 달이면 1,200매입니다. 그 정도면 책 한 권이 나옵니다. 두 달에 책 한 권이면 일 년이면 여섯 권이 나옵니다. 간단한 일 같은데 그렇게 하면 작품이 계속 나오면서 성취가 되는 것입니다.

글 쓰는 분들을 보면 스타일이 가지가지인데 오늘은 글이 좀 잘 써진다고 신나서 100매 쓰고, 내일은 어깨 아프고 눈 아파서 안 쓰고 쉬고, 이러면 안 됩니다. 단정하게 생활하면서 꾸준히 써야 합니다. 계속 같은 톤으로만 해도 충분히 성취가 됩니다.

그리고 주변 정리는 꼭 하루에 한 가지씩만 하시기 바랍니다. 두 개만 해도 벌써 벅찹니다. 기존에 하던 일들이 있기 때문입니다. 살림하고 밥 먹고 하는 일상사에 덧붙여서 하루에 한 가지씩만 하셔도 한 달이면 30가지가 해결 납니다. 그렇게 생활하면 스트레스 안 받고 편하고 즐겁게 살 수 있습니다. 스트레스가 쌓이는 것은 몰아서 하기 때문입니다.

내 마음에 맺힌 걸 먼저 풀어야 •

다른 사람과 언짢은 일이 생기면 그걸 풀어야 합니다. 감정적인 문제를 계속 품고 있으면 안 됩니다.

말 한마디에 맺혀서 그 사람 생각만 하면 불쾌하고 밥맛이 떨어지는데 두 사람이 만나서 얘기하면 금방 풀어질 수 있는 일입니다. 별일 아닌데 그걸 안 해서 눈덩이처럼 불어나고 오해가 생깁니다. 상대방은 아무 뜻 없이 얘기했을 수도 있고, 길 가다 못 본 척한 것도 눈이 나빠서 못 봤을 수도 있는데, 그게 맺혀 있습니다.

아무리 바쁘더라도 그때그때 해결을 보고 넘어가는 게 좋습니다. 푸는 방법은 당사자끼리 주거니 받거니 해서 갚는 수가 있고, 그 사람하고는 계산을 안 했지만 다른 사람에게 도움을 주거나 다른 방법으로 인류에 기여해서 상쇄하는 수가 있는데, 다른 쪽으로 기여해서 푸는 것보다는 상대방하고 해결을 보는 게 훨씬 빠릅니다. 그게 짐을 더는 일입니다. 간단하게 해결할 일을 크게 만들지 마시기 바랍니다.

한꺼번에 하려고 하지 말고 떠오르는 대로 하나씩 하십시오. 명상을 하다 보면 계속 떠오를 겁니다. 과거에 맺혔던 일들이 사소한 것들까지 다 떠오릅니다. 사실은 별거 아닌 일들이 맺혀 있는 것이거든요.

떠오르는 대로 푸십시오. 어젯밤 꿈에 누가 나와서 생각이 났다면, 그 사람에게 잘 있냐고 전화하면서 푼다든가 하면서 하나하나 풀어나가는 겁니다.

사과하는 것만큼 좋은 일이 없습니다. 당사자가 없으면 혼자서라도 '참 미안했다, 잘못했다' 하고 사과해 보십시오. 계속 미안한 마음을 먹고 있으면 파장이 전달돼서 상대방에게 전화가 옵니다. 저는 그런 경우가 참 많았습니다. 제가 마음먹었던 게 전달이 되더군요. "그때 무슨 일이 있었는데 풀자" 하고 전화가 옵니다. 그러니 마음만 먹어도 되는 것입니다.

 항상 맺힌 것은 내 마음에 맺힌 것입니다. 내 마음에 맺힌 것이 상대방에게 전달이 되는 것입니다. 내가 풀면 상대방은 저절로 풀립니다.

화를 다스리는 지혜

왜 화가 나는가?

　화가 나면 왜 화가 나는지 자꾸 들어가야 합니다. 대개 보면 별거 아닌 것 때문에 화가 나있는 경우가 많은데 일단 별거 아닌 그 원인을 찾아내시고, 별거 아닌데 왜 내가 만날 경기驚氣를 하는지 그 이유를 또 찾아보시기 바랍니다.
　찾아보면 경기하는 이유가 있습니다. 뭘 자꾸 건드려서 그러는 것입니다. 사람마다 아킬레스건이라고 할 만한 부분이 있잖습니까? 그걸 건드리기 때문에 자꾸 자극받는 건데 찾아내서 문제를 해결하시기 바랍니다.
　다른 건 다 참아도 자존심 건드리는 건 절대 못 참는다, 이런 분도 있더군요. 그런데 자존심이란 내가 나 자신을 볼 때 괜찮으면 자존심이 되는 것입니다. 남이 나를 인정하거나 무시하는 것에 영향을 받는다면 그 자체가 자존심이 부족한 것입니다.

한번 가슴에 손을 얹고 생각해 보십시오. 내가 나 자신을 생각할 때 괜찮은가? 나는 내가 생각해도 참 괜찮은 놈이다, 이렇게 생각할 수만 있다면 남이 뭐라고 하든 상관이 없습니다. 반면 내가 나를 생각할 때 뭔가 꿀리고, 만족을 못하고, 시원치 않으면 누가 뭐라 하면 그게 딱 걸립니다.

왜 남이 나를 알아주고 세워주기를 바라십니까? 자기 자신을 너무 높이 띄우고 있지는 않나요? 아니면 너무 비하시켜서 반작용으로 그러는 것 아닌가요? 우월감이 많은 사람은 열등감이 많은 사람이다, 그런 말이 있더군요. 극과 극은 통한다고도 합니다.

아무렇게나 하고 다닐 수 있는 사람, 남의 시선에 개의치 않고 누더기라도 입을 수 있는 사람은 자신만만해서 그러는 것입니다. 옷도 잘 입어야 하고, 그럴듯하게 보여야 하고……, 이런 사람은 뭔가 켕기는 면이 있어서 그러는 것이고요.

흥선대원군은 자신의 큰 뜻을 위해 상갓집 개 노릇을 즐거이 했습니다. 김시습 선인은 벼슬에 나가지 않기 위해 미친척하며 일부러 똥통에 빠지기도 했습니다. 자기 자신을 생각할 때 아무 거리낌이 없으니까 그런 행동을 할 수 있는 것입니다. 추구하는 게 다른 데 있으니까 그렇게 할 수 있었던 것이고요.

남이 나를 어떻게 대하든, 아줌마라고 하든 여사라고 하든 선생님이라고 하든 개의치 않을 수 있어야 합니다. 그런 데 계속 걸린다면 왜 그런지 생각해 봐야 합니다. 상대방을 교육시킬 목적이 아니라면, 내가 권위를 지켜야겠다는 목적이 아니라면 그런 데 민감할 필요도 없지 않습니까? 이렇게 부르든 저렇게 부르든 아무렇지 않아야 합니다.

인정해 버리면 된다 •

　인간관계에서 상처를 주고받는 걸 보면 대개 아무것도 아닌 일로 그러는 것이더군요. 자기를 안 알아줘서 섭섭하고, 오해가 생겨서 섭섭하고, 그런 정도지 죽을죄를 지어서 섭섭한 건 아니잖습니까?
　누가 뭐라고 해서 마음이 아파서 울고불고 난리를 쳤다? 왜 그런가 한번 따져 보십시오. 가만히 생각해 보면 내 약점을 건드렸거나, 몰라줬거나, 오해했거나, 세 가지 정도입니다.
　약점 좀 건드리면 어떻습니까? 사실이 아닌 것도 아니잖습니까? 사실인 걸 조금 건드렸는데 왜 그렇게 난리인가? 생각해 보면 간단합니다. 맺힐 것도 없이 그냥 인정해 버리면 됩니다. "그래 맞아, 난 그런 사람이야" 하고 인정해 버리면 되는 것입니다. 그럼 지지고 볶고 할 일이 없습니다.
　나를 몰라줬거나 오해했을 때도 마찬가지이지요. "나는 원래 이런 사람인데 당신이 잘 모르고 있다"라고 알려주면 됩니다. 그러면 깨끗이 끝날 일입니다.

주변 사람이 못마땅한 이유

끊임없이 주변 사람들을 못마땅해 하는 사람이 있습니다. 그런데 남이 못마땅하다는 것은 알고 보면 자기 자신이 못마땅하다는 것이지요. 내가 나 자신을 볼 때 마땅치 않기 때문에 계속 타인에게 눈을 돌려서 마땅치가 않은 것입니다. 맘에 안 들고 못마땅한 것을 근본적으로 캐 들어가면 내가 나 자신에게 만족하지 못하는 게 있습니다.

매사 삐딱하고 파괴적인 사람도 마찬가지입니다. 스스로 자신에게 만족하지 못하니까 정치, 종교, 사회, 회사 등에 핑계를 대는 것입니다. 그 근원은 자기 자신에 대한 불만족입니다.

자기 자신에게 만족하는 사람은 남에게도 너그럽습니다. 남에게 취할 것이 없기 때문에 그냥 봐줄 수 있습니다. 남에게 계속 꼬투리를 잡는다는 것은 내가 시원치 않은 것을 남한테 핑계 잡는 것입니다.

자신에게 만족하는 사람은 남에게 바라는 바가 없습니다. 기대하는 바가 없기에 불만도 없습니다. 내가 나를 충족시키지 못하면 타인에게 기대하는 바가 많은 법이고요. 허나 기대하는 만큼 실망이 돌아오게 마련이지요.

항상 자신은 자신이 만족시키면 되는 것입니다. 남이 충족시켜 주기를 바라지 마십시오. 자급자족하는 것이 사람의 기본 도리입니다. 세상으로부터 아무것도 구할 것이 없고 타인에게서 아무것도 필요한 것이 없는 상태, 그런 게 우리가 지향해야 할 모습입니다.

타인에게 아직도 필요한 게 있다면 내가 아직 완전히 서있지 않다고 보시면 됩니다.

자신에게 만족하는 방법 •

스스로 자신에게 만족하는 방법은 두 가지가 있는데 첫째는 눈높이를 낮추는 방법입니다. 능력이 뛰어나지도 않으면서 눈만 높으면 신경질이 날 수밖에 없습니다. 생각의 크기를 줄여서 자기 자신에게 기대하는 것과 실천할 수 있는 것을 일치시켜야 갈등의 폭을 줄일 수 있습니다.

예를 들어 나는 대장부다, 그릇이 크다, 이런 병이 있으면 작은 것에 만족을 못합니다. 거창하고 큰 게 아니면 안 됩니다. 실제로 그릇이 큰 사람일 수도 있습니다. 하지만 살아온 과정이 그 그릇을 많이 채울 수 없는 여건이면 현실과의 간극이 클 수밖에 없지요. 아예 큰 것이 아니면 만족을 못하기 쉬운데 욕심을 조금씩 줄여 가면서, 앞, 뒤, 옆을 봐야 합니다. 자기 주제를 봐야 하고요. 물론 꿈은 크게 갖는 것이 좋습니다만…….

둘째는 '나는 못났다' 고 인정을 하는 방법입니다. '나는 잘났다, 못난 건 너다' 이렇게 생각하니까 자꾸 불만이 쌓이는데 '나는 못났다, 별로 시원치가 않다, 내가 이런데 남은 오죽하겠는가?' 이렇게 제대로 인식을 해야 합니다. 이렇게 인정하기만 해도 어느 정도

공부가 된 것입니다. 또 그렇게 인정하고 나면 비로소 자신을 바꿔 보겠다는 마음이 들 겁니다.

자기 자신을 있는 그대로 인정해 보십시오. 자신에 대해 어떤 상像을 만들어 놓았기 때문에 스스로 자꾸 부족하게 여기는 것입니다. '내가 저렇게 돼야 하는데 못 됐다' 하고요. '나는 나 자체로 훌륭하다'고 생각하시기 바랍니다.

물론 조금씩 나아져야 합니다. 단지 기준을 너무 높이 두지는 마시라는 겁니다. 지금의 자신에게 만족하면서 조금씩 한 발자국씩 나아갈 수 있으면 되는 겁니다.

화를 내려거든 세련되게 •

저는 명상을 해서 그런지 모르겠는데요, 화가 잘 안 나고 억제를 많이 하게 됩니다.

화를 억제하지도 마십시오. 차라리 겉으로 표현하십시오. 《50대 모임》이라는 인터넷 카페가 있는데 거기서 내세우는 지침 중 하나가 싫어하는 사람 대놓고 싫어하기더군요. 인생은 50부터다, 자식은 원수다, 50대부터는 나를 찾자, 그러면서요. 사실 50대는 다 뺏긴 세대이지 않습니까? 진짜 대놓고 욕도 못했습니다. 그동안 많이 참았으니까 이제는 대놓고 욕을 해도 된다, 그러더군요.

잠재되어 있는 게 참 무섭습니다. 그러니 스스로 자신의 감정을 늘 봐야 합니다. 화가 나면 화를 내야 합니다. 화가 나는데 화를 안 내면 병이 됩니다. 화를 안 내려면 진짜 화가 안 나야 하고요.

화를 내되 세련되게 낼 줄 알아야 합니다. 중단을 개발하라는 말씀을 종종 드렸는데 개발이란 자신이 조절할 수 있는 걸 말하지요. 예전에는 감정에 그냥 끌려 다녔는데 개발이 되면 자신이 제어할 수 있습니다. 누를 수도 일으킬 수도 있습니다.

중단이 발달됐다는 것이 누르는 것만 얘기하는 건 아닙니다. 감정이 없는데 불러일으킬 수도 있는 것입니다. 무조건 가라앉힌다고 좋은 게 아니잖습니까? 사실은 감정이 없는 게 더 문제입니다. 불감증에 걸린 것처럼 좋고 나쁜 것이 없고, 다 그저 그렇고, 아무 느낌이 없는 분들이 있습니다. 공부를 다 마쳐서 깨달음을 얻은 사람이 그러는 건 정상입니다. 그렇게 돼야 합니다. 하지만 그 이전에 그렇게 되는 것은 자폐증 환자처럼 그냥 못 느끼는 것입니다.

우선 감정을 일으켜야 합니다. 분노도 일으켜야 합니다. 인권을 너무 많이 유린당한 아이들은 화도 안 냅니다. 나쁜 일을 당해도 분노를 안 합니다. 그게 좋은 게 아닙니다. 분노할 줄 알아야 합니다. 매 맞고 사는 여자들도 그러잖습니까? 결혼해서 매 맞고 살면서도 그게 부당하다는 걸 모릅니다. 당연히 안 되는 일이고 있을 수 없는 일인데 부당한 대우를 받는데도 화도 안 납니다. 그게 더 문제입니다. 텔레비전을 보면서 좋으면 웃고, 슬프면 울고, 이렇게 자기감정 표현을 충실히 할 수 있어야 합니다. 시큰둥해서 좋은지 싫은지 자기도 모르고 남도 모른다면 자폐증입니다.

흔히들 "사람이 세련됐다"는 표현을 씁니다. 그런데 세련됐다는 것은 머리가 어떻고 옷이 어떻고 하는 것보다는 그 사람이 감정을 어떻게 표현하고 자제하느냐에 달려 있습니다. 감정을 표현하는 매너가 발달한 것을 세련됐다고 합니다.

화를 내지 말라는 게 아닙니다. 화를 내되 멋있게 내라는 것입니다. 화났다고 부르르 해서 가고, 몇 날 며칠 삐치고, 투덜투덜 거리고……, 그러지 말라는 것입니다. 직접 가서 뺨을 때리는 식으로 표현하라는 것도 아닙니다. 운동을 한다든지, 공을 때린다든지……, 다른 방법으로 표현하면 됩니다. 다른 데서 대상을 찾아서 표출하면 됩니다.

잊어버리는 게 상책이다

제일 좋은 방법은 생각을 안 하는 것입니다. 화가 난다? 생각을 안 합니다. 여자 생각난다? 그냥 생각을 안 합니다. 그 생각에 빠지지 말고 벌떡 일어나서 나옵니다. 누구 때문에 기분 나쁘다? 잊어버립니다.

생각을 안 하는 게 상책입니다. 생각하면 할수록 기분이 나쁘니까요. 그 사람을 위해서 생각을 안 하는 게 아닙니다. 자기 자신을 위해서 안 하는 것입니다. 고두심이라는 분이 인터뷰한 걸 봤는데 자기는 좋은 일만 생각한답니다. 좋은 일만 생각하기도 바쁜데 왜 나쁜 일을 생각하냐고 말씀하시더군요. 그러기에는 인생이 너무 아깝다고 하더군요. 아마 그런 확실한 철학이 있으니까 연기대상을 그렇게 많이 탔을 겁니다. 그러니 명심하십시오. 생각을 안 하면 됩니다.

저는 하도 과거를 잊다 보니까 조금 전 일도 잊히더군요. 조금 전도 과거입니다. 영어로 어제를 'history'라고 하지요? 그런데 내일은 'mystery'라고 하더군요. 지금 현재만 선물이라는 뜻의 'present'랍니다. 그러니 현재만 즐겨라, 현재만 생각해라!

내가 저 사람한테 삐쳤다, 하면 지금 삐친 게 아니라 과거에 삐친 것입니다. 이미 지난 일입니다. 왜 과거를 계속 붙들고 있는가? 가야 하는데……. 한 걸음이라도 가다 보면, 열 발자국 백 발자국 가다 보면 그건 이미 저만큼 뒤에 있는 과거의 일입니다. 잊어버려야 마땅합니다.

가지 않는 분들, 과거에만 머물러 있는 분들이 있습니다. 과거의 일들이 전부 쌓여 있습니다. 그것들이 원망과 원한을 만들어 내고 있습니다. 하지만 이미 지난 일입니다. 지금 이 순간에 서로 삐친 분은 한 분도 안 계시지 않습니까? 내가 저 사람한테 기분 나쁘다, 삐쳤다 하면 그건 몇 달 전 일이거나 몇 년 전 일이거나 아니면 어제 일이거나 하여간에 이미 지난 일입니다.

진화하는 분들은, 하루에 한 발자국이라도 가는 분들은 과거에 매달려 있지 말고 가야 합니다. 갈 길이 바쁩니다.

감사가 답이다 •

『물은 답을 알고 있다』라는 책을 보면 사랑과 감사에 대한 이야기가 있습니다. 물이 제일 좋아하는 감정은 '감사'랍니다. '사랑'은 그 다음이랍니다.

그냥 무조건 감사하는 겁니다. 자기에게 스트레스 주는 사람에게도 감사하는 겁니다. 자기를 겪게 해주고, 공부시켜주고, 자신을 찾는 실마리를 제공해 줬으니 감사한 사람입니다. 힘들게 하는 것이 없으면 자신을 찾아가려고 하지도 않습니다. 그러니 고마워해야 합니다. 그 사람이 있어 준 것만으로도 고마워해야 합니다. 자신이 좌충우돌할 수 있는 기회를 준 것에, 매끄러운 인간관계를 가꿀 수 있는 교재를 준 것에 감사해야 하는 것입니다.

감사와 원망은 종이 한 장 차이입니다. 약간 삐딱해지면 원망이 되고 긍정적이면 감사가 됩니다. 살아 있다는 것, 명상할 수 있다는 것, 몸의 어디가 불구가 아니고 다 갖췄다는 것, 먹고살 수 있다는 것만으로도 감사해 보세요. 굶는 사람이 얼마나 많습니까? 보호받으면서 하루하루를 무사히 살아갈 수 있다는 것이 또 정말 감사한 일입니다. 그 다음에 조금씩 나아지면 되는 것입니다.

매일 일할 수 있는 체력이 있음에, 일거리가 있음에 감사해 보세요. 어떤 광고를 보니까 "단지 소일한다는 것만큼 불행한 일은 없다"는 문구가 있더군요. 노인들이 매일 속상해하는 것은 아무도 자기를 필요로 하지 않기 때문이지요. 자기가 유용한 사람이라고 여겨지지 않는 건 굉장히 불행한 일이거든요. 자신이 필요한 사람이라는 것, 그것만으로도 얼마나 감사한 일인가요?

감사한 마음을 가지고 있으면 생각이 바뀌어 감사한 생각이 납니다. 일단 표정부터 바뀝니다. 그 사람의 얼굴 표정만 보면 어떤 상태인지 알게 됩니다. 표정이 달라지면 인생이 달라집니다. 불운에서 벗어나게 됩니다.

안 되는 사람을 보면 그럴 수밖에 없습니다. 표정이 어둡고 우중충합니다. 그래가지고서야 될 리가 없지요. 누가 가르쳐줘서 될 일도 아니고 스스로 깨달아야 합니다. 환해져야 합니다. 걱정거리가 없어져야 합니다.

갈등에 대처하는 지혜

갈등으로 와 닿으면 불청객

　육체적인 활동은 에너지 소모가 그렇게까지 크지는 않습니다. 감정 상태만 좋다면 일은 하루에 10시간, 12시간 해도 괜찮을 수 있습니다. 노래 부르면서 할 수 있습니다.
　하지만 갈등은 30분, 1시간만 하면 나가떨어집니다. 감정의 파도라는 것이 엄청난 것이라서 몸이 감당을 못하는 것입니다. 만약 24시간 갈등을 달고 있다면 당할 장사가 없을 겁니다. 어떤 종류의 것이든 갈등은 반갑지 않은 손님인 것입니다. 잠깐 들어왔다 하더라도 내쫓아야 하는 불청객입니다. 사랑이든 돈이든 아무리 근사한 주제라도 기쁨으로 와 닿으면 손님이고, 갈등으로 와 닿으면 불청객입니다.
　대개 보면 잠잘 때조차 달고 있더군요. 반가운 손님도 아닌데 맞아들여서 너 죽고 나 죽자 하더군요. 24시간 끌어안고 같이 죽는 것이지요.

즐기며 맞아들이진 않는가?

갈등이 들어오면 반기지 말고 내쫓으십시오. 즐기며 맞아들이는 분도 있더군요. 걱정하지 않으면 심심해서 못 견디는 분입니다. 뭔가 걱정거리가 있어야 마음이 놓이고 편안해합니다. 누가 날 괴롭히는 걸 병적으로 즐기는 분도 있고요.

자기가 받아들이기 때문에 나쁜 상황이 오는 것입니다. 부당하다고 여기고 절대 용납을 안 하면 그런 상황이 안 옵니다. 누가 나를 괴롭히고 학대하고 구박하는 상황이 오는 것은 내 안에 그것들을 받아들이고 즐기고 용납하는 요인이 있기 때문입니다. 내 안에 문제가 있는 것이지요.

고민이나 갈등도 내가 맞아들이니까 들어오는 것이지 "난 그런 것 싫다" 하고 거절하면 발붙일 수 없습니다. 애들 때문에 고민하고, 남편 때문에 고민하고, 아내 때문에 고민하는 것은 내 안에 그것들을 즐기는 요소가 있기 때문입니다. "내 일이 아니다, 내 소관이 아니다"라고 거절하면 그런 상황이 개선이 됩니다. 즐거운 일만 생각하게 되고, 다가오게 되고, 남한테도 즐거움만 주게 됩니다.

너무 무겁게 받아들이진 않는가?

일할 때 보면 아무것도 아닌 일로 흥분해서 붕 떠있는 분이 있는가 하면, 무슨 대단한 일을 한다고 엄청나게 피로한 분이 있습니다. 하는 일에 비해서 너무 많이 긴장하고 흥분하고 힘들어하는데 에너지 안배를 잘 못해서 그러는 것입니다.

자신이 하고 있는 일을 너무 과대평가하는 건 아닌지 생각해 보십시오. 엄청난 일을 하는 것처럼 느껴서 힘들어하는데 따져보면 아주 작은 일들입니다. 하는 일을 쭉 돌아보십시오. 작고 사소한 일을 하고 있으면서 엄청나게 무거운 짐을 진 것처럼 느끼는 건 아닌가? 책가방에 연필과 노트 한 권을 넣어 등에 지고 학교에 가면서, 쌀 한 가마니를 지고 가는 것처럼 느끼는 건 아닌가?

그 학교의 학생들을 다 먹여 살리는 중책을 맡은 양 지고 가니 얼마나 무겁겠습니까? 가기도 전에 지칩니다. 실제로는 안 그런데 체감 온도만 엄청나게 높은 겁니다. 마음에서 짐을 덜어내시기 바랍니다.

손바닥 위에 올려놓고 보기

마음이 자꾸 무거워지면 손바닥 위에 올려놓고 보십시오. 내가 하고 있는 일이 큰일인가? 엄두를 못 낼 일인가? 힘든 일인가? "부처님 손바닥 안"이라는 말이 있듯이 자신에게 부담스럽고 크게 다가오는 일들을 정면으로 맞아 치지 말고 손바닥으로 받으십시오.

살아가다 보면 외부에서 공격이 없을 수가 없는데 그걸 크게 받느냐 작게 받느냐는 자신에게 달렸습니다. 공격이 들어오면 그걸 온몸으로 대응하는 사람이 있는데 우리 인생에서 온몸으로 맞받아쳐야 하는 일은 없습니다. 제가 명상을 해보니까 그런 일은 명상밖에는 없더군요. 그나마도 명상의 막바지에 이르러서의 일입니다. 대부분 몸의 한 부분으로 대응할 수 있는 수준의 일들입니다.

대응하는 방법을 몰라서 온몸을 갖다 대고 머리를 들이대다가 치명상을 입는데, 손으로 탁 받으십시오. 지구도 우주도 손바닥 위에 올려놓고 보면 작게 보입니다.

호흡으로 그릇을 키우기 •

자신의 문제를 굉장히 크게 봤다가도 주변 사람들에게 시선을 돌려보면 '내 문제가 별거 아니었구나' 하고 아는 수가 있습니다. 명상을 하면서 문제가 작아지기도 합니다. 처음에는 그 문제 때문에 죽느냐 사느냐 결판낼 것같이 심각하다가 명상을 해서 자기 그릇이 커지면 작게 보이는 것입니다.

그릇이 냄비다, 하면 불이 조금만 닿으면 달달 끓어서 다 뒤집힐 정도가 됩니다. 하지만 그릇이 자꾸 커져서 가마솥만 해지면 고기

한 마리 휘젓는 건 일도 아니지요. 아무도 나에게 지장을 못 줍니다. 자기 그릇이 커지면 문제가 사소하게 보이는 것입니다.

방법은 호흡을 통한 축기입니다. 무슨 일이 크게 보이면 '내가 축기가 안 됐구나' 생각하시기 바랍니다. 내가 축기를 많이 해서 기운이 장해지면 작아 보입니다. 그러니 다가오는 공격이 크게 보인다면 잠깐 비켜두고 호흡을 하십시오. 그렇게 자신을 강화한 다음에 다시 보십시오. 그러면 크게 보이던 일이 점점 작게 보이고 손바닥에 올려놓을 수 있을 겁니다.

도인道人이 방 안에 앉아서 우주를 볼 수 있는 것은 손바닥에 올려놓고 보기 때문입니다. 작게 보면 사물을 입체적으로 볼 수 있고, 또 본질을 꿰뚫을 수 있습니다. 자신이 대책이 안 서는 부분이 있다면 한번 손바닥에 올려놓고 보시기 바랍니다.

옆구리로 받아서 주머니에 넣기 •

어떤 사태가 발생하면 대개 그걸 정면으로 받습니다. 누가 한마디 하면 그게 화살이 돼서 가슴에 탁 꽂히는 게 보통 사람입니다. 화살이 가슴에 박혀서 아파하고 비명 지르는데 명상하시는 분들은 정면으로 받는 게 아닙니다. 중단은 아껴야 할 부분이거든요.

누가 나를 공격하면 옆구리로 받으십시오. 슬쩍 비켜서 옆으로 받고 주머니에 넣어놓으십시오. 그렇게 하면 한결 여유가 생깁니다. 권투할 때도 그렇잖습니까? 정면으로 맞는 것보다는 옆으로 비껴 맞는 게 좀 낫습니다. 누가 나를 공격하면 그냥 비키십시오. 그 자리를 비키는 게 제일 좋습니다.

부부 싸움할 때 제일 미련한 사람은 "때려봐, 때려봐" 하면서 대주는 사람입니다. 갖다 대는데 때리지 않는 사람이 어디 있나요? 그러고선 맞았다고 분개합니다. 상대방이 때릴 기세면 그 자리를 피하는 게 제일 현명한 방법입니다. 화장실이라도 들어가서 물을 틀어놓고 볼일 보는 시늉을 하는 겁니다. 그 자리를 피하면 조금 있으면 그게 사라지거든요.

항상 옆구리로 받아서 주머니에 넣어두시기 바랍니다. 그렇게 하면 벌써 충격이 완화됩니다. 주머니에 들어가면 별것 아니게 되는 겁니다. 그런 방법으로 명상을 하시면 빨리 무심으로 들어갈 수 있습니다.

해결하거나, 보류하거나, 포기하거나 •

어떤 사안이 자신에게 다가오면 거기에 맞서서 해결을 하거나, 보류하거나, 아니면 아예 포기하고 잊어버리거나, 이렇게 세 가지 방법이 있습니다. 사안에 따라 맞붙어서 해결할 건 해결하고, 창고에 넣을 건 넣고, 내다버릴 건 버리시기 바랍니다.

첫 번째로 해결하기. 문제들이 지금 나한테 와있는 것은 다 이유가 있습니다. 운이 나빠서 온 게 아닙니다. 우연인 것처럼 보여도 꼭 내가 공부해야 하는 과제이기 때문에 온 겁니다. 그런 문제들은 덮어놓는다고 해서 해결나지는 않습니다. 어떤 식으로든 맞붙어서 해결해야 합니다. 피한다? 임시로 피할 수는 있지만 늘 따라다닙니다. 내가 왜 그랬던가, 하고 한으로 남게 됩니다. 너무 힘들면 잠시 유보할 수는 있는데 궁극적으로는 금생에 한 번씩은 다 넘어야 합니다.

두 번째로 보류하기. 갈등을 받아치지 말고 더 중요한 일을 위해 일단 보류하는 방법입니다. 시간이 좀 지나서 자신이 어느 정도 성장하면 그 문제에 대해 어떤 해답을 도출할 수 있을 겁니다. 그러니 마음에 담아 두지 말고 일단 보류하십시오.

세 번째로 포기하고 잊어버리기. 잊어버릴 건 오늘 내로 잊어버리십시오. 한 달 후에 잊어버리겠다? 그건 안 되지요. 오늘 내로 잊어버려야 합니다. 내일 다시 생각나면 또 '오늘 내로 잊어버리자' 하시고요. 그렇게 노력하면 빨리 잊어버릴 수 있습니다.

이 셋 중 한 가지를 선택하는데 결정은 하루를 넘기지 마십시오. 결정하는 데 하루를 안 넘긴다, 한 시간을 안 넘긴다, 하면 이미 도가 트인 상태입니다. 도가 트이면 어떤 결정이라도 10분 안에 내릴 수 있습니다. 판단이 딱 서면 그렇게 하는 것입니다. 끌수록 미숙하다고 보면 됩니다. 정서적으로나 영적으로나 미숙한 사람이 끕니다.

결정할 사항이 있다면 돌아가서 당장 결정하시기 바랍니다. 미련이 있으면 보류했다가 다시 시작하시고요. 보류한다는 건 창고에 넣어 놓는 것이지요. 창고는 가끔 들어가서 보는 데지 만날 보는 데가 아니잖습니까? 그렇게 현명하게 사시기 바랍니다.

용단을 내릴 때는 칼같이 •

어떤 용단을 내릴 때는 칼같이 할 수 있어야 합니다. 끌지 않고 칼같이 끊을 수 있으면 일류입니다. "간다" 하고선 안 가고, "잘 가" 하고선 뒤돌아보고, 이러면 삼류고요.

명상하시는 분들은 미련을 두지 말아야 합니다. 현재 오늘이 있을 뿐이지 지난 일을 왜 돌아보십니까? 가장 미련한 게 뒤돌아보는 일입니다. 그렇다고 또 너무 앞을 보지도 마시고요. 한 발 정도 앞을 보면 되지 10년 후를 미리 걱정하는 것도 사서 고생입니다. 하루하루 충실하게 살면 그게 쌓여서 미래가 되는 것이지요.

예를 들어 내가 직장을 그만두고 싶다, 마음이 떠났다, 하면 그만두는 겁니다. 내가 그 직장이 아니면 굶어 죽나요? 그게 아니라면 연연해하지 말고 그만두는 겁니다. 쉬다가 어떤 직장이라도 얻을 수 있다, 그런 여유가 있어야 합니다.

명상을 하시면 또 그럴 수 있는 힘이 생깁니다. 직장을 그만두더라도 직장을 다니는 것 이상의 힘이 생깁니다. 기적, 영적으로 힘이 생겨서 더 전진할 수 있습니다. 그렇게 되면 더 좋은 직장에서 일할 수 있게 됩니다.

제가 직장을 그만두고 나서 본격적으로 명상을 시작했는데 나중에 직장 동료들을 만나서 얘기해 보면 어쩜 그렇게 발전을 못하는지 모릅니다. 10년 전 했던 얘기, 10년 전 했던 고민에서 벗어나지 못하더군요. 그분들은 제가 새로운 세계에 대해 얘기하니까 눈을 반짝이면서 듣는데 제 입장에서는 많이 답답합니다.

그분들은 자신들이 그렇게 정체되어 있는지 모릅니다. 세상은 변하는데 만날 그 자리에 있으니까 모르는 겁니다. 그건 제자리에 있는 게 아니라 퇴보입니다. 그렇게 몇 년이 지나면 제가 직장을 그만둬서 퇴보한 게 아니라 오히려 더 발전해 있습니다.

명상은 그런 면에서도 남는 장사입니다. 하릴없이 숨만 푹푹 쉬는 것 같지만 이렇게 남는 장사가 없습니다. 무슨 일이든 할 수 있는 자신감, 에너지가 생깁니다.

단전으로 판단하는 경지 •

상단上丹 위주로 사시는 분들은 무얼 볼 때 항상 따져 봅니다. 내가 이때까지 배운 지식과 맞아떨어지는지 따져 보고 납득이 되면 그때 한 발 들입니다.

중단中丹 위주로 사시는 분들은 사물을 볼 때 생각에서는 조금 틀리더라도 감정적으로 끌리면 좋아합니다. 사람을 볼 때, 얼굴도 잘생기지 않았고 여러 가지가 별로인데 괜히 끌려서 좋아하는 분들 있잖습니까? 중단 위주로 사시는 분들입니다.

하단下丹 위주로 사시는 분들은 저 사람이 내가 하고자 하는 일에 도움이 되는지 안 되는지를 봅니다. 내가 뜻을 세워 뭘 해야겠다 했을 때 저 사람이 내가 하고자 하는 일에 맞는지 안 맞는지 하단의 '의지'로써 판단하는 분들입니다.

생각하는 것을 흔히 "머리 굴린다"고 표현하지요? 생각의 중심은 머리라고 여기기 때문입니다. 또 감정적으로 어떤 사람에게 끌리는 것은 "필feel이 온다"고 표현하지요? 마음이 끌리는 것인데 중단에 야리야리한 반응이 오는 것입니다.

그런데 호흡을 해서 단전이 잡히고 그 단전이 기운을 받아 커지면, 생각하는 것도 느끼는 것도 그 중심이 단전으로 내려갑니다. 모든 것의 중심이 단전으로 내려가서 단전으로 행하게 됩니다. 눈으로 보고 귀로 듣고 피부로 느끼는 게 아니라, 마음으로 보고 마음으로 듣고 마음으로 느끼는데 마음이란 다름 아닌 단전丹田에 있는 것입니다.

항상 마음으로 보고, 마음으로 듣고, 마음으로 느끼다 보면 단전에 중심이 잡혀서 단전 위주로 생활하게 됩니다. 일상적으로 단전에 중심이 잡혀 있으면 어떤 판단도 거의 정확할 수 있습니다. 항상 안정된 자세로 매사를 바라보기 때문입니다.

내 힘으로 안 되는 일도 있다 :

　내 힘으로는 해결이 안 되고 계속 갈등이 쌓인다면 그냥 놓는 것도 방법입니다. 포기하는 겁니다. 해결을 못하겠으면 포기라도 해야 합니다. 해결도 못하고 포기도 못하고 있으면, 당연히 머리 아프고 뒷골 당기고 비몽사몽간에 흐릿할 수밖에 없습니다. 계속 붙들고 있으면 기운이 많이 빠집니다. 과감하게 버릴 수 있어야 하지요.
　억울해서 못 버리겠다? 미련이고 집착인데 안 되면 버려야 합니다. 예를 들어 고시 공부를 한다 했을 때 몇 번 해봐서 안 되면 그쪽으로는 인연이 없는 것입니다. 3수, 4수, 하는 건 부질없는 집착입니다. 두 번 이상 떨어지면 인연이 없다고 보고 다른 길을 모색해야 합니다.
　짝사랑도 마찬가지입니다. 몇 번 시도해 봐서 안 되면 금방 포기해야 하는데 대개는 "끝까지 해봐야 직성이 풀리겠다" 하더군요. 내 힘으로 안 되는 일도 있다는 걸 인정하지 않으려는 거지요. 자존심이 용납하지 못한다는 사람도 있습니다. 내가 저 사람을 싫어하면 했지 저 사람이 나를 싫어하는 건 도저히 받아들일 수 없다, 이런 마음입니다. 그래서 끝까지 해보는데 불필요한 데 에너지를 소모하는 겁니다.
　살다 보면 자기 힘으로 되는 일보다 안 되는 일이 더 많습니다. 그런 일들은 금방 포기해야 합니다.

나를 떠난 것은 상관하지 말아야 •

남의 마음은 내 맘대로 안 됩니다. 내 소관이 아니기 때문입니다. 내 마음은 내 맘대로 할 수 있습니다. 내 소관이기 때문입니다.

그런데 "내 마음이 내 마음대로 되나요?" "그게 어디 쉽나요?" 이런 말을 잘 하더군요. 기본이 안 된 거라고 봅니다. 내 마음을 내 마음대로 할 수 있지 왜 못합니까? 내 마음인데……. 내 안에 있는 건 철저히 내 것이고, 일단 내 몸 밖으로 나간 건 내 것이 아닌 것입니다.

예를 들어 누구한테 돈 백만 원을 줬다면 그 사람이 그 백만 원을 가지고 백화점에 가서 백만 원어치 옷을 사 입든 말든 상관할 바가 아닙니다. 일단 내 수중을 떠난 것은 내 소관이 아니기 때문입니다. 그런데 주고 나서 계속 관여합니다. "그 돈을 어떻게 썼느냐?" 물어보고 어떻게 썼다고 하면 배 아파하고 후회합니다. 구분이 안 돼서 그런 것입니다.

작가가 원고를 출판사에 넘기고 나면 그때부터는 자기 소관이 아닙니다. 원고를 가지고 책을 어떻게 만들든 출판사 소관입니다. 레이아웃을 어떻게 하느냐, 삽화는 어떻게 하느냐, 시시콜콜 관여하면 머리 아프고 피곤해집니다.

또 극본은 희곡작가가 쓰지만 연극무대에 올릴 때는 연출가 소관입니다. 작가가 "내 작품이야" 하고 일일이 참견하면 충돌이 생기고 일이 안 됩니다. 일단 자기 손에서 떠나면 그 사람들 소관입니다. 무대장치는 무대장치 전문가 소관이고, 연출은 연출가 소관이고, 연기는 배우 소관입니다. 마음에 안 든다고 계속 관여하고 싸우고 배 아파하면 안 되는 것입니다.

제가 아는 희곡작가 한 분이 그러더군요. 자기 작품이 무대에 오르면 두 달이면 두 달 동안 매일 갑니다. 날마다 보면서 오늘은 어땠다고 평합니다. 잘되면 좋아서 술 먹고, 안 되면 속상해서 술 먹고, 연극을 하는 동안에는 아무것도 못합니다.

지나친 자아도취입니다. 버려야 합니다. 뭐든 그렇습니다. 몸에서든 마음에서든 일단 나를 떠난 것은 상대방 소관이기 때문에 관여하지 말아야 합니다. 그것이 스트레스를 줄이는 방법입니다.

저를 포함한 저의 가족 4명의 공통적인 성격은 천하태평이라는 점입니다. 남편은 20여 년 다니던 직장을 하루아침에 사표 내고 들어온 날 밤, 쿨쿨 잠을 자 저를 감탄하게 했습니다.

큰아이는 대학을 졸업하고 일 년여를 실업자로 지내면서도 태평하여 오히려 주위 사람들이 의아할 정도였습니다. 직장에 다니는 요즈음, 매일 입으로는 '죽겠다'를 연발하지만 전혀 죽고 싶지 않다는 것을 저는 알고 있습니다.

둘째 아이는 고등학교 때부터 매일 지각을 하여 담임선생의 전화 항의를 여러 번 받았는데 어느 날 아침 몸이 아프다는 아이를 차로 학교 앞까지 바래다준 날, 우연히 만난 담임선생과 몇 마디 대화를 나눈 이후로는 그 같은 항의를 더 이상 받지 않게 되었습니다. 그 이유는 잘 모르겠지만 아마도 너무나 태평한 아이 엄마의 태도에 질렸었나 보다 합니다.

현재는 대학을 때려치우고 식당 종업원으로 아르바이트를 하고 있는데 몇 달 만에 '우수 직원상'을 두 번이나 받고 오늘은 그 상으로 그 식당에 가족 저녁초대를 받았다며 오라고 아우성입니다. 내년 봄에 일본으로 유학을 떠난다지만 식구들은 모두 그런가 보다 하고 있을 뿐입니다.

실업자 남편을 두고, 혼기를 앞둔 딸이 속절없이 나이 먹어 가는 걸 보고도 아무렇지 않고, 국내 대학에서도 공부를 못해 중단한 딸이 아르바이트로 여비를 마련해 해외 유학을 가겠다고 까불어도 아무렇지 않은 태평한 제가, 지난번에 다녀간 몇몇 분의 고통이 가슴 깊이에서 좀처럼 떠나지 않습니다. 왜 그럴까요?

한 분은 가정불화에 대해 물어왔습니다. 되풀이되는 이야기인데, 본인들은 여전히 헤어나지 못하고 고통스러워합니다. 가정불화이면 집에 가서 당하면 될 일이지 왜 자나 깨나 그 걱정이란 말입니까. 퇴근해서 집에 가면 저녁 먹고 잘 때까지 두세 시간 겪으면 될 일을, 그리고 나서 쿨쿨 자면 될 일을 왜 24시간 겪느냐는 말입니다.

다른 한 분은 남편의 종교에 대해 관여해야 하는지 고민입니다. 부부간이라고 해도 배우자가 어떤 종교를 갖건 그건 그 사람이 결정할 일입니다. 성인이란 자신의 일을 스스로 결정하고 행하는 사람들을 일컫습니다. 배우자라고 해도 상대방의 어떤 문제에 대하여 자신의 의견을 한 번 전달하면 그것으로 책임은 다한 것입니다. 매번 항의하고 화낼 필요가 없는 것입니다.

상대방이 자신의 변한 모습을 보고 느끼는 바가 있도록 행동으로 보여 주면 그뿐입니다. 왜 소모를 한단 말입니까.

또 한 분은 하는 일이 잘 안 되어 얼굴이 새카매져서 고개를 들지 않는군요. 초상집 분위기이고. 왜 그러는가. 무엇 때문에 그러는가. 바닥이면 올라가면 될 일을 가지고 왜 주변 사람들을 불편하게 하고 신경 쓰게 하는가. 자신의 감정을 주체 못하는 모습입니다.

갈등과 고통은 한순간으로 족하며 깨닫는 순간 놓여나야 합니다. 24시간 갈등하지 마십시오. 24시간 고통받지 마십시오. 그런 일에 에너지 소모 말고 자신을 더 크게 확대시켜 창조적인 인간으로 만드십시오.

텔레비전에서 수천 명의 인명이 한꺼번에 살상되는 순간을 목격하고도 아무렇지 않은 분들이 자신의 눈곱만한 일에는 어찌 이다지도 고통스러워하며 헤어나지를 못하십니까.

이 글을 읽는 즉시 자신의 문제를 훌훌 털고 일어나기를 바랍니다. 그런 일들에 자신을 소모하기에는 우주는 너무 넓고 할 일은 너무 많습니다. 더 이상 자신의 일이 문제가 아닌 우주와 인류를 위한 진화된 우주인으로 살아가며, 답답하지 않은 세상을 만듭시다.

-『무심無心』에서

6장
돈을 다스리는 지혜

돈 버는 공부, 돈 쓰는 공부

참 어려운 돈공부

돈! 입으로 꺼내서 말하기 참 어려운 부분인데 명상하는 사람은 반드시 한번 짚고 넘어가야 합니다. 옛날에 어떤 도道공부하는 분이 칠판에 '도'라고 쓰더니 그 밑에 'ㄴ'을 쓰고는 "도를 받쳐주는 것이 돈이다"고 하더군요. 'ㄴ'을 한 바퀴 휙 돌리더니 "거꾸로 받쳐주니까 독이다"고 하더군요. 또 아래에 'ㄹ'을 쓰더니, 'ㄹ'이 갈 지之자잖아요, "왔다 갔다 받쳐주면 돌아버린다" 하더군요.

그런데 돈은 도를 받쳐주는 것도 아니고, 거꾸로 받쳐주는 것도 아니고, 비틀비틀 받쳐주는 것도 아닙니다. 돈은 돈일 뿐인데, 돈을 다스려야만 도공부를 할 수가 있습니다. 돈에 지배받으면 공부를 할 수가 없습니다. 돈을 자기 손바닥에 올려놓고 바라보면서 다스릴 수 있는 상태가 돼야 하는 것입니다.

돈이든 정情이든 어떤 부분이 너무 크면 내가 그것에 지배를 받게 됩니다. 도가 차지하는 부분은 점점 적어집니다. 돈이 나의 90%를 지배하고 나머지 5%는 정이 지배한다면 도가 차지하는 부분은 얼마나 되겠습니까? 명상하시는 분들은 돈이나 정은 부분이어야 합니다. 아무리 나를 크게 지배한다 해도 1%를 넘어서는 안 되며 그래야 비로소 명상을 할 수 있습니다. 그 부분이 너무 크면 한계를 드러낼 수밖에 없습니다.

세상공부는 반은 정공부이고 반은 돈공부입니다. 정공부 어지간히 하고 돈공부 어지간히 하면 세상공부는 거의 통달했다고 볼 수 있습니다. 그런데 그중 더 어려운 것은 돈공부더군요. 정공부만 해도 끊으라 하면 끊을 수 있는데 돈공부는 참 어렵더군요.

월남전 때 미국 정부가, 자기 아들을 전쟁에 내보내는 대신 전 재산을 바치라고 했다면 미국의 부모들이 어떻게 했을까요? 아마 반 이상은 애국을 들먹이면서 전쟁에 나가라고 했을 겁니다. 아들은 바칠망정, 사랑하는 사람은 버릴망정 전 재산을 바치기는 어려웠을 겁니다. 참 어려운 공부인 것입니다.

돈은 내 것이 아니다 •

그럼 돈을 어떻게 다스릴 것인가? 첫 번째로 "돈은 내 것이 아니다"라고 생각하시면 됩니다.

'내 것'이란 내 맘대로 할 수 있는 것입니다. 내가 만들고 내가 없애고 싶을 때 없앨 수 있는 것이 내 것입니다. 그런데 돈은 내가 만들 수도 없을뿐더러 내가 없앨 수도 없습니다. 내 맘대로 돈을 인쇄해서 발행하면 쇠고랑을 차지요? 태워버리면 돈이 없어지겠지만 그렇게 하는 사람은 이제껏 제가 한 번도 못 봤습니다. 돈이란 내 맘대로 할 수가 없는 것입니다. 내 물건이 아니라는 얘기입니다.

내가 벌었다고 내 것인가? 주머니에 들어왔을 때는 내 것이지만 뭘 사거나 해서 일단 내 주머니에서 나가면 내 것이 아닙니다. 어디로 돌아다니든 내 소관이 아닌 것입니다. 주머니에서 나간 돈을 따라다니면서 어떻게 쓰이는지 참견할 수는 없는 일입니다. 나한테 들어왔을 때는 내 물건이지만 내 주머니에서 나가면 내 것이 아니라는 철학을 지녀야 합니다. 내가 잠시 맡아두는 것일 뿐입니다.

사실 인간이 이 세상에 태어나서 내 것이라고 할 수 있는 것은 하나도 없습니다. 명상을 하다 보면 지구상에 내 물건은 하나도 없음을 알게 됩니다. 내 자식도 내가 낳았지만 내 것이 아닙니다. 내가 자식을 창조했을 리는 없잖습니까? 내 몸을 빌려 내보내졌을 뿐입니다. 그럼 내가 내 것인가? 생로병사를 내 맘대로 할 수가 없는데, 내가 태어나고 싶어서 태어나고 죽고 싶어 죽는 게 아닌데 내 것이라고 할 수가 없습니다. 내 몸과 마음은 어떤 섭리에 의해 나에게 주어지고 앗아지는 것입니다. 하물며 돈 같은 물질은 말할 것도 없습니다.

내 마음은 내 소관이라고 볼 수도 있습니다. 내 마음대로 할 수 있기 때문입니다. 하지만 돈에 관한 것, 몸에 관한 것은 내 마음대로 할 수 없기 때문에 내 것이 아닙니다.

돈은 흐름이다 •

예전에 장영자 씨가 사기 사건으로 구속되어 재판을 받는데 "경제는 유통이다"라는 말을 하더군요. 그때는 제가 그 말을 잘 이해하지 못했는데 공부를 해보니 참 명언이었습니다.

돈이라는 것의 속성은 흐름입니다. 어디 고여 있는 걸 참 싫어합니다. 이 주머니에 갔다가 저 주머니에 가고, 내 주머니에 들어왔다가 다른 사람의 주머니로 들어가고, 이런 식으로 돌고 도는 것이 돈의 생명력입니다.

나라 전체를 봐도 마찬가지여서 금리가 높아지면 은행으로 갔다가, 낮아지면 증시나 제3시장으로 갔다가 합니다. 국제 관계에서도 달러니 엔화니 하는 것들이 절상되느냐 절하되느냐에 따라 이리 갔다 저리 갔다 하지요? 유럽으로 갔다가 미국으로 갔다가 아시아로 갔다가 하면서 계속 돌아다닙니다.

돈은 자꾸 흐르게 해야 합니다. 흘러야만 돈이 들어옵니다. 안 쓰는 사람에게는 결국 돈이 안 들어옵니다. 제일 나쁜 건 장롱 속에 돈을 넣어놓는 것이지요. 그러면 정체됩니다. 귀찮더라도 은행에 넣어둬서 남들이 그 돈을 쓰게 해야 합니다. 은행에서는 돈을 계속 유통시키잖습니까?

　마음 상태도 마찬가지여서 혼자 품고 있으면 안 됩니다. 상대방이 별로 마음에 안 들더라도 주고받고 교류해야 합니다. 그래야 흐릅니다. 기운이 흘러서 상생을 해야지 혼자 가둬놓고 정체되어 있으면 안 되는 것입니다. 몸도 정체되면 배설이 잘 안 되고 붓는 것과 같습니다.

　우주의 법칙은 '순환한다' 는 것입니다. 우주를 만들 때 순환하도록 만들었습니다. 가만히 있으면 정체되고 썩기 때문에 높은 데서 낮은 데로, 많은 데서 적은 데로, 맑은 데서 탁한 데로 순환하도록 만든 것입니다. 그걸 수수작용이라고도 하고 피드백이라고도 합니다.

　그래서 기운을 전달하면 더 많은 기운이 나에게 돌아옵니다. 사랑도 많이 베풀면 내게 돌아오는 사랑이 많습니다. 돈도 마찬가지여서 나가는 데가 없으면 막히는데 베풀면 쓸 만큼은 들어오게 되어 있습니다. 그런 법칙을 잘 아는 분들은 '필요하면 쓸 만큼의 돈은 항상 들어온다' 고 생각하시더군요. 맞는 얘기입니다. 돈을 적절하게 쓰기 때문에 '내가 필요하다' 하면 들어오는 것입니다.

　예전에 아는 작가 분에게 10만 원권 구두 티켓을 한 장 드린 적이 있었습니다. 제 경우 그런 걸 주거니 받거니 하는 게 흔한 일이었거든요. 그런데 그분은 태어나서 그때까지 아무 이유 없이 10만 원권 상품권을 받아본 적이 없었답니다. 구두 티켓을 앞면을 봤다가 뒤집어 봤다가 하면서 너무나 감격해 하더군요. 왜 그렇게 받아본 적이 없었겠습니까? 남한테 줘보지 못했기 때문에 받아보지도 못한 것입니다.

그런데 돈을 그렇게 주면 어떤 방식으로든 자기한테 돌아옵니다. 그것이 돈의 이치입니다. 길가는 사람에게 100만 원을 줬다면 길가는 다른 사람으로부터 뜻하지 않게 돌아옵니다. 주는 사람, 받는 사람이 일정치가 않습니다. 어떤 사람한테는 계속 주기만 하고 어떤 사람한테는 계속 받기만 합니다. 기운의 크기에 따라 나보다 기운이 큰 사람한테는 계속 받기만 하는 것입니다. 받았다고 해서 꼭 그 사람한테 돌려줘야 하는 것은 아닙니다. 보답은 엉뚱한 사람한테 할 수 있는데 기운의 크기에 따라 그렇게 되는 것입니다.

쓰는 경지, 버는 경지 •

세상공부에는 정공부와 돈공부가 있다는 말씀을 드렸습니다. 정공부의 과제는 인간관계에서 내 것을 갖지 않고 두루 사랑하는 것입니다. 내 남편, 내 아내, 내 부모, 내 자식만 챙기지 말고 두루두루 사랑하라는 것이지요.

돈공부의 과제도 내 것을 갖지 않는 것입니다. 가진 게 없으면 어떻게 사느냐, 항변하는 분도 계실 텐데 가지려면 가질 수 있고 버리려면 버릴 수 있어야 합니다. 자유자재로 그렇게 할 수 있는 사람이 선인입니다.

간단한 예로 박지원 선인께서 쓰신 『허생전許生傳』을 말씀드리겠습니다. 짧게 내용을 소개하자면 허생이라는 분이 10년을 기약하고 공부에 들었는데 한 7년쯤 되니까 아내가 고생을 참지 못하고 푸념을 합니다. 평생 과거를 보러 가지도 않으면서 책은 읽어서 무엇 할 셈이냐, 바가지를 긁는데 허생이 듣다못해 책을 덮고 일어납니다. 그러면서 하는 말이 "아깝도다, 내 책 읽기를 원래 십 년을 기약하고 한 것인데 이제 칠 년밖에 안 되었으니……."

그렇게 덮고는 어디를 가느냐 하면 장안에서 제일가는 부자를 찾아갑니다. 누더기를 입은 허생이 저벅저벅 들어가서 단도직입적으로 "장사를 해볼까 하오니 돈 만 냥만 빌려 주시오" 합니다.

생전 처음 보는 사람이, 그것도 다 떨어진 옷을 입은 거지 행색의 사람이 찾아와 돈을 빌려달라고 하니 참 기가 막힐 노릇이지요. 그런데 또 그 부자는 "좋소" 하고 그 자리에서 만 냥을 내어 줍니다. 어디서 온 누구인지조차 묻지 않고 줍니다.

어떻게 그럴 수 있는가? 서로 알아본 겁니다. 부자가 보기에 허생이 옷차림은 남루하지만 눈에 빛이 난다, 굽실거리는 태도가 없다, 뭔가 있는 사람이다, 그렇게 알아보고 돈을 선뜻 내준 겁니다.

허생은 또 왜 제일가는 부자를 찾아갔는가? 둘째가는 부자나 천석꾼 정도를 찾아갈 수도 있었는데 왜 그랬는가? 저쯤 되면 사람을 알아보는 눈이 있을 거라 생각해서이지요. 어디서나 제일 난 인물이 첫째가 되는 건데 그 정도 인물이면 통할 거라 생각한 겁니다. 고수는 고수를 알아본다고 하잖습니까? 이왕 사업을 할 바에는 재운財運이 좋은 사람의 돈으로 해야 잘될 거라는 계산도 있었고요.

제가 이 대목을 읽고서 '아, 박지원 이분은 선인이다' 했습니다. 깨달음을 얻지 못한 보통 사람은 이런 생각을 할 수가 없거든요.

허생은 그렇게 빌린 돈으로 매점매석買占賣惜을 합니다. 대추, 밤, 배 등 제사에 쓰는 과일과 말총을 다 사들입니다. 제사 안 지내면 큰일 나는 줄 아는 게 우리 민족이지요? 그러니까 제사에 필요한 과일들을 몽땅 사서 재어 놓습니다. 또 옛날 양반들은 체면 때문에 죽으면 죽었지 갓을 안 쓰고는 외출을 못했지요? 그러니까 제주도에서 갓의 재료인 말총을 다 사들입니다.

꼭 필요한 물건이 없으니까 얼마 안 가 온 나라가 들썩거립니다. 과일과 갓의 가격이 열 배로 뜁니다. 허생이 길게 한숨을 쉬며 탄식을 합니다. 만 냥으로 나라를 뒤흔들 수 있으니 이렇게 조그만 나라였구나, 한심하도다! 그렇게 번 돈으로 도적들과 빈민들을 구제하는 일을 하고요.

매점매석은 범죄가 아닌가, 하는 분도 계실 텐데 우리나라의 경제 규모가 어느 정도인지 알고자 했던 것입니다. 어떻게 하면 어떻게 되겠다, 하는 흐름을 보는 안목이 있었던 것이고요.

이지함 선인을 모델로 하여 『허생전』을 썼다, 그런 말이 있더군요. 일리가 있는 주장입니다. 그런데 제가 생각해 보니까 그보다는 박지원 자신을 모델로 하여 쓴 것이더군요. 박지원 자신도 선인이었으니까요. 선인이란 어떤 사람인가 하면 허생처럼 할 수 있는 사람입니다. 공부를 할 때는 입에 풀칠이나 하는 수준이다가도 돈을 벌어야겠다고 생각한 그 순간부터는 대단한 사업가로 변신할 수 있는 사람이 선인입니다.

　허구한 날 책만 보던 사람이 어떻게 돈벌이를 할 수 있는가, 의문을 가질 수도 있는데 책을 통해서 세상사를 꿰뚫어 본 겁니다. 어떤 한 분야에 일가를 이루면 다른 분야에도 통합니다. 대충하면 통하지 않는데 깊이 들어가서 도道가 통하면 다른 분야에서도 통하는 것입니다.

　돈공부는 두 가지입니다. 반은 쓰는 공부이고 반은 버는 공부인데 사람에 따라 돈을 버는 것에는 능통한데 쓸 줄 모르는 사람이 있고, 멋들어지게 잘 쓰는데 버는 방법을 모르는 사람이 있습니다.

　쓰는 공부의 경지는 허생이 찾아간 장안 제일의 부자처럼 할 수 있는 것입니다. 생면부지의 사람이 왔을 때 물어보지도 않고 만 냥을 내놓을 수 있는 경지입니다. 그 돈을 벌 때 얼마나 열심히 벌었겠습니까? 그래도 쓸 때는 그렇게 쓸 줄 알아야 합니다. 사람을 알아보고 단번에 그렇게 내놓을 수 있으면 쓰는 공부는 끝난 것입니다. 그렇게 하니까 또 돈을 벌 수 있는 것이고요. 그리고 버는 공부의 경지는 허생처럼 책만 읽다가도 '벌어야겠다' 하면 돈을 벌 수 있는 것입니다.

　명상하시는 분들이 가야 할 경지는 바로 그런 것이지요. 『허생전』은 모델을 제시했다고 봅니다. 선인은 이런 분이라는 걸 보여줬습니다.

도인도 돈을 벌어야 하는가? •

모름지기 도인은 돈을 돌같이 봐야 한다, 있으면 먹고 없으면 굶어야 한다, 이렇게 말하는 분이 간혹 계시더군요. 옛날 책을 하도 많이 봐서 "돈을 외면하는 사람이 도인이다"라고 생각하시더군요. 과거의 개념은 그랬을 수 있습니다. 열매나 풀을 따먹고 살 수 있었을 때의 얘기입니다. 하지만 지금은 생존경쟁이 치열하기 때문에 그런 생각 갖고는 안 됩니다.

어느 분은 명상하러 와서는 밥값 내야 한다고 하니까 "나는 밥값 낼 능력은 없고 내가 싸온 생식으로 버티겠다" 하더군요. 그래서는 안 됩니다. 어디 가면 거기서 하는 방식대로 할 능력 정도는 가지고 명상을 시작해야 합니다. "있으면 먹고 없으면 굶고"라는 말에는 다분히 남에게 얹혀살겠다는 심리가 있습니다. 자기 밥값은 자기가 낼 수 있고, 옆 사람 사줄 정도는 되어야 하는 겁니다.

우리가 하는 명상은 반쪽짜리 도인이 아니라 전인을 만드는 과정입니다. 명상뿐 아니라 자기 분야에서도 능력을 발휘하여 일가를 이루는 과정이 반드시 필요합니다. 사회에 뿌리내리고 두 다리로 선 이후에야 균형 감각을 잃지 않고 명상을 할 수 있습니다. 설 자리가 없어서 붕 떠있으면 명상을 할 수가 없는 것입니다.

돈을 벌 수 있는 능력을 갖추시기 바랍니다. 명상하시는 분들은 돈 버는 방법을 한두 가지는 터득하고 있어야 한다고 봅니다. 여차하면 나가서 지게를 지거나 품팔이라도 할 수 있어야 합니다. 단순

노동을 해서라도 돈을 벌 수 있어야 합니다. 여자 분들도 여차하면 활용할 수 있는 돈 버는 기능을 갖고 있어야 하고요.

돈을 벌 줄 몰라서 못 버는 것과, 벌 줄 아는데 다른 걸 할 시기라서 안 버는 것은 차원이 다릅니다. 내가 충분히 돈을 벌 수 있지만 그렇게 하지 않고 그 시간을 다른 일에 투자하는 것은 좋은 일입니다. 하지만 사회에 뿌리내리지 못하고 남의 신세만 지는 사람이라면 생활에 더 비중을 둬야 합니다.

얼마나 벌어야 하는가?

그럼 돈을 얼마나 벌어야 하는가? 대개는 많을수록 좋다고 생각하시는데 돈이 많으면 그만큼 신경 쓸 부분이 많아집니다. 적당한 정도의 돈이면 되는 것입니다.

적당한 게 어느 정도인가? 사주팔자 공부하는 분들이 가끔씩 "이 사람은 갑부 사주인데 너무 재벌이 됐기 때문에 제 명에 못 죽는다"는 말을 하더군요. 기운의 크기에 비해 너무 많이 가지면 돈에 치여 제 명에 못 죽는다는 것입니다.

톨스토이의 작품 중에「사람에겐 얼마만큼의 땅이 필요한가」라는 소설이 있습니다. 어떤 농부가 악마의 꾐에 넘어가 땅 욕심이 점점 커지는 과정을 그린 이야기인데요, 자기 땅이라고는 한 평도 없던 농부가 어찌어찌해서 점점 더 넓은 땅을 가지게 됩니다. 우연찮

게 어느 고장에 갔다가 "얼마를 내면 하루 종일 걸은 만큼의 땅을 주겠다"는 제안을 받게 됩니다. 다만 한 가지 조건이 있는데 만약 하루 안에 출발점까지 돌아오지 못하면 무효가 된다는 것입니다.

농부가 솔깃해서 거래에 응합니다. 해가 뜨기가 무섭게 초원을 향해 걷기 시작합니다. 걷다 보니 걸음이 점차 빨라집니다. 조금이라도 더 많은 땅을 차지하려고 계속 곧바로 걸어갑니다. 조금만 더, 조금만 더, 하다가 꽤 멀리 와 버립니다.

그런데 어느새 해가 지고 있습니다. 출발점까지는 아직 멀었는데 해가 서산으로 뉘엿뉘엿 지고 있습니다. 농부가 '아차!' 하고 출발점을 향해 달립니다. 온몸이 땀투성이인 채로 달리지만 가도 가도 길은 멀기만 합니다. 너무 무리해서 달리다 보니 이러다가 죽지는 않을까 하는 무서운 생각마저 들지만 그렇다고 멈춰 설 수도 없습니다. 간신히 출발점까지 돌아왔는데……, 심장마비로 쓰러져 죽습니다.

죽은 농부를 묻으려고 땅을 팠는데 머리부터 발끝까지 일곱 자 정도면 충분했답니다. 사람에게 필요한 땅은 그 정도라는 얘기입니다.

참 잔인하게 써놨더군요. 인간의 욕심은 한이 없다, 그런 얘기인데 그 심리를 너무도 잘 묘사해 놓았더군요. 나라도 그렇게 조금만 더, 조금만 더, 하겠다 싶게 써놨습니다. 돈에 치여 제 명에 못 죽는다는 건 그런 거지요.

돈이란 적당히 있으면 되는 것입니다. 적당히 내가 먹고 살고, 내 가족들 먹고 살고, 주변의 어려운 사람들을 도와줄 수 있을 정도의 경제력이면 됩니다. 그래야 마음 놓고, 업을 짓지 않고 명상할 수 있습니다.

복권과 증권 투자 •

돈은 항상 정당한 방법으로 벌어야 합니다. 명상하시는 분들은 매사를 정법正法으로 처리해야 합니다. 정정당당하게 벌고 정정당당하게 써야 하는 것입니다.

제일 경계해야 할 것은 불로소득입니다. 불로소득은 도道가 아닙니다. 항상 노력의 대가로 얻어야 합니다. 만일 복권에 당첨돼서 상금이 왔다 하면 그걸 자신을 위해서 쓰면 안 됩니다. 되돌려야 합니다.

예전에 이런 기사를 읽은 적이 있습니다. 어떤 미국 사람이 복권에 당첨됐는데 자기가 사고 싶었던 오디오 기기를 하나 사고 나서 나머지 금액은 기부금으로 내놓았답니다. 복권을 산 것도 새 오디오를 사고 싶어서였답니다. 음악을 굉장히 좋아하는 사람인데 낡은 오디오를 새 걸로 바꾸고 싶어서 복권을 샀다는 겁니다. 멋진 사람이더군요. 불로소득은 그런 식으로 써야 하는 것입니다.

증권 같은 것도 마찬가지입니다. 명상하시는 분은 증권을 어떻게 해야 하느냐 하면, 일 년에 한두 번 정도 사고파는 것입니다. 크게 떨어져서 바닥이 어딘지 모르겠다고 떠들 때 샀다가, 랠리가 시작되려나 기대하고 떠들어 대면 그때 파는 것입니다. 그렇게 해서 벌어들인 돈은 반드시 공익을 위해 써야 하고요.

이익의 10%는 나를 위해 쓰고 나머지 90%는 공익을 위해 쓰겠다, 하면 내버려두지만 거꾸로 10%만 내겠다, 하면 어떻게든 방해를 합니다. 그건 도가 아니기 때문입니다. 증권을 하려면 명분이 있어야 합니다. 생각이 잘못됐을 때는 반드시 망하게 합니다. 불로소득은 안 되는 것입니다. 땀 흘려 일해서 벌어야 합니다.

돈을 잘 쓰는 방법 •

돈을 쓸 때는 또 어떻게 써야 하는가? "쓰는 거야 쉽죠, 주머니에 들어온 돈을 쓸 줄 모르는 사람이 어디 있나요?" 이렇게 말하는 분도 있는데 돈을 제대로 쓸 줄 아는 분은 참 드물더군요. 우리나라 교육이 돈 버는 방법은 혹 가르칠지 몰라도 돈 쓰는 방법은 안 가르치기 때문일 겁니다.

가령 수입이 백만 원이다, 하면 대개는 그 백만 원을 나를 위해 쓰고 가족을 위해 쓰고 나머지는 저금을 하잖습니까? 그런데 일정한 금액은 나를 위하지 않는 방법으로 쓰는 것이 돈을 잘 쓰는 방법입니다.

이 세상에 태어났을 때 내 것이 없는 채로 태어났기 때문입니다. 다 내 소유가 아닙니다. 공기가 없으면 죽는데 공기에 대해 돈을 지불하지 않습니다, 물을 못 먹으면 죽는데 물에 대해 돈을 지불하지 않습니다. 수도세 내지 않느냐, 생각할 수도 있는데 그건 나라에 지불하는 것이지 나를 내보내준 자연에 돌려주는 건 아니지요. 쌀이나 반찬도 돈 내고 사먹지만 농부나 상인에게 지불하는 돈이지 나를 낳아준 대자연에 돌려주는 돈은 아니지요. 집을 마련할 때도 집을 지어준 업자한테 돈을 주는 거지 나를 살게 해준 이 땅에게 돈을 주는 건 아닙니다. 공기, 물, 음식, 땅……, 가장 중요한 것들은 다 거저 받고 있습니다. 대자연이 우리를 먹여 살리고 있는 것입니다.

그럼 대자연에게 어떻게 돌려줘야 하는가? 대자연에게 돌려준다고 길거리에 놓아둘 수는 없지요? 그렇기 때문에 나와 내 가족이 아닌 다른 사람을 위해서 쓰라는 것입니다.

연말에 불우 이웃 돕기 모금을 할 때 누가 익명으로 거금을 놓고 갔다는 얘기가 가끔 뉴스에 나오더군요. '돈이 내 것이 아니다' 라는 마음이 확실하면 그렇게 쓸 줄 알게 됩니다. 낯모르는 사람을 위해 아무 조건 없이 쓰는 것입니다.

꼭 기부금이나 헌금을 내야 한다는 얘기는 아닙니다. 오다가다 만난 사람에게 밥 먹으라고 줄 수도 있고 아이가 예쁘면 "이거 써라" 하고 줄 수도 있습니다. 지하도에서 만난 거지에게 줄 수도 있는 것이고요. 자기도 모르게 그런 마음이 우러나오면 돈공부는 한 것입니다.

부서지는 돈으로 내는 것이 참 좋은 방법입니다. 대개 사람들이 어디다 돈을 낼 때는 "이 돈으로 뭘 해 주십시오" 하고 조건을 붙이

길 좋아하지요. 그럴듯한 명분이 있는 데만 돈을 내려고 하고요. 그런데 부서지는 돈, 존재감이 없는 돈으로 내는 것이 좋습니다. 친구들 만나서 돈 쓸 때 내가 밥 사고, 영화 구경시켜주고, 같이 택시 타고 가다가 택시비 내고……. 이렇게 누가 썼는지 모르게 쓰는 것이 돈을 잘 쓰는 방법입니다.

줄 때는 무심으로

남한테 돈을 줄 때는 베풀겠다는 생각도 보상을 받겠다는 생각도 없는 것이 좋습니다. 제일 좋은 것은 무심無心입니다. 이런저런 생각이 없는 것입니다. 왜 베풀겠다는 생각조차 없어야 하느냐 하면, 베풀겠다는 생각이 있으면 반대급부로 받겠다는 마음이 있기 때문입니다. 남편한테 잘하는 여자일수록 바가지가 심한데 마음속에 반대급부가 있어서입니다.

잘해야겠다는 의식이 없이 무심으로 하면 받고 싶은 마음이 없기 때문에 요만큼만 받아도 감격합니다. 반면 잘해야겠다는 의식이 있으면 받고 싶은 마음이 생겨서 아무리 받아도 만족을 모릅니다.

남한테 뭘 주면 잊어버려야 합니다. 내가 줬는지 안 줬는지 기억하지 말아야 합니다. 그것이 무심입니다. 자기는 그냥 보통 하듯이 했는데 남한테 잘하는 게 되어야 하는 것입니다. 잘하려고 해서 잘하는 건 이미 잘하는 게 아닙니다.

기부할 때의 마음가짐도 그래야 하지요. 몇 십억, 몇 백억을 어디다 희사했다, 아까워 죽겠지만 이렇게 희사하면 반대급부가 있을 것이다, 꼭 돈은 아닐지라도 그걸로 인해 내 자손들이 복을 입을 것이다, 이런 계산을 하면서 하는 것은 공덕이 없습니다. 아무 조건 없이 그냥 하고 싶어서 할 때 공덕이 되는 것입니다.

일단 주면 상관을 말아야 •

일단 내 주머니에서 나가면 내 것이 아닙니다. 내가 참견할 일이 아닙니다. 내가 돈을 냈으니까 어떻게 쓰이는지 끝까지 따라다니면서 감시하겠다? 그러면 돈을 낸 공덕이 없어집니다. 돈을 내기 전에는 제대로 쓰이는지 면밀히 조사해야겠지만 일단 내 주머니에서 나가면 내 소관이 아닙니다. 받은 사람이 그 돈을 들고 사창가를 찾아가든 술집에 가서 하룻밤에 다 쓰든 상관하지 말아야 하는 것입니다.

엊그제 어느 분이 저한테 용돈으로 쓰라고 돈을 주더군요. 그런데 제가 그 돈을 보태서 다른 사람한테 줬습니다. 그랬더니 저한테 따지더군요. 선생님 용돈 쓰시라고 드렸는데 왜 애먼 데 쓰시느냐? 제가 대답하기를, 나한테 돈 주면 애먼 데 쓰니까 앞으로는 돈 주지 말라고 했습니다.

돈이라는 게 만 원을 줘도 배 아픈 것입니다. 돈을 안 줘본 사람은 모릅니다. 내가 얼마나 피를 말려가면서 번 돈인데, 그걸 내가 안 쓰고 준 건데 애먼 데 쓰면 속상합니다. 그런데 그렇게 하면 돈 쓰는 공부를 못합니다. 받은 사람이 그 돈을 가지고 태워버리든 말든 그 사람 소관입니다. 상관을 말아야 합니다. 돈공부를 제대로 하려면 그래야 합니다.

그분은 제가 주지 말라고 해도 계속 주더군요. 줘도 뭔가 시원치 않기 때문입니다. 나 공부 끝났다, 하는 후련한 기분이 안 들고 계속 더 줘야 할 것 같기 때문입니다. 그런 사람은 계속 돈을 줘야 할 일이 생깁니다. 주고 나서 관여하기 때문에 계속 줄 일이 생기는 것입니다.

돈뿐 아니라 정情도 마찬가지입니다. 내가 이만큼 해줬으면 상대방은 더 해줘야 한다, 이러면 안 되는 것입니다. 그건 그 사람 소관입니다. 내가 하는 건 내 일이고 상대방이 받아서 하는 건 상대방의 일입니다.

내가 머리카락을 팔아서 술상을 봐왔는데 상대방이 그 술을 먹고 바람을 피웠다? 그렇다 하더라도 그건 그 사람의 일이지 내 일이 아닙니다. 내가 참견할 일이 아닙니다. 그렇게 주고 나면 상대방도 사람인 이상 마음속에 남는 것이 있을 겁니다. 저 사람이 나를 진심으로 사랑해서 줬는지 아니면 잘 보이기 위해 줬는지 그걸 모르는 사람은 없잖습니까? 마음으로 다 압니다. 진심으로 정성을 들여서 하다 보면 딴 데 가려다가도 '내가 이러면 안 되지' 할 겁니다. 철면피가 아닌 이상 그럴 겁니다.

그렇게 해서 사람을 감동시키고 되돌릴 생각을 해야지 "내가 이만큼 했으니까 너도 그만큼 해라" 하고 박박 요구하면 싸움이 안 끝납니다. 다 잊어버리고 내가 하면 하는 걸로 끝내야 합니다.

안 받아도 될 때 빌려주라 •

돈을 빌려줄 때의 마음가짐은 어때야 하느냐 하면, 내가 저 사람한테 이 돈을 줘도 괜찮다고 생각할 때 빌려주는 것입니다. 어떤 사람이 천만 원을 빌려달라고 하면 천만 원을 빌려주고 나서 안 받을 수 있다 할 때 빌려주십시오. 그런 확신이 없을 때는 거절하시고요.

돈이 없으면 없다고 얘기를 하시고, 돈은 있는데 빌려주기 싫다면 또 그 이유를 얘기하십시오. 싫은 이유가 있을 거잖아요? "네가 돈을 안 돌려줄 것 같다"라든가 "너의 돈 쓰는 방법에 대해 믿음이 안 간다"라든가…….

그러면 의義가 상하는데 차라리 의가 상하는 게 낫습니다. 믿음이 안 가는 상대에게 돈을 빌려줘서 그것 때문에 오래 끌고 서로 상처를 주거니 받거니 할 바에는 진작 관계가 끊어지는 게 낫습니다.

내가 진짜로 믿음이 가서 돈을 빌려줬는데 그 사람이 변해서 그랬든 상황이 안 좋아서 그랬든 돈을 안 갚을 수 있습니다. 그때는 누구를 탓해야 하느냐 하면 자기 자신을 탓해야 합니다. 만약 그 사람이 변했다면 내가 사람을 잘못 본 겁니다. 돈을 받을 기대를 하고 빌려줬을 수도 있고요. 항상 돈은 줄 수 있을 때 빌려주는 겁니다.

가까운 사람일수록, 정과 관련된 사람일수록 돈하고는 결부시키지 말아야 합니다. 사업상의 사람은 사업상의 사람, 정과 관련된 사람은 정과 관련된 사람, 이래야지 거기 돈이 결부되면 삼류가 됩니다. 남자관계, 여자관계는 돈과 정이 뒤섞여서 범벅이 되면 삼류가 되는 것입니다. 승화시키기가 참 어렵습니다.

저는 예전에 누가 자꾸 돈 빌려달라고 하면 거절하고 돈을 줬습니다. 예를 들어 "천만 원을 빌려달라" 하면 "빌려줄 수는 없고 백만 원을 주겠다" 했습니다. 그렇게 한두 번 정도 주면 그 다음부터는 돈 빌려달라는 소리를 못하더군요. 가까운 사람끼리는 이런 식으로 서로 보호하는 것이 좋습니다.

정과 관련되지 않았을 때는 빌려줄 수도 있는데 그때는 말을 분명히 해야 합니다. "안 받겠다"라든가 "꼭 갚아라"라든가 분명히 해둬야 합니다. 말로 빚지면 안 되기 때문입니다. 더 확실히 하려면 문서로 해둬야 하고요.

그리고 자신이 누구한테 돈을 꿨다면 반드시 돌려줘야 합니다. 상대방이 그냥 준 돈이면 안 갚아도 되지만 빌린 돈이라면 반드시 갚아야 합니다. 계산은 분명하게 해야 하는 것입니다.

돈을 떼였을 때의 마음가짐 •

누구한테 돈을 빌려줬다가 떼였다면 그 사람과 내가 전생의 인연이 있거나 아니면 공부에 의해서 그런 것입니다. '내가 전생에 그 사람한테 돈을 안 갚은 인연이 있구나' 혹은 '하늘이 나에게 돈에 관한 공부를 시키려고 하시는구나' 이렇게 알아두시면 됩니다.

회원님 중 한 분이 보증을 섰다가 거액의 빚을 지게 된 일이 있었습니다. 마음이 너무 좋다 보니 그저 일면식이 있는 사람한테 보증을 서줬다고 하더군요. 결국 빚을 지게 됐고요. 공무원인데 그 빚을 갚느라고 갖은 고생을 했다고 합니다. 빚을 다 갚을 즈음이 되자 빚을 지게 만든 상대방이 형편이 좋아졌다고 하고요.

전생의 인연 때문에 이런 일이 온 게 아니냐고 제게 묻더군요. 알아봤더니 전생에 그 사람과는 전혀 관계가 없었습니다. 그분 보호령이 금생에 물物에 대해 해탈하는 공부, 다 버리고도 아무렇지 않을 수 있는 공부를 시키려고 일을 꾸민 것이었습니다.

그분 보호령과 대화를 해봤는데 그 돈은 이제 받아도 좋고 안 받아도 좋다고 하더군요. 본인이 그 공부를 했기 때문에 그건 알아서 할 문제라는 겁니다. 본인에게 그 얘기를 해주니까 "포기하겠습니다" 하더군요. 그 사람이 선뜻 주는 것도 아닌데 따라다니면서 받으려고 애쓰지는 않겠다는 겁니다. 자기가 큰 공부를 했다고 하고요. 그분은 가난하게 사는데도 굉장히 많이 베풉니다. 물에서 벗어나는 공부는 확실하게 한 겁니다.

손해를 봤을 때의 마음가짐 •

투자를 했다가 손해를 봐서 가슴앓이를 하는 분들이 꽤 계시더군요. 그럴 때는 생각을 잘 정리해야 합니다. 맞붙어서 해결할 것인가? 여러 가지 형편이 어려우니까 보류할 것인가? 아니면 포기하고 아예 잊어버릴 것인가?

투자를 할 때는 '이 돈은 없어져도 좋다, 돈을 벌 수 있으면 좋지만 만약에 사정이 안 돼서 없어져도 할 수 없는 일이다' 이런 마음이어야 합니다. 항상 '없어져도 좋다' 하는 액수만큼만 투자하시기 바랍니다. 이익을 남기는 것만 생각하고 투자하기 때문에 너무너무 속상하고 배신감을 느끼는데 이 원칙을 지키면 그럴 일이 없을 겁니다.

손해 본 걸 만회해 보려고 하지만 나라 형편도 안 좋고 내 능력도 모자라서 어렵다면, 일단 보류를 하는 게 좋습니다. 일 보 전진을 위해 이 보 후퇴를 하는 것입니다. 기업을 일으킨 분들은 대개 그런 실패를 교훈 삼아 일어선 분들이지요. 처음부터 크게 돈을 벌어서 일으키지는 않습니다. 실패를 이겨내면 커지는 것이고 포기하면 주저앉고 마는 건데, 일으킨 분들을 보면 '반드시 만회하겠다'고 벼르면서 오랜 기간 그 분야에 대해 공부하고 면밀히 검토한 분들이 더군요.

그러면 반드시 만회할 기회가 옵니다. 겨울일 때는 겨울만 있는 것 같지만 봄이 곧 옵니다. 여름일 때는 이 더위가 언제 끝나나 하지만 가을이 곧 옵니다. 별 변화가 없는 것 같아도 1년에 4번 어김없이 계절이 바뀝니다. 이렇듯 변화가 오고 기회가 오는 것입니다.

얼마 전에 파산선고를 한 회원님이 있었습니다. 돈공부를 해야 하는 스케줄인 분이더군요. 이분은 한번 작은 데서 놓여나야 합니다. 작은 것이 너무 커 보이는 데서 깨고 나와 봐야 합니다. 그릇이 더 커져야 하는 것입니다.

한번 놓여나면 큰 손이 될 수 있는 그릇인데 아직 못 벗어나고 있더군요. 1, 2억 정도는 그냥 도박판에서 잃어도 아무렇지 않아야 그릇이라고 말할 수 있는데 몇 백만 원, 몇 천만 원 잃은 걸 계속 품고 있습니다. 그런 데서 놓여나야 합니다.

1,000만 원 잃은 걸 마음에 계속 담아두고 있으면 그 사람은 1,000만 원의 수준입니다. 그걸 극복하면 억대의 수준이 되는 것이고요. 억대의 돈을 다스릴 수 있는 그릇이 되는 것입니다. 억대의 돈을 잃어버리고 나서 그걸 또 극복하면 10억대, 100억대의 그릇이 됩니다. 그런 식으로 그릇이 커지는 공부를 하는 것입니다.

그분의 경우 본인에게 돈 운이 있지는 않지만 남의 돈을 관리해주는 능력이 있더군요. 몇 백억에서 몇 천억까지 관리할 수 있는 능력이 있는데 지금은 몇 십억을 주무르면 문제가 생기는 그릇입니다. 그릇을 키우느라고 파산선고까지 하는 시련이 온 것입니다.

돈을 관리하는 사람은 왕창 잃어서 밑바닥까지 떨어져 봐야 합니다. 그래야 스케일이 커집니다. 왕창 잃어버리면 배포가 커지고 간이 붓습니다. 파산선고까지 했다면 그건 굉장히 좋은 기회입니다.

그리고 나서 일어날 수만 있다면 그릇이 커집니다. 반드시 그렇게 잃어봐야 합니다.
 명상하시는 분들의 스케일은 몇 억 정도는 잃을 수도 딸 수도 있는 그릇이어야 합니다. 옛 선인들을 보면 쥐뿔도 없으면서 마음만은 천하의 부자였지 않습니까?

 ## 돈을 끌어당기는 마음가짐

장사 잘되는 집은 뭐가 다른가? •

　예전에 어느 회원님이 『선계에 가고 싶다』 책을 대학로 육교에서 판 일이 있었습니다. 그분이 원래 남한테 얼굴 내놓고 장사하는 걸 죽기보다 싫어하는 사람이었습니다. 평소에도 모자 푹 눌러쓰고 다녔습니다. 그런데 어느 날, 낮에 그것도 대로에서 책을 팔겠다고 나서더군요. 제가 책을 얼마나 많이 팔겠다고 그 일을 시키겠습니까? 사실 책으로 보면 길거리에서 팔 만한 책도 아니지요. 그러나 본인의 마음가짐이 공부를 해보고 싶다는 거잖습니까? '무슨 일도 할 수 있다' 하는 공부입니다.

　그래서 그러라고 했는데 하루에 열 권 정도는 꼭 팔고 들어오더군요. 길에 떠억 버티고 서 있으니까 기운의 힘으로 사람들이 가다가 그냥 한번 쳐다봅니다. 얼굴 쳐다보고, 책 쳐다보고, 그러다 사는 책이 열 권은 되는 것입니다.

　그 다음에는 또 길거리 노점상을 했습니다. 땅에 뿌리내리는 공부를 하느라고 저한테 등 떠밀려서 했는데 제가 지나가면서 보면 그분 주변으로 기장氣場이 넓게 뻗쳐 있더군요. 사람들이 지나가다가 괜히 쳐다보고 물건을 삽니다. 사람 끌어들이는 힘이 아주 탁월한 것입니다. 기운의 힘으로 끌어들입니다.

　장사가 잘되려면 점포 주인의 기운이 장하고 거기에 뿌리내리고 있어야 합니다. 장사 안 되는 집들을 보면 대개 주인의 마음이 떠 있습니다. '이거 빨리 때려치우고 딴 거 해야겠다' 하는 마음을 품고 있습니다. 그런 점포는 절대 장사가 안 되지요. 주인의 마음이 떠있는데, 오던 사람도 쫓게 생겼는데 가던 사람을 붙들게 되지는 않지요.

　돈 벌고 싶으면 본인이 딱 좌정하고 앉아야 합니다. 자기 마음이 확실하면 사람들이 자꾸 꼬입니다. 기운의 힘으로 사람들이 자꾸 꼬이는 것입니다. 기운을 딱 잡고 있으면 오다가다 괜히 시선이 갑니다. 그럼 뭘 파는지 보이잖습니까? "저거 맛있겠네" 하고 사먹게 됩니다.

쫓아다니지 말고 불러들여라 ·

　"돈을 벌어야겠다, 돈을 벌어야겠다" 겉으로는 다들 그렇게 말하는데 대개는 그냥 말뿐이더군요. 진심으로 집중하는 사람은 드물더군요.

정말 돈을 벌어야겠다고 집중하면 돈이 벌립니다. 성패는 돈을 벌어야겠다는 명제에 얼마나 집중하느냐에 달렸습니다. 기운이라는 것은 흐름입니다. 흐르는 걸 가져올 수 있어야 하는데 그러려면 집중을 해야 합니다. 돈이든 뭐든 집중을 해야 가져올 수 있는 것입니다.

죄의식 때문에 집중을 못하는 경우가 있더군요. 우리는 그동안 흑백논리에 빠져서 물질이라 하면 죄의식을 가졌습니다. 그 생각부터 고쳐야 합니다. 물질이 왜 나쁘겠습니까? 제대로 잘 사용하면 되는 것이지요. 돈이 필요하면 벌어야 합니다.

장사가 잘되는 집에 가보면 굉장히 즐기면서 불러들입니다. 장사를 한다고 하면서 실제로는 돈을 쫓아내는 집도 있고요. 마음으로 불러들여야 합니다. 물질이든 정신이든 쫓아다니지 말고 가만히 앉아서 불러들일 수 있어야 합니다.

한번 자신의 하루를 돌아보십시오. 자기 에너지 중에서 그냥 나가버리는 에너지가 있을 것입니다. 이것저것 공상하고 상상하느라고 나가는 에너지인데 그렇게 하지 말고 구체적으로 상상해서 끌어와 보십시오. 자기가 원하는 걸 불러들여 보십시오.

기운이란 흘러가다가도 누가 불러들이면 오는 것입니다. 자연의 기운이든 물질의 기운이든 그 기운을 쓸 줄 아는 사람에게 갑니다. 임자를 못 만나서 떠돌아다니는 게 많은데 그걸 낚아채서 사용할 줄 아는 사람에게 계속 갑니다. 돈도 그 돈을 사용할 줄 아는 사람에게 자꾸 가고요. 쓰이기를 바라기 때문입니다.

명상할 때 보면 파장이나 기운을 탁 낚아채는 분이 있습니다. 기동(氣動, 기운의 움직임)을 운용할 수 있으면 떠돌아다니는 기운도 낚아챕니다. 그런 분을 보면 참 기분이 좋더군요. 넣어줘도 못 찾아 먹는 분도 있지만요.

기운을 물질로 바꾸는 훈련 •

상상의 힘을 빌려서 자신이 받은 기운을 물질로 바꿀 수 있습니다. 명상을 하면서 본인이 가장 바라는 물질로 바꾸는 것입니다.

어떤 물질로 바꿀지 미리 생각을 해놓고 기운을 물질로 바꾸는 명상을 합니다. 단전 안에서 그걸 구체적으로 바꿉니다. 이때 막연하면 안 되고 구체적이어야 합니다. 어떤 바람만 있고 그게 구체화되지 않으면 안 됩니다. 마음만 급하면 대충 넘어가기 쉬운데 구체적으로 형태를 만들어야 하는 것이지요.

선인들이 우주선을 만들거나 하는 것은 다 의념意念으로 하는 일입니다. 우주선을 의념한다 하면 그게 대충 의념이 되는 게 아니라 아주 구체적으로 됩니다. 생각과 동시에 아주 구체적으로 형태가 떠오르는 거지요. 명상하시는 분들도 그만큼의 능력이 있어야 하는데 어느 날 갑자기 되는 건 아니어서 자꾸 훈련을 해야 합니다. 떠오르는 것이 아주 구체화돼서 물질로 될 수 있어야 합니다. 실제로 그렇게 될 수 있습니다.

예를 들어 아주 근사한 책을 쓰고 싶다, 하면서 명상 중에 그렇게 의념을 하면 제목이니 목차니 하는 책의 형태가 구체적으로 떠오릅니다. 그리고 나서 실제로 책을 쓰면 명상 중에 봤던 내용들이 딱딱 떠오를 겁니다. 또 그 책을 4천만이 보길 원한다, 하면서 명상을 하면 4천만 독자가 그 책을 읽는 광경이 떠오릅니다. 떠오르는 즉시 그걸 단전 안에 넣으십시오. 구체화돼야 하니까요.

내가 의상 디자이너인데 예쁜 옷을 만들고 싶다, 하면 본인이 상상할 수 있는 가장 근사한 디자인의 옷을 의념해서 기운을 그렇게 바꾸십시오. 본인이 지금은 옷을 별로 잘 만들지 못하더라도 명상을 통해 더 예쁜 옷을 만든다고 자꾸 의념하면 그렇게 됩니다. 실제 만들 때도 그 디자인이 생각납니다. 사람의 능력이 참 뛰어나서 자꾸 하다 보면 그렇게 됩니다.

명상학교에 회원들이 많이 들어오면 좋겠다, 그 회원들이 자리를 잘 잡았으면 좋겠다, 하면 또 그렇게 명상을 하시면 됩니다. 그러면 들어오는 회원들의 외모니 표정이니 하는 것들이 순간적으로 떠오릅니다. 역량에 따라 한 명이 떠오를 수도 있고, 수십 명, 수백 명, 수천 명이 떠오를 수도 있습니다. 의식 세계에서 알지 못했던 어떤 현상들이 나오는 것이지요. 보이지 않는 세계에서는 이미 다 예정되어 있습니다. 이름도 생각이 나고 얼굴도 생각이 나는데 예정되어 있던 사람들이 떠오르는 것입니다.

현실적인 감각을 가져야 벌린다 •

다른 건 아무래도 좋다, 나는 그냥 돈이 좋다, 하면 기운을 돈으로 바꾼다고 상상하셔도 됩니다. 이 경우 자신이 가동할 수 있는 현실적인 금액을 상상해야 합니다. 터무니없이 '10조를 끌어오겠다' 하면 기운이 들어오다 마는 것이고요.

얼마 전에 이 명상법을 지도해 드리니까 딱 한 분이 성공을 했는데 그때 그분이 바꾼 금액이 1,000만 원이었습니다. 다른 분들은 몇 십억, 몇 백억, 몇 십조를 상상하며 앉아 있다가 다 실패했고요.

그러니 제가 얼마나 기가 막혔겠습니까? 대책이 안 서더군요. 돈에 대해 허황한 분들이 많은 겁니다. 실질적이고 현실적인 감각을 가져야 돈이 벌리는데 다들 많이 허황하더군요. 돈에 대해서는 자기 수준에 맞게 생각해야 합니다.

한 가지 예를 들면, 엊그제 어떤 분이 접촉 사고 난 얘기를 하시는데 깜박 졸다가 옆 차와 부딪혔다고 하더군요. 크게 사고가 난 건 아니고 살짝 흠집이 난 정도였다고 합니다. 처음에는 그쪽에서 과도하게 배상을 요구하더랍니다. 이쪽에서 보험 처리를 하겠다고 하니까 또 굽히고 들어왔다고 하고요.

"푼돈을 집어주니까 금방 해결됐다"고 하시더군요. 푼돈이 얼마냐고 물으니까 10만 원이라고 하고요. 그런데 10만 원이 결코 푼돈이 아니지요. 본인 수입이 얼만데 그게 푼돈이겠습니까? 그렇게 하는 게 스케일이 큰 게 아닌데, 얼마든지 더 교섭할 수 있었을 텐데 그렇게 하셨더군요.

　10만 원이 어느 정도의 돈인가? 예전에 어느 남자 분이 제게 이런 고민을 털어놓은 일이 있습니다. 처가에 장인이 상을 당했는데 어떤 남자가 10만 원을 부조하더랍니다. 조금 있다가 처가에서 누가 결혼을 했는데 그 남자가 또 10만 원을 부조하더랍니다. "부조를 10만 원씩 두 번이나 하는 걸 보면 내 아내와 보통 사이가 아니지 않을까요?" 하고 집요하게 의심하더군요. 제가 "그분의 돈 쓰는 규모가 10만 원이 단위가 아니겠습니까?" 했는데도 의심을 풀지 못하더군요.

　우리나라에서는 지인이 무슨 일을 당했다, 하면 3만 원 내지 5만 원 부조하는 게 사회적인 통념입니다. 없이 살면 1, 2만 원 부조할 수도 있지만 3만 원, 5만 원 부조하는 게 통상 인사하는 수준입니다. 연거푸 10만 원을 부조했다면 보통 사이가 아니라고 보고요. 자신의 능력과 재산을 생각해서 스케일을 정해야 한다는 얘기입니다. 대단한 사업가일 경우에는 천만 원, 1억 원도 큰돈이 아닐 수 있지만 기준을 자신에게 두었을 때는 그게 큰돈이잖아요?

　투자를 할 때도 현실적인 감각으로 해야 합니다. 예전에 제가 가까운 분에게 "무슨 주식을 사라"는 말을 하려다가 그만둔 일이 있습니다. 7천 원짜리를 사서 만 원에 팔라는 말을 하려다가 안 했습니다. 주식 투자로 몇 억 손해를 본 분인데 말이 목구멍까지 나오다가 안 나오더군요. 얘기해 줘봤자 시큰둥할 게 뻔하니까요.

　만일 7천 원짜리 주식을 사서 만 원에 팔았다면 많이 번 겁니까,

적게 번 겁니까? 엄청 많이 번 겁니다. 7천만 원을 투자했다면 3천만 원이 벌리는 것이고, 7억을 투자했다면 3억이 벌리는 것입니다. 엄청난 이익입니다.

그런데 그분의 의중을 읽어보니까 그 정도로는 전혀 성에 안 차하더군요. 7천 원에 샀으면 몇 만 원에는 팔아야 성에 찰 것 같더군요. 그런 분은 계속 돈공부가 안 됩니다. 1라운드에서 끝내지 못하고 10라운드까지 가야 합니다.

쓰겠다고 생각하면 들어온다

『다큐멘터리 한국의 선인들』을 보면 "진정한 부는 오히려 하늘에 와서 구할 수 있을 것이다, 하늘에서도 부를 구하지 않는다면 우주의 반열에 들 수 있을 것이다"라는 구절이 있습니다. 사업을 하시는 어떤 회원님이 그 구절을 읽고 묻더군요. "사업의 목적은 부를 구하는 것인데 그걸 구하지 말라면 나는 어떻게 해야 합니까? 사업을 하지 말아야 합니까?"

사업을 하지 말라는 게 아니라 부를 구하되 내가 잘 먹고 잘 살기 위해서 구하지 말라는 겁니다. 이웃과 사회에 기여하겠다는 마음으로 구하라는 겁니다.

박지원 선인의 말씀 중에 기업가의 90% 이상이 제자리를 이탈하고 있다는 구절이 있습니다. 공익을 위해서 기업을 하는 게 아니라 사익을 위해서 하기 때문입니다. 기업들이 돈을 뒤로 빼돌리는 일을 많이 했지 않습니까? 명상하시는 분들은 이웃과 사회와 나라를 위해 공헌하겠다는 마음이 없다면 기업을 하지 마셨으면 좋겠습니다.

사업하는 분들의 소명은 이른바 "선善의 확장"인데 물건을 통해서 베푸는 걸 말합니다. 물건을 통해 베풀고, 거기서 얻은 이익을 통해 또 베풀고……, 그렇게 계속 순환을 시켜야 합니다. 그래야 돌아갑니다. 돈 벌어서 챙기겠다 하면 돈이 안 들어옵니다. 쓰겠다고 생각하면 들어오고요.

기운도 마찬가지입니다. 아는 분이 병원에 입원해서 그분에게 기운을 보내주려 했는데 기운이 안 내려가더군요. 왜 안 내려가는가 알아봤더니 기운 쓰는 게 아까워서 그 병실 위주로 기운을 보내려 했기 때문이더군요. 병원에 있는 사람 모두에게 고루 기운의 혜택을 받게 해야겠다고 마음을 바꾸니 내려갔습니다. 마음을 그렇게 쓰면 안 되는 거였지요.

내가 여러 사람을 먹여 살리는구나

우리 국민들이 기업가들을 참 싫어합니다. 하는 일도 없이 떵떵거리며 산다고 생각합니다. 들춰보면 탈세니 뭐니 나쁜 짓도 많이 했습니다. 그러면서 사회 환원은 별로 안 했습니다. 그런 데 대한 반감이 큽니다.

그런데 사실 그분들이 굉장히 노력을 많이 했습니다. 구멍가게 하나만 이루려 해도 온갖 고생을 다 해야 하잖습니까? 그러니 대기업을 일구려면 얼마나 많이 피땀을 흘려야 했겠습니까? 그리고 대기업이 꼭 있어야 하는 이유가 있습니다. 많은 사람들을 먹여 살립니다. 일자리를 제공하고 기여를 많이 합니다.

기업가의 입장에서는 또 어떻게 해야 사람들의 환영을 받을 수 있는가? 마음을 바꿔 먹어야 합니다. 내가 기업을 소유하면서 머리가 아프긴 하지만 여러 사람을 먹여 살리는구나, 마음을 이렇게 먹어야 합니다. 그러면 머리 아픈 것도 즐거울 것이지요. 저 놈이 내 소유를 뺏어가는구나, 생각하면 골치 아프기 짝이 없을 것이고요.

마음의 방향이 문제입니다. 스스로 관리를 잘 못하니까 저 사람들 것을 내가 대신 관리해준다, 이렇게 생각하면 한 없이 베푸는 입장이 됩니다. 내 소유물이 다 없어져도 '나 대신 잘 먹고 잘 사는구나' 하면서 즐거울 겁니다. '내 꺼다' 하면서 눈 부릅뜨면 그때부터 피곤할 것이고요.

 **사업과 장사를 잘하는 법**

사업은 100% 인간관계 •

사업이란 딴 게 아니라 100% 인간관계입니다. 무슨 특별한 능력이 있어서 되는 게 아니라 인간관계입니다. 사업에 성공했다는 것은 인간관계에 능하다는 얘기지요.

사업에서의 인간관계는 어때야 하는가? 표면적인 기법으로 어떻게 하는 건 오래가지 않습니다. 진심을 보여주면 통하게 되어 있습니다. 마음과 마음, 진심이 닿아 있을 때 목숨을 바쳐서 도와주는 조력자들을 구할 수 있습니다. 진심이 통할 때 사업파트너를 만날 수 있는 것입니다.

거래를 할 때도 마찬가지입니다. 사업하는 사람들은 행동 하나에 수십억이 왔다 갔다 하잖습니까? 그런데 "너 때문에 기분 나빠서 계약을 안 하겠다" 이렇게 대놓고 말하는 사람은 없을 겁니다. 아마 다른 핑계를 댈 겁니다. 하지만 결국은 그런 것 때문에 일이 되고 안 되고 하는 것입니다. 기분 나쁘고 안 나쁘고 하는 감정에 달렸습니다.

원칙이 너무 분명한 분은 사업에는 잘 안 맞더군요. 앞으로 남고 뒤로 밑지는 게 사업인데 융통성이 없으면 매사가 힘듭니다. 사업을 하면 다 버리고 해야 하지요. 자기를 버리고 해야지 자기가 있으면 사업을 못합니다.

반드시 보답이 오는 묘미

사업이란 산술적으로 계산이 안 되는 것입니다. 턱없이 밑진다고 생각했는데 그게 나중에 열 배 이상으로 돌아올 수 있습니다. 굉장히 많이 남겼다고 생각했는데 터무니없이 밑질 수도 있고요. 이 사람한테는 밑지고 저 사람한테는 남기는데 그게 계산이 안 되는 것이 사업입니다. 그 계산을 잘할수록 사업을 잘합니다.

사업을 하다 보면 "이건 말도 안 된다, 터무니없이 밑졌다" 할 때가 있습니다. 그런데 그렇게 거래를 하고 나면 반드시 그 사람으로부터 보답이 옵니다. 그 사람이 악인이 아닌 이상 미안해서라도 다른 사람을 데려오고 다음 건을 성사시켜 줍니다.

사업을 잘하는 사람은 그 묘미를 아는 사람입니다. 오늘 완전히 망해서 부도나겠다, 했는데 내일 아침에 누가 혜성같이 나타나서

도와줍니다. 그동안 내가 뿌린 공덕이 있었기 때문이지요. 세상에 거저는 없습니다. 그래서 내가 누군가에게 밑졌다, 손해를 봤다, 하면 반드시 보상이 옵니다. 그게 원리입니다. 꼭 그 사람한테 받아내는 건 아닐 수 있습니다. 하지만 다른 사람으로부터라도 반드시 보상이 옵니다.

사람은 다 양심이 있어서 누군가에게 뭔가 도움을 받았다 하면 그걸 꼭 갚으려고 합니다. 그런 사람을 알아보는 눈이 또 있어야 하고요. 저 사람은 상대 안 하는 게 낫겠다, 하는 판단을 빨리 할 수 있어야 합니다. 그런 안목이 사업하는 데는 최고입니다.

사람의 마음을 읽을 수 있어야 •

김시습 선인은 인간 군상들의 살아가는 모습을 보면서 우주를 아신 분입니다. 구체적으로 인간의 어떤 면을 보고 알았는가 하면 기운의 흐름을 본 겁니다. 기운은 항상 높은 데서 낮은 데로 흐르는데 그 흐름을 본 것이지요.

세속적으로 말하자면 '권력의 이동'입니다. 권력이 여기로 갔다 저기로 갔다 옮겨가는 역학관계를 본 겁니다. 권력이 왜 왔다 갔다 하는가? 이권에 의해서입니다. 어떤 사람이 칼자루를 쥐면 그쪽으로 사람들이 우루루 몰려가잖습니까? 돈을 좋아하는 사람은 돈 많은 사람에게 줄 서고, 한 자리 하기 원하는 사람은 한 자리 한 사람에게 줄 서고…….

　사람들이 칼자루를 쥐고 있는 사람이 누군지 굉장히 간파를 잘합니다. 누가 핵심인지 본능적으로 잘 읽습니다. 권력을 좋아하는 사람은 권력을 쥔 사람이 누군지 보이고, 돈을 좋아하는 사람은 내가 돈을 벌려면 어디 가서 붙어야 하는지 보입니다. 자기가 보려고 하지 않아도 보입니다.

　그렇게 흐름이 보이면 도가 튼 것입니다. 기운의 흐름이 이렇게 가는구나, 그렇게 가는 이유는 이런 것이구나, 저렇게 가니까 사람들이 이렇게 움직이는구나, 저렇게 움직이는 걸 통해서 어떤 공부를 어떻게 하는구나, 이런 게 한눈에 보이는 거지요.

　그렇게 인간 군상들의 살아가는 모습을 보고, 그 기운의 흐름을 느끼게 되면 이치를 아는 것입니다. 세상이 이렇게 돌아가는구나, 그러니까 우주도 이렇게 돌아가겠구나……. 높은 데서 낮은 데로 기운이 흐르고, 높은 별에서 낮은 별로 기운이 흐르고, 그런 걸 알았다는 얘기입니다.

　그런 흐름을 알면 돈도 버는데, 그러려면 사람들의 마음을 읽어야 합니다. 사람들이 뭘 좋아하는지 읽어야 합니다. 하다못해 시장에서 장사를 하더라도 그렇잖습니까? 사람들이 좋아하는 물건을 떼어다 팔아야 합니다. 사람들이 좋아하는 물건을 안 팔고 내가 좋아하는 물건을 팔면 망할 수밖에 없습니다.

눈이 바빠야 한다

물건 보는 안목을 기르는 게 하루아침에 되는 일은 아닙니다. 시장 통에 앉아서 계속 봐야 합니다. 사람들이 뭘 사 가는지 봐야 합니다. 동대문 시장에 가면 이런 물건이 잘 팔리고, 남대문 시장에 가면 저런 물건이 잘 팔리고……, 각각 다른데 어디서 어떤 물건을 팔 것인가?

얼마 전에 명동에 나가봤더니 사람들이 가방에 많이 끌리더군요. 4~5만 원짜리 가방들이 불티나게 팔리더군요. 가방을 산다는 건 사람들 마음이 어딘가로 떠나고 싶은 겁니다. 가방이란 떠날 때 쓰는 물건이잖습니까? 어떤 것에 꽂히느냐에 따라 그 사람의 심리 상태를 알 수 있습니다. 가방이나 구두에 자꾸 시선이 꽂히면 그 사람은 어딘가로 떠나고 싶은 사람입니다. 지금 우리나라 사람들 심리가 그렇습니다. 가방 메고 어디 가고 싶은 마음이 많습니다. 도망가고 싶은 사람은 구두를 좋아하고요.

눈이 바빠야 합니다. 손과 발은 가만 놔두고 자꾸 눈으로 봐야 합니다. 사람들이 어디로 많이 몰리는지 보고, 그걸 가지고 하면 되는 것입니다. 신발도 어떤 신발이냐에 따라 어디서 팔아야 하느냐가 다릅니다. 옷도 어떤 옷이냐에 따라 어디서 팔아야 하느냐가 다릅니다.

장사는 자리가 좋아야 잘 팔리는 것 아닌가요?

자리가 문제인가요? 아무리 이상한 자리에 앉아 있어도 자기 몸에서 빛이 나 보십시오. 골목에 있어도 왠지 시선이 끌리고 카메라를 갖다 댈 겁니다. 시커멓게 앉아서 죽을 쑤고 있으면 한가운데 앉아 있어도 안 쳐다보고요.

어디서 하느냐가 중요한 게 아니라 어떻게 하느냐가 중요한 것입니다. 예전에 어느 대학 앞에 갔더니 길거리에서 아이스크림을 파는 분들이 있더군요. 대개 길거리에서 아이스크림을 판다 하면 '위생적일까' 걱정이 들잖아요? 그런데 그런 걱정을 싹 불식시킬 만큼 깨끗하게 팔더군요. 단정하게 앞치마를 입고 파는데 마음 놓고 사먹을 수 있게끔 깨끗하게 연출을 했습니다.

한번 그런 식으로 자신을 연출해 보십시오. 나는 장사로 돈을 벌어야겠다, 하는 분이라면 자기 자신이 브랜드가 돼야 합니다. 자기 자신을 띄워야 합니다. 예컨대 피에로 복장을 하고 피에로 연기를 할 수도 있습니다. 그렇게 해서라도 눈에 띄게 하십시오. 눈에 띄게만 해놓고 물건이 엉성하면 그것도 사기지만요.

장사는 연애의 과정 •

장사하는 것은 연애의 과정입니다. 사랑하는 과정입니다. 하다 보면 사람들이 뭘 좋아하는지 알잖습니까? 좋아하는 대로 맞춰주면 됩니다. 조금씩 조금씩 맞춰가는 과정이 장사입니다.

예를 들어 가게에 손님이 들어왔는데 따라다니면서 "이거 원하세요, 저거 원하세요?" 하면 스트레스 받아서 물건을 못 고를 겁니다. 당장 나가고 싶어질 겁니다. 구경하도록 내버려뒀다가 도움이 필요한 것 같으면 다가가서 "뭘 도와드릴까요?" 하는 게 순서입니다. 그게 프로입니다.

어느 회원님이 명상 찻집을 만들어 운영하시더군요. '명상을 팔겠다' 고 나선 건데 사실 명상을 팔기 이전에 편안함을 줘야 합니다. 명상을 먼저 하고 싶으면 명상하는 공간으로 갈 것이고, 차 마시며 쉬고 싶으면 차 마시는 공간으로 갈 겁니다. 그냥 내버려뒀다가 도움이 필요하면 다가가면 됩니다. "이 명상 해보세요, 저 명상 해보세요?" 이렇게 권하면 귀찮아서 다시는 안 올 겁니다. 명상 찻집은 쉬고 싶은 사람이 오는 곳이잖아요?

사람의 마음을 읽을 수 있어야 합니다. 그 사람이 원하는 게 뭔지 파악해서 딱 그것만 해줘야 합니다. 더 해줘도 안 되고 덜 해줘도 안 됩니다. 그 사람이 원하는 걸 딱 집어서 해주면 됩니다. 그런 과정이 다 명상인데, 알고 보면 참 쉬운 일인데 어렵게 하시더군요.

자신이 하는 일에서 그렇게 눈 맞추는 과정을 터득한다면 성공하지 않으려야 않을 수가 없습니다. 사업을 할 때도 그런 식으로 다가가야 합니다. 뭘 원하는가? 젊은 사람은 뭘 원하고 나이 든 사람은 뭘 원하는가? 그걸 알아야 합니다.

예를 들어 내가 의상 디자이너다, 하면 옷을 입는 사람들에 대한 관심이 있어야 합니다. 어린아이, 젊은이, 노인, 환자, 남자, 여자……, 각각 어떤 옷을 좋아하는지 알아야 맞는 옷을 만들 수 있습니다. 노인은 어떤 옷을 좋아하겠는가? 노인 입장이 돼봐야 합니다. 무거운 것 싫어하고, 꽉 끼는 것 싫어하고, 부드러운 것 좋아하잖습니까?

옷을 짓는 사람은 사람에 대한 관심이 없으면 안 되는 겁니다. 디자인을 잘하려면 인성 공부를 해야 하는 것이지요. 어떤 직업에서든 성공하려면 그렇게 해야 합니다.

경영이란 원하는 걸 들어주는 일

모든 것이 경영입니다. 병원도 경영이고, 약국도 경영이고, 음식점도 경영이고, 헬스도 경영인데 사람의 마음을 읽을 수 있어야만 문을 안 닫습니다. 사람의 마음을 읽지 못하면 경영이 안 됩니다.

이곳 명상학교를 경영할 때도 마찬가지입니다. 일방적으로 우리 걸 내놓고 따라오라고 하면 남는 사람이 없을 겁니다. 독선적으로 따라오라면 하면 다 떨어질 겁니다. 그 사람이 뭘 원하는지 들어주고 해결해줘야 합니다.

사람들이 필요한 게 있으면 그걸 충족할 수 있는 장소를 알아서 찾아가잖습니까? 그런데 굳이 여기까지 온 이유는 무엇이겠는가? 그걸 알아내야 합니다. 아파서 왔는가? 아프면 병원에 가면 되는데 왜 굳이 여기 왔는가? 지식을 얻고 싶어서 왔는가, 대화 상대가 필요해서 왔는가, 피난처가 필요해서 왔는가? 정신과 의사한테 가려다가 차마 못 가고 여기 왔는가? 운동을 해야 하는데 명상이라는 말에 끌려서 왔는가? 그런 걸 파악해서 들어줘야 합니다. 경영이란 딴 게 아니라 상대방이 원하는 걸 들어주는 일이지요.

오신 분들에게 명상 지도를 할 때도 그래야 합니다. 취미로 명상을 배우는 분, 병이 있는 분, 우울증이 있는 분, 비슷한 분들끼리 모아서 개별 지도를 해야지 일률적으로 가르치면 안 됩니다. 이 사람에게는 체조만 열심히 시키고, 저 사람한테는 노래만 시키고, 율동이 필요한 사람에게는 선무(仙舞, 기운의 흐름을 타고 추는 춤)만 가르칠 수도 있는 것입니다. 아파서 온 사람한테는 병 고치는 방법을 알려줘야 하고요.

상대방의 수준을 파악해서 들어주는 것은 기초 중의 기초입니다. 놀아주기를 원하면 같이 노래 부르면서 놀아주고, 춤추기를 원하면 춤춰주는 겁니다. 뼈대는 흔들리지 않아야 하지만 상대방의 수준에 따라 어느 정도까지는 내놓을 수 있어야 합니다.

그런 식으로 일반 대중에게 다가가는 겁니다. 한 걸음 한 걸음 조심스럽게 다가가는 겁니다. 서로 마음 맞추고 눈 맞추면서 사랑하는 과정을 거쳐야 명상을 보급할 수 있습니다.

내가 없어야 상대가 읽어진다 •

드라마는 처음 5분이 중요합니다. 영화는 어두운 영화관에서 문

닫아 놓고 불 끄고 상영하니까 재미가 없어도 꼼짝없이 봐야 합니다. 또 돈을 내고 들어가니까 밑천을 뽑기 위해서라도 반 이상은 봅니다.

하지만 텔레비전 드라마는 일하면서 볼 수도 있고, 남하고 전화하면서 볼 수도 있고, 왔다갔다 들락날락하면서도 볼 수 있습니다. 그래서 드라마로 사람을 끌려면 5분 이내에 승부가 나야 합니다. 5분 이내에 끌어들여야 봅니다. 아니면 더 재밌는 게 없나 채널을 돌립니다.

명상학교에 오시는 분들도 마찬가지입니다. '여기 다녀야겠다'고 결심하고 온 분보다는 '어떤지 한번 보자'고 탐색 차 온 분이 더 많지요? 그런 분이 들어오면 뭐가 필요해서 왔는지 알아져야 합니다. 몸이 아파서 병 고치는 게 목적인 사람인지, 무슨 연구를 하다가 한계에 부딪혀서 전환점이 필요해서 온 사람인지, 인생 문제에서 벽에 부딪혀서 온 사람인지, 진리를 찾아 온 사람인지, 사람마다 각양각색인데 5분 정도 얘기해서 그걸 파악해야 합니다. 그래서 그 사람이 원하는 말을 해줘야 합니다. 그래야 전문가입니다.

비즈니스에서의 상담도 한 시간, 두 시간씩 얘기해서는 절대로 해결이 안 납니다. 처음에 몇 마디 해봐서 승부가 나야 합니다. 빠른 시간 내에 할수록 전문가입니다. 5분 만에 계약서를 쓰게 한다든가 10분 만에 한다든가 적어도 30분 안에는 끝내야지, 두세 시간 걸렸다 하면 그 사람은 돌아가서 틀림없이 후회합니다.

상대방이 뭘 필요로 하는지 알아서 빨리 대처해야 하는데 그런 능력은 명상으로 터득이 됩니다. 상대방을 만나면 그 사람이 읽어져야 합니다. 그러려면 '내가 없어야' 합니다. 그러면 온몸으로 읽어집니다. 저 사람은 기운이 부족해서 온 사람이구나, 저 사람은 외로워서 온 사람이구나, 저 사람은 뭔가 새로운 지식이 필요해서 온 사람이구나, 이런 게 파악이 돼서 오래 얘기 안 해도 상대방을 편안하게 해주면서 마음을 열 수 있습니다.

처음부터 어떤 의도를 갖고 있으면, 저 사람을 어떻게 하겠다는 의도를 갖고 있으면 그 경직된 마음이 전달돼서 부담스러워합니다. 반면 내가 무심으로 좋은 모습을 보이면 상대방도 편안해하고 왠지 모르게 끌립니다. 아무 의도 없이 무심으로 보면서 상대방이 원하는 걸 파악해서 부드럽게 몇 마디 해주면 끝나는 것입니다.

상담이란 말을 많이 한다고 해서 잘하는 게 아니지요. 말을 안 함으로써 오히려 더 잘할 수 있습니다. 몇 마디 안 하더라도 상대방에게 필요한 말을 해주면 마음을 끌어 올 수 있는 것입니다.

뒤집어 보는 발상으로

《사토라레》라는 일본 영화가 있습니다. '사토라레'가 뭔가 하면 태어나서부터 자신의 생각이 남의 귀에 들리는 사람입니다. 일본에 그런 사람이 꽤 많이 있다고 설정을 했더군요.

사토라레는 생각이 다 전달이 됩니다. '내가 저 사람을 너무 좋아하는데 지금 말할까 말까?' 고민하면 그 생각하는 소리를 주위 사람들이 다 듣습니다. 그런데 함정이 뭔가 하면 그렇게 들려도 주위 사람들은 들은 척하면 안 된다는 것입니다. 자기가 사토라레라는 사실을 알게 되면 살고 싶지 않아서 자살하게 되기 때문입니다. 그래서 다 듣고도 모른 척해야 합니다. 영화 속에서 남자 주인공이 사토라레인데 외과의사더군요. 암 환자를 보면서 '암이 너무 많이 퍼져서 석 달 안에 죽을 텐데' 생각하니까 거기 있는 환자와 가족들이 다 듣고 놀랍니다.

제가 보고서 '어떻게 저런 생각을 해낼까?' 했습니다. 그렇게 뒤집어서 생각해 볼 수 있어야 합니다. 영화뿐 아니라 제품을 만들고 팔 때도 그런 게 필요합니다. 눈길을 끄는 것, 재밌는 것, 그런 게 바로 발상입니다.

지압하는 장치가 달린 훌라후프를 발명해서 돈방석에 앉은 분이 있다고 하더군요. 어느 중소기업은 원적외선을 방출하는 헤어드라이어를 발명해서 전 세계로 수출했다고 하고요. 우리는 헤어드라이어에서는 당연히 바람이 나와야 한다고 생각하지 않습니까? 그런데 원적외선이 나올 수도 있는 것입니다. 원적외선을 쬐면 머릿결도 안 상하고 건강에도 좋다고 합니다. 지금은 그렇게 아이디어로 돈을 버는 세상입니다. 또 그렇게 아이디어로 사업을 해야만 살아남을 수 있습니다.

어떻게 하면 좋은 아이디어를 얻는가? 창조적인 발상은 쥐어짤 때 나오는 게 아닙니다. 쥐어짜면 더 안 나옵니다. 그런데 무심無心

으로 텅 비어 있으면 문득 영감이 떠오릅니다. 가득 찼을 때는 아무리 쥐어짜도 안 오는데 자기를 텅 비우고 무심으로 파장이 딱 맞으면 떠오릅니다. 돈 번다고 하루 종일 바빠 뛰어다녀봐야 거기서 거기인데 가만히 비우고 앉아 있으면 '뭘 팔면 돈이 잘 벌리겠구나' 하고 떠오릅니다. 그렇게 하면서 돈을 끌어오는 것입니다.

증권 같은 것도 마찬가지지요. 매장에 앉아서 하루 종일 머리 굴려봐야 안 되는데 텅 비우고 있으면 흐름이 보입니다. 그렇게 해서 잡아내는 겁니다.

본성을 건드려주는 디자인

지금 제품을 만들려고 하면 제일 중요한 것이 디자인입니다. 먹고사는 데서는 놓여난, 삶의 질을 추구하는 시대잖습니까? 중고를 사더라도 이왕이면 디자인이 멋진 제품을 선호하지요.

그런데 그냥 예쁘기만 한 디자인이어서는 안 됩니다. 뭔가 주는 디자인이어야 합니다. 편안함, 향수, 그리움, 그런 정서를 제공할 수 있는 디자인이어야지 그냥 예쁘기만 한 건 의미가 없습니다. 사람의 본성을 건드려주는 디자인, 영혼을 흔들어주는 디자인이어야 합니다. 그런 디자인의 소재를 자연에게서 사람에게서 찾으시기 바랍니다.

코카콜라가 그 병의 모양 때문에 성공했다는 일화가 있지요? 여성의 몸을 형상화한 디자인 때문에 세계적인 기업이 됐다고 합니다. 코카콜라 병의 디자인이 한창 때의 여성을 연상케 하는 날씬한 몸매는 아닙니다. 그보다는 펑퍼짐한 어머니의 몸을 닮았습니다. 어머니의 몸을 만지는 느낌을 주기 때문에 사람들이 더 좋아하는 것입니다.

그렇게 어머니의 이미지를 떠올리게 하는 디자인을 활용하는 것도 좋은 방법입니다. 어머니의 펑퍼짐한 젖가슴, 두툼한 입술, 그런 데서 디자인을 따오면 왠지 모르게 사람들 마음이 훈훈해지고 눈길이 갈 겁니다. 비누나 화장품 케이스 같은 걸 만들 때도 네모반듯하게 하기보다 그런 이미지로 만들어 볼 수 있을 것이고요. 한 가지를 특이하게 해보는 것도 좋겠습니다. 엄마 젖꼭지에 향수가 없는 사람은 없지요? 젖꼭지를 원 없이 빨아본 사람은 없을 겁니다. 젖꼭지를 매단 것처럼 보이는 제품을 만들어 보면 어떨까요?

색채를 활용할 수도 있는데 요새 디자이너들을 보면 인디언 칼라 같은 원초적인 색채로 점점 회귀하더군요. 인간 본연의 모습을 찾고자 하는 움직임이 있는 거지요. 제가 예전에 남아프리카 공화국 어느 종족의 색채와 문양을 보고 굉장히 반한 적이 있었습니다. 세계적인 문양과 색채를 갖고 있는 종족이 있더군요. 너무나 아름다웠습니다. 피카소의 그림도 그보다는 못할 듯싶었습니다.

우리가 추구하는 선仙문화는 자연으로 돌아가는 문화입니다. 그런데 자연을 가장 훼손하지 않고 사는 사람들이 누구냐 하면 그런 원주민들입니다. 원주민들한테 배워야 하는 것이지요. 그분들은 음악이든 무용이든 미술이든 자신들의 보물을 갖고 있더군요. 옷을 보면 자연에서 온 소재로 만든 건강에 좋은 옷입니다. 음악도 멜로디가 정말 좋고 탁기가 없는 음악입니다.

그럼 문명국의 문화는 나쁘기만 한가? 그런 건 아닌데 많이 섞였습니다. 어떤 부분은 좋은데 어떤 부분은 너무 오염됐습니다. 그런 걸 추려내서 선문화를 가꿔야 합니다.

우리나라 전통문화를 뒤져봐도 좋은 게 참 많더군요. 예를 들어 '색동'이라는 문양이 있는데 우주의 문양입니다. 색깔이 그렇게 강렬하지는 않은, 무지갯빛의 문양입니다. 무지개의 일곱 가지 색은 오색이 반사돼서 일곱 가지로 나오는 건데 기적으로 가장 조화된 색깔입니다. 몸에 아주 좋은 색깔이고요.

맑고 밝고 따뜻한 제품

우리 명상하는 사람들이 만드는 물건은 특징이 있어야 합니다. 맑아야 하고, 밝아야 하고, 따뜻해야 합니다. 맑고 밝고 따뜻한 제품, 편안한 이미지를 주는 제품이어야 합니다. 애쓰지 않아도 저절로 기운을 받는 제품, 그래서 사용하는 사람이 좋아지는 제품이어야 합니다.

만일 제가 옷을 만든다면 저는 편안한 옷을 만들고 싶습니다. 지금 우리가 입는 옷들이 많이 불편하잖습니까? 현대의 옷은 옷이 사람을 입습니다. 사람이 옷을 입는 게 아니라 옷 속에 사람이 들어가서 끼어 맞춥니다. 옷은 편해야 하는데 너무나 불편합니다.

달력이나 다이어리를 만든다면 좀 가볍게 만들고 싶습니다. 제가 다이어리를 못 쓰는데 무거워서 못 쓰는 것입니다. 다이어리라고 하면 가죽을 씌운 커버, 빤질빤질한 종이, 늘 그렇게 판에 박은 스타일로 만들더군요. 좀 두둘두둘한 종이를 쓸 수도 있는 건데요.

제가 외국에 나가서 어떤 공항에서 책을 집어 드니까 두꺼운 책인데도 굉장히 가볍더군요. 아주 가벼운 종이가 있더군요. 누런 걸 보니까 재생지인 것 같은데 나이 든 사람들은 무거운 걸 굉장히 싫어하지요.

달력도 빤질빤질하게 판에 박은 종이로 만들지 말고 두둘두둘한 재생지나 왠지 예술성이 있어 보이는 한지 느낌의 종이로 만들면 어떨까 합니다. 가벼운 종이에 양면 인쇄를 해서 만들면 들고 다니기 편할 듯싶습니다.

달력 같지 않은 달력, 다이어리 같지 않은 다이어리, 그런 식으로 발상을 전환해 보면 좋겠습니다. 판에 박은 걸 하지 말고 한번 바꿔 보십시오. 디자인만 보고도 마음이 가도록.

하나를 만들어도 장인정신으로

아이템은 많이 필요가 없습니다. 성공하신 분들 보면 머리핀 하나만 가지고도 20년, 30년 계속 연구하고 몰두하잖습니까? 뭐든 한 가지만 열심히 만들어 팔면 꾸려나갈 수 있는 것입니다.

그러려면 뭘 만들든지 시장 물건처럼 만들면 안 되고 자신의 명예를 걸고 명품으로 내놓아야 합니다. 명품이란 특별한 제품이 따로 있는 게 아니지요. 장인정신으로 만든 한정된 물품이 명품입니다. 하나를 만들더라도 장인정신으로 만들고, 많이 만들지 않고 한정된 수량만 만들면 명품인 것입니다.

빠른 시일 내에 결과가 얻어지길 기대하면 안 됩니다. 온갖 정성을 다해서 하나하나 하다 보면 언젠가는 마음에 드는 제품이 나올 것이다, 그렇게 생각해야 합니다. 보면 허황한 꿈을 꾸는 분이 많더군요. 아무런 정성도 들이지 않으면서 갑자기 무슨 대박이 터지길 기대합니다.

차근차근 정성을 들이는 과정이 있어야 합니다. 내가 쓸 물건이라고 생각하면서 만들어야 합니다. 나하고는 상관없는 물건이다, 팔 물건을 만든다, 그렇게 생각하면 날림이 됩니다.

겸손하고 감사한 마음으로

사업을 해서 돈을 벌겠다고 마음먹은 사람은 허황하면 안 됩니다. 첫술에 배부르겠다고 생각하면 그건 투기에 가깝습니다.

아는 분이 출판사 사장인데 새로 낸 책이 서점가에서 베스트셀러

순위 40위에 올랐답니다. 그 전 주에는 82위였다고 하고요. 그 말을 듣고 저는 '참 대단하다'고 생각했는데 그분은 오히려 "생각보다 많이 안 올랐다"고 하더군요. 내심 베스트셀러 10위권에 들기를 바랐는데 그러지 못해서 성에 안 찼던 모양입니다.

그런데 엄청 많이 오른 것입니다. 일주일 사이에 40위 가까이 오른 거잖습니까? 10년, 20년의 노하우를 갖고 있어도 베스트셀러 한 두 권 내기 어려운 게 우리나라 출판사들의 현실입니다. 그런데 이제 막 출판업을 시작한 입장에서 무슨 대단한 아이디어나 노하우가 있다고 그렇게 베스트셀러를 바라겠습니까?

겸손한 마음으로, 순위가 한 계단만 올라도 굉장히 감사하는 마음으로 임한다면 더 잘될 텐데 만족을 못하고 "부족하다, 부족하다" 하더군요. 그러면 더 안 됩니다. 겸손한 마음으로 돌아가야 합니다.

그분이 그랬던 것은 꿈이 너무 컸기 때문입니다. 일확천금의 꿈에 부풀어 있으니까 돈이 조금씩 벌리는 건 달갑지 않았던 겁니다. 스케일이 너무 컸던 것이지요. 그런 분은 사업을 하면 안 됩니다. 투기를 해야 합니다. 사업은 하나 벌어서 하나 먹겠다 하는 사람이 하는 겁니다. 5천 원을 투자해서 천 원을 벌면 너무 감사하다, 그런 마음이어야 사업을 합니다.

사업을 하는 사람은 겸손해야 합니다. 갑자기 벼락부자가 되기를 기대하면 안 됩니다. 작게 한두 가지 아이템으로 시작해서 거기서 벌리면 조금씩 벌여나가야 합니다. 그게 오히려 빠릅니다. 차근차근 거북이걸음으로 가는 게 오히려 빠릅니다.

몇 천 원 남으면 굉장히 좋아하면서 박수치고, 거기서 수익이 얻어지면 또 만들고, 또 만들고……. 사업은 이런 마음으로 해야 합니다. 갑자기 돈벼락이 떨어지길 기대하는 마음으로 하면 안 됩니다.

과정이 아름다워야

우리 회원님 중 한 분이 천연비누 가게를 냈는데 제품을 참 잘 만들더군요. 맛깔스러운 모양의 비누 디자인과 포장, 은은한 비누 향, 깔끔한 비누의 기운이 비누를 절로 먹어보고 싶게 만들더군요. 비누를 써보니 그 질도 뛰어났습니다. 한번 그 비누를 써보면 다른 비누를 못 쓸 정도였습니다.

그런데 비누라는 것은 하나의 매개입니다. 비누를 통해서 전하고자 하는 내용은 행복, 편안함, 따뜻함, 이런 것들입니다. 좋은 비누를 쓰면 인간이 행복하지 않습니까? 인간에 대한 예의를 전달하는 것이지요. 인간은 적어도 이런 비누는 써야 한다, 그런 메시지를 전달하는 것이지요.

그런데 이분이 도중에 마음이 빗나갔습니다. 비누가 너무 커진 나머지 애초의 의도는 다 잊어버렸습니다. 비누를 통해서 전달하고자 했던 맑음, 밝음, 따뜻함은 다 없어져 버리고 비누 밑에 깔려서 지배당한 것입니다.

그러면서 이분이 주위 사람들을 탓하기 시작했습니다. 지인들이 많이 도와줬는데도 고마워하기는커녕 "너희가 도와준 게 뭐가 있느냐?" 하고 불만을 터뜨렸습니다. 지인들이 안 도와줬더라면 진작 문을 닫았을지 모르는데도 그러더군요. 마음이 정심正心이 아니라는 얘기입니다.

이분이 왜 이렇게 마음이 어긋났는가 하면 너무 서둘렀기 때문입니다. 단칼에 어떻게 해보겠다, 하는 급한 마음 때문입니다. 몇 년을 내다보고 천천히 일으킬 생각을 했어야 했는데 너무 서두른 것이지요.

창업하는 분들이 실패하는 근본 이유가 그겁니다. 세상을 무섭게 봐야 하는데 얕잡아보고 너무 급하게 하려고 하기 때문입니다. 몇 달 혹은 1, 2년 안에 일어나서 돈 몇 억을 벌겠다, 이런 생각부터가 위험한 것입니다.

이분의 경우 좋은 마음도 있었습니다. 크게 벌어서 왕창 기부하겠다, 어려운 이웃을 돕겠다, 이런 좋은 생각을 품고 있었습니다. 하지만 그 과정이 잘못됐습니다. 크게 벌어서 크게 베풀기 이전에 사소하게 베풀어야 하는 겁니다. 좋은 마음이 있다면 그걸 일하는 과정을 통해서 전달해야 하는 겁니다. 같이 일하는 사람들을 기쁘게 했는가? 주변 사람들을 편안하게 했는가? 그런 걸 돌아봐야 합니다.

당연히 돈을 벌어야 하지만 그게 목적은 아니라는 얘기입니다. 왜 비누를 만드는가? 내가 비누를 통해서 무얼 전하고자 하는가?

전하고자 하는 것이 무형이기 때문에, 기운이나 파장은 보이지 않기 때문에 유형화해서 상품을 만든 거잖습니까? 일단 돈을 벌고 봐야겠다고 집착한 나머지 전하고자 하는 것은 온데간데없이 사라지고, 전하지 말아야 할 것만 전하게 됐다면 차라리 문을 닫는 게 낫습니다.

우리는 하늘을 전해야 하는 사람들입니다. 맑음, 밝음, 따뜻함을 전해야 합니다. 전달하는 과정에서 뭔가 잘못됐다면, 차가움, 증오, 원망 같은 걸 전했다면 과감하게 접어야 합니다. 새 마음으로 다시 시작해야 합니다.

아무리 좋은 물건을 만들었더라도 파는 방식이 잘못됐다면 소용이 없습니다. 다음에 어떻게 기여하겠다, 하는 것은 소용이 없습니다. 한껏 추하게 번 다음에 한방에 왕창 기여하겠다, 하는 것은 원하는 바가 아닙니다. 지금 이 시점에서 손해 보면 손해 보는 대로 이득이 되면 이득이 되는 대로 사람들을 즐겁고 편안하고 기쁘게 해야 합니다. 그러다 보면 그게 자산이 되고 아름다움이 전해집니다.

우리는 과정이 중요한 사람들입니다. 결과가 중요한 게 아닙니다. 매 과정이 명상이고 아름다워야 합니다.

노인복지 사업과 호스피스

노인복지를 향상시키는 사업과 장례문화를 바꾸는 사업은 우리 명상하는 사람들이 반드시 해야 할 사업이라고 봅니다.

노인복지 사업은 우리 자신에게도 큰 공덕이 되는 일입니다. 노인에게 관심 갖는 게 제일 큰 보시입니다. 기적으로 봤을 때 100% 주기만 하는 일이거든요. 누군가를 도우면 그 사람으로부터 기운을 받는데, 어린이는 물론 장애인한테도 기운을 받는데 노인을 돕는 일을 하면 100% 주기만 합니다.

핵가족화가 되면서 노인들이 살기가 참 어려워졌습니다. 옛날에는 한 집안에 노인, 젊은이, 아이가 다 같이 있어서 기운이 중화가 됐습니다. 너무 기운이 승한 사람은 수그러들고, 너무 기운이 죽어가는 사람은 승해지고, 이렇게 조절이 됐는데 지금은 뿔뿔이 흩어지는 바람에 그게 어려워졌습니다. 양로원이니 실버타운이니 하면서 노인끼리만 살게 하니까 기운을 조달받을 데가 없어진 겁니다. 같이 살기만 해도 조달받는데 그게 어려워진 거지요. 그분들에게 위안을 줄 수 있는 사업을 해야 합니다.

새로 일자리를 찾는 분이라면 호스피스hospice를 해보시면 어떨까 합니다. 간병해주고 임종을 지켜봐주는 일인데 몸보다는 마음으로 봉사하는 일이지요. 죽음을 잘 맞이할 수 있도록, 편안하게 갈 수 있도록 마음으로 위로해드리는 일입니다.

명상하시는 분이 호스피스를 하면 특히 잘하지 않겠는가 합니다. 사후세계에 관한 지식을 알려주면서 어떻게 죽어야 하는지 인도해줄 수 있지 않습니까? 그것만큼 좋은 보시가 없습니다.

장례문화 사업과 염습사 •

장례문화를 바꾸는 사업도 우리가 꼭 해야 할 일입니다. 다들 한두 번은 장례를 치러봤을 텐데 우리나라의 장례문화가 고인을 너무나 욕되게 보내기 때문입니다.

제 어머니가 돌아가셨을 때는 어머니가 평생 몸담으셨던 종교단체에서 장례를 주관했는데 예를 갖춰서 잘 치러주셨습니다. 돌아가시는 순간부터 장지葬地에 닿을 때까지 편안하게 모실 수 있었습니다.

그런데 시댁에서 장례 치를 때는 너무나 모욕적으로 하더군요. 관을 지고 가면서 발 한 번 움직일 때마다 돈 달라고 하지, 무덤 팔 때 돈 달라고 하지, 엄청나게 돈을 뜯으면서 모욕적으로 하더군요. 이건 안 되겠다 싶었습니다. 설령 고인이 인생을 잘못 산 분이라 할지라도 그래서는 안 되는 일이지요.

가족이나 일가친척이 돌아가시면 어쩔 줄 몰라 하다가 경황없이 일을 치르기 쉽습니다. 그리고 나서 후회하는 경우가 참 많은데 예의 바르게 보내드리는 장례 시스템을 우리가 갖춰 놓으면 좋겠습니다. 여기 계신 분들이 그런 일에 많이 종사하시면 좋겠습니다. 천한 일이 아니라 귀한 일이고 꼭 해야 할 일입니다.

염습사도 참 좋은 일이라고 봅니다. 제 어머니가 돌아가실 때 염습(殮襲, 시신을 씻기고 수의를 입혀 관에 모시는 일)하는 걸 봤는데 참 정성스럽게 하더군요. 저는 염습이 그렇게 아름다운 일인지 몰랐습니다. 참 아름다운 일이더군요. 시체가 곱다는 걸 처음 알았습니다. 만져도 보고 그랬는데 자꾸 만져보니까 고정관념이 깨지더군요. 그것만으로도 참 좋은 일인데 나중에 천도까지 해드릴 수 있다면 더 좋은 일이겠더군요.

미국의 경우 염습사가 아주 고수익 직종이라고 합니다. 남들이 안 하는 일일수록 고수익 직종입니다. 보니까 화장을 아주 예쁘게 하더군요. 사고로 죽은 사람의 경우 몸을 다 꿰매고 나서 화장을 합니다.

우리나라의 경우 요즘은 여성 염습사도 많아졌다고 합니다. 영화배우 이은주 씨 장례할 때도 여성이 염습해 주길 원해서 그렇게 했다고 합니다.

하늘은 인간의 일을 떠나 감사의 대상이다. 하늘이 있고 인간이 있는 것이지, 인간이 있고 하늘이 있는 것이 아니며, 하늘의 뜻이 반영되어 세상의 모든 것이 존재하고 발전해 왔기 때문이다.

인간은 하늘의 뜻대로 매사가 진행되어 가고 있으며 하늘의 뜻이 곧 인간의 복이 아닌 경우도 있는 것이다. 인간 세상에서 편히 살고자 하면 수련을 안 하는 편이 낫다.

수련은 인간 세상의 각종 욕망으로부터 자신을 멀리 떼어 놓음으로써 하늘에 가까이 가는 것이니만큼, 사명을 다하기 위하여 하늘이 필요한 것들을 내려주는 경우 외에, 스스로 구하여 향유하려 함은 수련에서 역행되는 일인 것이며, 매사에 충실하면 저절로 이루어지게 되는 것 역시 하늘의 뜻인 것이다.

물物은 멀리할 것도, 가까이할 것도 아니며 다만 필요한 만큼만 있으면 족한 것으로서, 그 부담을 덜면 덜수록 가벼워지는 것이니라. 언제나 물物 위주로 생각하면 고개가 숙여져 있어 보일 것도 보이지 않게 되는 것이니, 항상 하늘을 우러러 합리화하지 않도록 해라.

그렇게 하도록 하겠습니다.

필요한 것은 구해진다. 뜻한 바 있으면 구해지는 것이다. 구해지지 않음은 뜻이 부족한 것이며, 수련은 절대 모든 것을 구해주지는 않는다. 알겠느냐?

알겠습니다.

— 『다큐멘터리 한국의 선인들』 4권에서

7장
삶을 살고 즐기라

내 인생 내 마음대로

무엇을 위하여 자신을 바치나

제가 전에 알던 분 중에 대기업에서 이사를 하는 분이 계셨습니다. 그룹 회장의 두터운 신임을 얻어서 경리 이사를 담당했습니다.
그런데 낙하산으로 내려온 신임 사장과 뜻이 안 맞아서 갈등이 생겼습니다. 사장이라는 사람이 회사 돈을 빼돌려 정치권에 상납도 하고 사리사욕을 추구하니까 이분이 팔을 걷어붙이고 싸움에 나섰습니다. 의협심이 강한 분이어서 매일 엄청나게 화를 내면서 혼란 속에서 지냈습니다. 그러다 간에 병이 들었습니다.
그걸 보고 제가 물었습니다. "회사가 더 중요하십니까, 자신이 더 중요하십니까?" 그랬더니 회사가 더 중요하답니다. 목숨을 걸고라도 해야 한답니다. 그래서 제가 할 말을 잃고 "그럼 싸워서 이기십시오" 했습니다.

설상가상으로 하나 있는 아들이 뇌에 종양이 생겼습니다. 수술을 해도 3개월을 못 넘긴다는 선고를 들었습니다. 어렵게 얻은 아들인데 쉽게 포기할 수는 없어서 그때부터 이분이 전국의 용하다는 분들을 찾아다녔지요. 회사일 하랴, 아들 때문에 그렇게 찾아다니랴, 고생이 이만저만이 아니었지요.

제가 또 물었습니다. "아들이 더 중요하십니까, 자신이 더 중요하십니까?" 그랬더니 또 아들이 더 중요하답니다. 이번에도 제가 할 말이 없었습니다. 지금이라도 명상을 하라고, 병원에 다니면서 치료를 받으라고 말씀드려도 안 듣더군요.

결국 이분이 간암에 걸려서 돌아갔습니다. 무슨 일이든 나를 지배하면 안 되는데 이미 80~90% 이상 일과 아들에 사로잡혀서 자신을 빼앗겼기 때문입니다. 그러면 정상적인 판단이 어려워집니다. 한 가지 일도 아니고 두 가지 일이잖습니까? 자기는 그냥 껍데기만 남은 상태가 되니까 병이 침범해서 그렇게 된 겁니다.

그 어떤 것도 자기보다 소중한 것은 없습니다. 일단 자기가 있어야 회사도 있고 아들도 있는 것이지 자기 자신도 지키지 못하는 상태에서 그런 게 있을 수는 없습니다. 이 세상에 목숨까지 잃을 정도로 소중한 일은 없는 것이지요.

그분이 아들을 위해서 목숨을 바친 것은 아닙니다. 아들 때문에 고민하다가 병을 얻어 죽은 것일 뿐입니다. 오히려 아들은 어찌어찌해서 살아남았습니다. 회사를 위해서 목숨을 바친 것도 아닙니다. 사장 때문에 그 회사가 거덜 났느냐 하면 그렇지도 않았습니다.

7. 삶을 살고 즐기라

그런데 정작 본인은 갔습니다.

이 세상에 태어나서 그 무엇도 나를 50% 이상 지배하도록 해서는 안 됩니다. 무엇을 위하여 그렇게 자신을 바칩니까?

성공과 실패의 기준 •

저는 성공과 실패의 기준을 어떻게 보느냐 하면, 일정한 나이가 돼서 자기가 하고 싶은 일을 하면서 살 수 있는 경제적, 시간적 여유가 있는 것을 성공했다고 봅니다. 잠 잘 시간 줄여서 하루에 열 몇 시간, 스무 시간 일하는 사람, 바쁘다는 말을 입에 달고 다니는 사람을 성공했다고 보기는 어렵습니다.

저는 바빠서 정신없는 사람은 싫어합니다. 아무리 돈이 많고 지위가 높아도 바빠서 정신없는 사람은 싫어합니다. 너무너무 정신없는 사람들 있잖습니까? 중요한 게 뭔지 모르는 거지요. 바삐 돌아갈 이유가 하나도 없는데 그러는 겁니다.

일을 안 하면 불안하고 허전한 일 중독증은 한심하게 봅니다. 사람이 그렇게 일벌레로 살려고 태어난 게 아닙니다. 여유롭게 숨 쉬면서 인간답게 살려고 태어난 것이지 그렇게 일만 하면서 살려고 태어나지는 않았습니다. 저는 30대 후반에 이미 그걸 거부했습니다. 더 이상 직장 속의 부속품으로 살지 않겠다고 했습니다. 자유로움을 지향해서 그런 것이지요. 우리가 하는 명상도 얼마나 자유롭습니까?

　물론 젊을 때는 일에 매진하는 것도 좋습니다. 하지만 어느 정도 나이가 되면 자기가 원하는 걸 할 수 있어야 합니다. 가정이나 직장에 계속 끌려가서는 안 되며 내가 주체가 되어 내 인생을 조절할 수 있어야 하는 것입니다.

　지금부터 그렇게 준비하십시오. 경제적, 시간적인 여유를 가질 수 있도록 준비해 보십시오. 한번 계획을 세워보시면 어떨까요? 어느 선까지 먹고살게 되면 그때는 하루 몇 시간만 일하겠다, 내가 하고 싶은 일에 시간을 할애하겠다, 이런 식으로 목표를 세워보시는 겁니다.

하고 싶은 대로 하고 살라 •

　자기가 하고 싶은 대로 하고 살아야 인간이 아니겠는가? 저는 그렇게 생각합니다. 제 경우 20대는 결혼해서 아이 낳아 기르고 직장 다니느라 정신없이 보냈고, 30대는 직장과 가정을 양립하면서 굉장히 힘을 쏟았습니다. 39살에 명상에 입문해서 40대는 명상으로만 10년을 보냈고, 50대는 이렇게 명상 지도를 하게 됐습니다.

　제 인생 스케줄에 의해 그렇게 된 건데 60대가 되면 전혀 다른 모습으로 살 수도 있다고 봅니다. 유명한 작가가 될 수도 있고, 시골 찻집 주인이 돼서 살 수도 있습니다. 70쯤 되면 다시 선생이 될 수도 있고요. 인생을 내 마음대로 살 수 있어야 한다는 얘기입니다. 내 인생은 내 마음대로 경영할 수 있어야 인간이 아니겠는지요?

지금껏 해오던 일을 계속 하지 않으면 죽는 줄 아는 분도 있더군요. 만일 30년 동안 공무원 생활을 했다 하면 정년퇴직을 해야 명예로운 퇴직이고 중간에 나오면 불명예퇴직이라는 사고방식을 갖고 있습니다. 그런데 나라를 위해서 30년을 일했다면 정말 끔찍이 많이 일한 겁니다. 10년을 일했다 해도 참 많이 일한 것인데요.

만일 내가 30년을 한 분야에 종사했다면 나머지 인생은 어떻게 보내야 할까요? 10년쯤은 사회를 위해서 일할 수도 있습니다. 반장이나 동장을 지내면서, 혹은 구멍가게를 하면서 사람들과 화목하게 지내고 이웃을 위해 봉사할 수 있습니다. 또 다른 10년은 농사짓고 자연과 대화하면서 보낼 수도 있는 것이고요. 이럴 수도 저럴 수도 있는 것입니다.

그렇게 못한다면 그 이유는 아마 낮아지지 못해서일 겁니다. 수치심을 버리면 얼마든지 할 수 있는데 명예나 지위 같은 걸 따지다 보니까 못하는 것일 겁니다. "사장님, 선생님" 이렇게 불러줘야 좋아하고 그렇게 안 불러주면 아주 싫어하지 않습니까? 관광 가이드도 선생님이라고 불러줘야 좋아하더군요. "가이드님"이라고 불러도 좋을 텐데요. 직업이 귀천이 있다는 사고방식에서 벗어나지 못한 거지요.

그런 것들이 다 우리를 옭아매는 굴레입니다. 왜 내가 그럴듯한 일만 해야 하나요? 왜 내가 넥타이 매고 출근하는 일만 해야 하나요? 전에 의사였다고 다른 일은 못하나요? 꽃 장사를 할 수도 있는 것입니다. 수치심을 버리면 그렇게 할 수 있습니다. 시장에서 좌판 놓고 떡을 팔 수도 있습니다. 스스로 생각할 때 부끄럽지 않다면 겉옷 같은 것은 다 벗어 던지십시오. 내가 부끄럽지 않은데 남이 뭐라고 하면 어떤가요?

외국으로 이민 가신 분들은 대개 자유로움을 원해서 가신 분들이지요. 자유주의자들입니다. 우리나라에서는 너무 많은 참견을 받는데 외국에 가면 아무렇게나 해도 괜찮으니까 가는 것입니다. 우리나라에서는 그게 죽어도 안 되기 때문입니다.

직업에서 놓여난다는 것 •

우리 명상은 버리는 공부이고 본성을 만나기 위해서는 비워야 한다는 말씀을 드렸습니다. 그렇다면 '일에 있어서 비웠다'는 것은 어떻게 하는 걸 말하는 걸까요? 아예 직장도 때려치우고 직업도 안 가지는 걸 말하는 걸까요?

직업은 필요합니다. 하루 종일 놀 수 없으니까 필요하고, 돈을 벌어야 하니까 필요하고, 취미가 있어야 하니까 필요합니다. 단지 반드시 그 일만 할 필요는 없다는 것입니다. 다른 일을 할 수도 있습니다. 직업에서 비웠다, 놓여났다는 것은 그런 뜻입니다.

저로 말하자면 지금은 제가 명상학교의 선생 노릇을 하고 있고 저를 차지하는 것의 95%가 선생이지만, 95% 선생이라 해서 "나는 선생 아니면 안 된다" 이러지는 않습니다. 하기 싫어지거나 뭔가 사정이 생기면 그만둘 수도 있습니다. 선생을 그만두면 잠시 쉬다가 동대문에 가서 점원 노릇을 할 수도 있고, 찻집을 운영할 수도 있고, 작가를 할 수도 있습니다. 아무 불편 안 느끼고 그렇게 할 수 있는 상태입니다.

그게 비웠다는 것입니다. 무슨 일이든 할 수 있는 상태입니다. 내가 지금 여건이 되고 형편이 되니까 그 일을 할 뿐이지 죽으나 사나 그 일 아니면 안 되는 게 아닙니다. 이 일도 할 수 있고 저 일도 할 수 있는데 현재는 선생 노릇을 하고 있는 것입니다.

선생님이시지만 거기에 대해 집착을 안 한다는 것인지요?

그렇지요. 최선을 다할 뿐이지요.

의식주나 일상적인 생활은 다 놓아야 하나요?

마음으로 놓으라는 얘기입니다. 예전에 제 친구 중에 이런 사람이 있었습니다. 전화를 걸면 첫 마디가 "내가 박사인데—"입니다. 자나 깨나 박사라고 하는데 건망증 찬가도 있잖습니까? 누가 박사라고 불러주면 '내가 박사였구나' 그래야 하는 겁니다. '내가 박사야? 무슨 박사지?' 이렇게 생각도 안 날 정도가 돼야 하고요.

제가 작가지만 글을 오래 안 쓰다 보면 '참, 내가 작가지' 하고 잊어버릴 수도 있는 것입니다. 작가 일을 할 때는 열심히 최선을 다

해서 하고요.

또 다른 세계를 개척해 보라

어느 분이, 1년만 지나면 정년퇴직인데 그 후에는 명상학교에서 일하고 싶다고 문의해 오시더군요. 제가 그분께 반문했습니다. 그런 마음이 들었다면 왜 굳이 일 년을 기다리시냐고요.

정년을 채우는 게 왜 그리 중요한가? 정년퇴직을 할 정도로 일했다는 것은 그 직장에서 30, 40년 근무했다는 것인데, 1년 전에 그만두면 불명예퇴직이고 정년을 꽉 채우고 퇴직하면 명예로운 퇴직인가? 그건 아니라고 봅니다. 30, 40년 해오던 일을 1년 더 연장하는 것일 뿐입니다.

물론 생활고 때문에 어쩔 수 없이 일해야 할 수도 있습니다. 그 일에 자부심과 재미를 느껴서 할 수도 있고요. 젊은 분들이라면 또 상황이 다르다고 볼 수 있습니다. 앞으로 이런 경험, 저런 경험을 할 기회가 많기 때문에 굳이 당장 뭘 새롭게 할 필요는 없습니다.

하지만 살아온 날보다 살아갈 날이 더 적은 분들은 시간이 참 아깝습니다. 이때까지 해오던 일을 계속 하기 위해서 남은 시간을 쓴다는 건 너무나 낭비잖습니까? 생활이 어느 정도 되신다면 과감히 접고 이때까지 안 해본 일을 해봐야 합니다. 거기서 또 일가를 이루시고요. 또 다른 세계를 개척하는 것처럼 멋있는 일은 없습니다.

개그우먼 김미화 씨 아시지요? 수백만 시청자들을 웃기고 울린, 상도 많이 받은 성공한 코미디언인데 어느 날 갑자기 시사 프로그램 진행자로 변신했습니다. 처음 맡을 때만 해도 의혹의 눈초리로 바라보는 사람들이 많았다고 하더군요. "김미화가 시사 프로를 진행하다니 제 정신이냐?" 이렇게 말하는 사람이 있을 정도였다고 합니다.

그런데 지금 너무 잘하고 있습니다. 딱딱한 시사 문제를 친근감 있게 소화해 냅니다. 모르는 용어가 나오면 서슴없이 그 뜻을 묻고, 이해하기 어려운 정부 정책이 나오면 왜 그랬느냐고 질문을 던지고, 그렇게 일반 시민의 눈높이에서 다룹니다. 이웃집 아줌마의 수다를 듣는 것처럼 편안한 느낌으로 진행하는 것입니다.

독서량이 엄청나다고 합니다. 하루 4~5개 스케줄로 눈코 뜰 새 없이 바쁘지만 일과 중 1~2시간은 방송국 서점에서 할애한다고 합니다. 바쁜 시간을 쪼개 한 권이라도 더 읽는 것이지요. 잠깐의 짬을 이용해 살펴본 내용도 쌓이면 상당한 독서량이 된다고 하더군요.

사회 운동에도 관심이 많아서 비정부기구 NGO 80여 곳의 홍보대사를 맡고 있다고 합니다. 웬만한 사회복지 단체치고 그분 신세를 지지 않는 곳이 없을 정도라고 합니다. 한 달에 두세 번은 봉사활동이나 기부금 모금 행사에 직접 참여한다고 하고요.

우리 명상하는 사람들도 그렇게 제2의 인생을 개척해야 하지 않겠는지요? 그러면서 뭔가를 보여줘야 하지 않겠는지요? 웰빙을 추구하는 사람은 이렇게 산다, 선인이 되고자 하는 사람은 이렇게 산다, 그런 걸 보여주면 좋겠습니다.

인간답게 살기 위해 태어났다

웰빙, 나를 찾아야겠다

몇 년 전부터 우리 사회에 '웰빙well-being'이라는 단어가 크게 회자하고 있습니다. 매스컴에서 "웰빙이 온다"고 떠들어 대더니 유기농 먹을거리와 친환경 제품에 대한 관심이 폭발적으로 증가하더군요. 요가, 명상의 붐이 뒤따랐고요. 웰빙이라는 말이 유행하면서 온갖 것에 웰빙을 갖다 붙이는 현상도 생겼습니다. 웰빙이 대체 뭐기에…….

웰빙이란 말 그대로 '잘 있다well-being'는 뜻입니다. 어떻게 잘 있느냐? 몸은 건강해야 하고, 마음은 편해야 하고, 정신은 맑아야 합니다. 그것이 웰빙입니다. 마음하고 정신은 다릅니다. 마음은 가슴에 있고, 정신 즉 생각은 머리에 있습니다. 정신이 맑다는 것은 곧 생각이 맑다는 얘기입니다.

나라마다 웰빙의 형태는 조금씩 다르지만 근본 개념은 인간답게 살겠다는 것입니다. 태동은 20~30년 전쯤이라고 보는데 제가 70년대에 유럽에 가니까 "자연으로 돌아가자, 인간답게 살자" 그런 얘기를 하더군요. 인간이 궁극적으로 추구해야 할 것은 자연으로 돌아가는 일인데 그 전에 인간답게 살자는 것입니다.

우리나라에서는 새마을운동하고 경제개발 5개년 계획하느라 바쁠 때였습니다. 먹고사는 일에 바빠서 자연으로 돌아가자든가 인간답게 살자는 얘기는 꿈도 꾸지 못할 때였는데 유럽에서는 그런 얘기를 하고 있었습니다.

어떻게 인간답게 사느냐? 우선 너무 매여 있는 데에서 벗어나자는 것입니다. 국가에 매여서 국가가 하자는 대로 따라 하고, 국가 발전을 위해 새벽부터 밤까지 일하고, 그러지 말자는 것입니다. 직장에 매여서 일벌레처럼 일만 하지는 말자는 것이지요. 가정에서도 직분이나 의무에 매여 허덕이며 살지 말자는 것이고요. 원래는 인간답고 편리하게 살기 위해서 가정을 이루는 건데 거꾸로 되어 가정에 매여 살고 있잖습니까?

직장에 가면 사장이니 과장이니 하는 직함이 커다랗게 자리 잡은 나머지 정작 자기는 온데간데없습니다. 집에 오면 아버지니 남편이니 하는 역할이 크게 비중을 차지한 나머지 정작 자기는 사라지고 없습니다. 자신이 진짜 원하는 것은 꿈일 뿐 현실이 아닙니다. 노예처럼 나귀처럼 매여서 정신없이 돌아가다 보니 자기가 없어졌습니다. 그래서 "나를 찾아야겠다"고 벌어진 운동이 웰빙입니다. 먹고

살 만해진 나라에서는 어떻게 사느냐가 중요해졌기 때문에, 문화에 생각이 미쳤기 때문에 태동이 된 겁니다.

여러 가지 형태를 띠고 나왔는데 우리가 볼 때는 아직 괴짜처럼 보일 수도 있습니다. 결혼을 예로 든다면 결혼은 안 하고 동거만 하는 커플, 결혼은 해도 아이는 안 갖는 커플, 이렇게 다양한 형태로 나타나고 있습니다.

거스를 수 없는 거대한 흐름 •

웰빙의 태동은 제가 볼 때는 유럽입니다. 프랑스 사람은 베짱이고 영국 사람은 개미라고 하잖습니까? 그런데 이제는 그 영국 사람들에게조차도 '다운쉬프트downshift 족'이라고 해서 "느리게 가자, 출세도 싫고 돈도 싫고 명예도 싫다, 나를 찾겠다" 하는 흐름이 있습니다.

보수 진영에서는 별로 환영하고 싶지 않은 부류입니다. 그 사람들이 원하는 대로 가다 보면 기존 질서가 다 파괴되겠기 때문입니다. 회사 소유주가 볼 때 근로자들이 꼬박꼬박 주말 찾고, 법정 근무 일수 딱 채우고는 휴가 달라고 하면 유지가 잘 안 됩니다. 집안 어른들이 볼 때도 젊은이들이 가부장적인 질서에서 다 이탈하게 생겼으니까 바람직하지 않은 것이고요. 기득권 세력으로서는 거부하고 색안경을 끼고 볼 수밖에 없는 것입니다. 하지만 결국 대세를 따라가게 마련이지요.

전 세계적으로 제일가는 일벌레가 우리나라 사람들이라고 합니다. 법정 근무 시간이 주당 40시간이 넘는 나라가 우리나라입니다. 그런 나라에서조차 주 5일 근무제를 시행하게 됐습니다. 안 하려고 버티고 버티다가 노조에 밀려 어쩔 수 없이 시행하게 됐습니다. 그 거대한 흐름이 이제는 뿌리칠 수 없게 들어와 있는 것입니다. 물밀듯이 들어와 있습니다. 그것이 웰빙입니다.

그러나 우리나라가 참 보수적인 나라지요. 아마 주 5일 근무제 법안도 끝까지 버티다가 통과된 나라에 속할 겁니다. 일 많이 하는 걸 칭찬하고 인간의 기본 도리이자 덕목이라고 여기는 나라입니다. 국가적으로 "일하자, 잘 살기 위해 일하자" 노래하며 끌고 가는 나라입니다. 아침부터 밤까지 일벌레처럼 일하지 않으면 죄의식을 느끼는 문화적인 분위기가 아직 많이 남아 있습니다.

우리가 원래 돌아가야 할 길 •

우주의 입장에서 보면 인간은 그렇게 일을 많이 해야 할 필요가 없습니다. 그리고 뭐든지 너무 많습니다. 기업이나 국가의 입장에서는 물건을 자꾸 만들어 내야 흥하니까 계속 많이 만들어 냅니다. 많이 만들어서 많이 팔려야 세금도 많이 걷히지 않습니까? 많이 만들어 내야 많은 노동력이 필요해서 일자리도 많이 창출되고요.

그런데 너무 많이 만들어 내면 그게 전부 쓰레기가 돼서 환경 문제를 일으킵니다. 환경운동하는 분들의 입장에서 보면 죄악이지요. 국가나 기업의 입장에서는 안 만들어 내는 게 죄악이고요. 그래서 서로 충돌이 일어나는데 우주의 입장에서 보면 인간들이 너무 일을 많이 하고 있고, 불필요한 걸 만들어 내는 데 에너지를 쓰고 있습니다.

인간은 왜 태어났는가? 진화하기 위해서 태어났습니다. 진화하지 않고 퇴보하고 지구를 오염시키는 일을 하는 것은 바람직하지 않다고 봅니다. 명상할 수 있는 여건을 마련하는 선에서, 간소하게 먹고 입고 생존하는 선에서 노동력을 발휘하기를 바랍니다. 나머지는 문화적인 일, 창조적인 일, 영적인 일을 위해서 쓰기를 원하는데 반대로 되어서 문화 챙기고 그러면 사치라고 비난하는 분위기가 되어 왔습니다.

그러니까 우리가 원래 돌아가야 할 길로 가는 거대한 흐름이 웰빙입니다. 그동안 기득권자들로부터 많이 억눌려 왔고, 소수의 튀는 사람들이 하는 짓거리쯤으로 치부되어 왔는데 어느새 매스컴이 많이 호응하고 있습니다. 웰빙이 벌써 주류이고 선두그룹이고 우리 문화를 바꿀 수 있는 흐름이라는 얘기입니다. 거스를 수 없는 흐름입니다.

한국적이고 우주적인 웰빙 •

웰빙의 본뜻은 좋습니다. 자신이 건강해지고 행복해짐으로써 주변 사람에게 나누어 주는 것, 자신을 이롭게 하면 남도 이롭다는 것입니다. 그런데 지금의 웰빙은 어떻게 보면 좀 이기적입니다. 자기만 악착같이 챙기고 남은 나 몰라라 하는 이미지입니다. 자기만 좋을 게 아니라 주변에 나눠주면 좋을 텐데요. 아마 서양에서 왔기 때문일 겁니다.

우리는 그걸 그대로 답습할 게 아니라 우리 나름의 한국적이고 우주적인 웰빙을 보여줬으면 좋겠습니다. 웰빙이라는 개념이 아직 완전히 정착된 상태가 아닌데 우리가 이끌어 가자는 것이지요.

그 방법은 문화여야 합니다. 문화운동으로 가면서 생활 속에 녹아들어야 합니다. 이념만으로는 꽃을 피울 수가 없습니다. 의식주, 놀이, 예술 등을 통해 보여줘야 합니다. 유럽에서 있었던 종교개혁도 그것만으로는 파급 효과가 적었을 겁니다. 그 뒤에 르네상스가 있었기에, 문학·예술·건축 등 문화 전반에서 인본주의의 꽃을 피웠기에 사회가 바뀔 수 있었을 겁니다.

그렇다면 우리가 피워야 할 문화는 무엇인가? 웰빙이라는 게 방향은 같아도 문화적 형태는 나라별로 다를 수밖에 없는데 우리나라에서는 어떤 문화여야 하는가?

저는 그것이 '선仙' 이라고 봅니다. 수천 년의 역사를 지닌 우리의 전통문화이지요. 선의 본뜻은 그 글자에 이미 내포되어 있는데, 선仙

이란 글자 자체로서도 인간人이 산山과 함께 있는 것이니 여기에서의 산은 바로 자연이자 우주이자 모든 것을 뜻하는 것이라고 할 수 있습니다. 선이란 하늘과 인간 등 우주와 관련된 모든 것을 통칭하는 말인 것입니다.

선이란 하늘을 알고 사랑하는 일, 자연을 알고 사랑하는 일, 사람을 알고 사랑하는 일이라고 말할 수 있습니다. 이 세 가지를 실천한다면 자연히 이들을 아끼게 되며 해칠 수 없게 되지요. 이들과의 관계에서 명상, 일, 놀이, 예술 등이 탄생되게 됩니다.

수선재는 "선사모" 즉 "선을 사랑하는 사람들의 모임"이라 할 수 있으며 그 실천 방안으로 선한 옷, 선한 음식, 선한 집에서 살려고 노력하며, 선한 놀이와 예술을 통하여 자신을 발전시키며, 선(하늘, 자연, 사람)과 통하고자 합니다.

선의 뿌리는 매우 깊습니다. 우리나라는 본래 선인仙人이 세운 나라로서 환인, 환웅, 단군, 이런 고대의 제왕들은 전부 선인이셨습니다. 그때는 하늘과 통하지 않으면 나라를 다스릴 수가 없었지요. 하늘과 통하는 선인들이 통치를 했던 대단한 역사를 가진 나라가 우리나라인 것입니다. 남사고, 최치원, 김가기, 황진이, 서경덕, 박지원, 김시습, 토정 이지함 등 우리 역사에 족적을 남기신 선조들 대부분이 선인이셨고요.

하지만 현재는 남아있는 게 거의 없습니다. 외세의 침략을 받으면서, 미신이나 사이비로 치부되면서 거의 없어져버렸습니다. 하루 아침에 되는 건 아니겠지만 우리가 다시 가꾸어야 합니다.

각자 모델이 되어 주십시오. 이렇게 하는 것이 웰빙이다, 이렇게 하는 것이 선문화다, 하는 걸 보여주십시오. 숨은 이렇게 쉬고, 먹는 건 이런 걸 먹고, 어떤 옷을 입고, 어떤 집에서 살고……. 이렇게 생활 속에서 실천하는 방법을 보여주십시오. 말로만 떠드는 건 의미가 없습니다. 한 가지라도 실천해야 합니다.

우주의 기운으로 하는 깊은 호흡

웰빙 하면 흔히 요가를 떠올리는데 요가는 단전호흡을 하지 않습니다. 요가 하는 사람들은 단전을 모릅니다. '챠크라'라고 우리 몸에 신성을 일깨우는 일곱 가지 부분이 있다는 건 아는데, 그중의 하나가 단전이라고 하지 단전이 크게 중요하다는 건 모릅니다. 그래서 기운을 어디다 가두지를 않습니다.

요가가 제일 중요하게 여기는 것은 기운이 막히지 않고 자연스럽게 흐르게 하는 것입니다. 기운의 유통에만 관심을 씁니다. 그렇게 하면 편안해지거든요. 단전에 대한 개념이 없기 때문에 '축기를 해서 뭘 해보겠다, 단전을 통해서 우주로 가겠다' 이런 생각도 없습니다.

그래서 자연스러운 호흡을 하고 심호흡을 하는데, 가슴으로 하는 호흡은 얕은 호흡이지만 깊이 호흡을 하다 보면 복식호흡을 하게 됩니다. 요가는 복식호흡을 하는 것입니다.

우리는 단전호흡으로 웰빙을 합니다. 단전호흡은 의식을 배꼽 아래 단전에 두고 기운을 모으는 것이 특징입니다. 단전호흡 중에서도 우주기宇宙氣로 하는 단전호흡입니다. 우주기를 당겨 받을 수 있는 장치인 팔문원(八門圓, 우주 본체를 형상화한 문양, 수선재의 심벌)과 고유의 명상법을 통해 우주기로 호흡을 합니다.

우주기는 어떤 기운인가? 지혜를 밝혀 주고, 비워 주는 기운입니다. 인체의 면역력을 좌지우지하는 상화相火의 기운입니다. 우리는 그렇게 우주기, 즉 우주의 기운으로 하는 깊은 호흡을 통해 몸의 건강을 도모하고 마음을 편안하게 하고 정신을 맑게 하는 것입니다.

선한 놀이와 예술 •

행복한 모습을 보여줄 수 없다면 우리가 명상을 하는 의미가 없습니다. 고행한답시고 잔뜩 괴로운 얼굴로 명상하는 건 의미가 없습니다. 진도는 좀 덜 나가더라도 공부된 만큼 보여줘야 합니다. 조화를 이루면서 가자는 겁니다. 더딘 것 같아도 그게 더 빠른 방법이기 때문입니다.

명상을 꼭 매일같이 수련장에 나와서 할 필요도 없는 것이지요. 어떤 날은 집에서 온 가족이 모여서 할 수도 있습니다. 이제부터는 그런 방법을 써 주시기 바랍니다.

주안점은 마음의 평화입니다. 마음의 평화를 얻으려면 몸부터 돌봐야 하고요. 그러려면 움직여 줘야 합니다. 움직이되 바른 방법으로 움직여야 합니다. 호흡을 통해서 움직이고, 선무를 추면서 움직이고, 그렇게 즐겁게 움직이면 몸과 마음이 다 즐거워집니다.

매달 한 번씩 수선대(樹仙臺, 수선재의 명상마을)에 오셔서 명상을 하시는데 명상하기 전에 선무나 노래를 배우시면 어떨까요? 오카리나 대금 같은 악기를 배우는 시간을 가져도 좋겠습니다. 와서 명상만 할 게 아니라 좋은 집에서 좋은 음식을 먹고 좋은 놀이를 즐기는 놀이마당이면 좋겠다는 바람입니다.

예술의 역할은 맛을 내주는 것입니다. 살맛을 내주는 성분, 양념 같은 것입니다. 음식을 먹을 때 양념이 너무 많으면 안 좋잖습니까? 본래의 맛을 희석시키는데 마찬가지로 예술도 지나치면 월권이 됩니다. 예술이 인간을 좌지우지하면 안 되는 것입니다.

예술이란 슬쩍슬쩍 건드려줘야 하는 것이지요. 왜 예술이 필요한가 하면, 너무 심심하거나 살맛이 안 나거나 우울하거나 슬플 때 슬쩍 건드려줘서 기분을 전환해 주기 위해서입니다. 그런 정도의 역할을 하는 것이 예술입니다. 뭔가 해보겠다고 마구 뒤집어 놓고, 들쑤셔 놓고, 강렬하게 표현하는 게 답은 아닙니다. 뭔가를 잔뜩 표현하려고 하면 질립니다. 있는 듯 없는 듯 슬쩍 건드려주는 게 좋습니다.

음악도 순수한 음악들은 몸으로 스며드는데, 뭔가를 표현하려고 무지 애를 쓴 음악들은 듣는 게 힘들더군요. 누가 그랬던가요, 지상의 음악은 음악이 아니라고요. 너무 강하게 자극하는 음악, 사람에게 뭔가 작용을 하려고 하는 음악은 싫더군요. 자기도 모르게 스며드는 정도가 좋은 것입니다.

선한 식사와 옷 •

대개 무언가 먹거나 마시면 즐겁습니다. 제대로 된 음식을 먹고 제대로 된 차를 마시면 참 기쁩니다. 심한 사람은 음식에 따라 그날 일진이 바뀝니다. 맛있고 좋은 음식을 먹으면 하루 종일 기분이 좋고, 맛없고 배만 부른 음식을 먹으면 기분이 나빠져서 하루 종일 신경질을 냅니다.

제가 이스라엘 여행을 갔을 때 '다락방'이라는 곳에 간 적이 있습니다. 탁자에 둘러앉아서 음식을 먹고 포도주를 마시고 담소를 하는 장소였다고 합니다. 예수님의 전도 방법은 그렇게 식사와 더불어 말씀을 나누는 것이지 예배만 따로 보지는 않았다고 합니다. 예배당 따로 생활공간 따로 구분이 된 건 후세의 일이고 예수님은 항상 같이 했다는 것입니다.

음식을 같이 나누는 자리는 즐거운 자리이고 화목한 자리입니다. 밥 한 번 같이 먹으면 친해집니다. 우리가 흔히 "밥 같이 먹자" 하는 건 밥을 같이 먹으면 가까워지기 때문이지요. 그리고 평등한 관계가 됩니다. 한 밥상에서 같이 밥을 먹으면, 그것도 원탁에서 쭉 둘러앉아 먹으면 상하관계가 없어지고 평등한 관계가 됩니다. 우리 명상하는 사람들도 예수님처럼 해보면 어떨까요? 간단히 음식을 해 먹으면서 공부할 수도 있는 것입니다. 그게 너무 번거로우면 차만 마시면서 할 수도 있고요.

그런데 식사가 생활을 지배해서는 안 된다고 봅니다. 너무 정성을 들이다가 식사가 주가 되는 현상은 바람직하지 않다고 봅니다. 식사는 어디까지나 보조 수단으로서 건강을 유지하기 위한 방편입니다. 간단하게 또 알차게, 두세 가지만 가지고 조화를 이루는 식단을 연구해 주시면 좋겠습니다. 한 가지라도 좋은 음식, 기억에 남을 만한 음식을 먹게 해주시면 되는 것입니다.

옷에 대해 말씀드리자면, 인간을 자유롭게 하는 옷이어야 한다고 봅니다. 인간을 가둬놓는 옷이어서는 안 된다고 봅니다. 지금 우리가 입는 옷들은 인간을 옷 속에 꿰어 놓는 옷이 주를 이루고 있잖습니까? 옷이 주인이고 사람이 종이 되는 옷을 입고 있습니다. 인간다운 생활을 할 수 있는, 자연의 기운을 느낄 수 있는 선仙한 옷을 연구해 주시면 좋겠습니다.

선한 집

집과 정원은 우리 인간들의 영원한 테마입니다. 사람은 처음에는 음식에 관심을 가지고, 먹고살 만하면 옷에 관심을 가지고, 나중에는 집에 관심을 갖습니다. 집은 몸을 담는 그릇이자 그 집에 살고 있는 한 인간의 모든 것을 표현하는 종합예술이라고 생각합니다.

"아무 데서나 살면 되지 집이 뭐 그리 중요해?" 이렇게 말하는 분도 있더군요. 하지만 인간이라면 아무렇게나 된 집에서 살 수는 없는 것이지요. '아무 데서나 사는 사람'은 '아무렇게나 사는 사람'이라고 생각할 수 있습니다. 집은 총체적으로 그 사람을 드러내는 곳이기 때문입니다.

'집 재齋'자에서 알 수 있듯이 수선재樹仙齋도 집입니다. 집이라는 것은 길러내는 장소지요. 사랑도 나누고 아이도 기르는 곳입니다. 수선재는 수선인을 길러내는 집입니다. 수樹선仙재齋라는 글자에서 알 수 있듯이 수선인 각자는 나무이며, 수선재는 그 나무들이 힘을 합하여 이루어내는 집과 뜰인 것입니다.

사람은 세 가지 집에서 산다고 합니다. 자신이 태어나서 자란 집, 현재 살고 있는 집, 그리고 미래의 꿈속의 집입니다. 대부분의 사람들은 꿈속의 집은 꿈속에 놔두고 여러 가지 형편으로 원치 않는 집에 살고 있는데 우리 수선인은 앞으로 자신이 원하는 장소에서, 자신이 원하는 형태의 집에서 살아야 하지 않겠는가 합니다. 선仙한 집에 살아야 하는 것입니다.

선한 집이란 어떤 집인가? 건강에 좋은 집, 짓기 쉬운 집입니다. 건강에 좋은 소재여야 하고, 또 집 한 채 짓는 데 온갖 고생을 해서도 안 됩니다.

예전에 피지Fiji에 여행가서 보니까 그곳 원주민들은 자연 소재를 가지고 손쉽게 집을 짓더군요. 지붕을 둥그렇게 만드는데 둥글다는 게 사람 마음을 참 푸근하게 해주더군요. 지붕에 여덟 개의 채광창을 만들어서 집 안에 팔각형과 네모와 원이 다 들어가게 합니다. 집 안에 우주와 땅과 인간이 다 들어가는 것입니다. 사람이 네모반듯한 공간에 살아야 한다는 것은 사실 고정관념이지요. 네모반듯하다는 게 사람의 사고를 각 지게 만드는데 다른 모양으로 만들 수도 있는 겁니다.

집은 또 기운과 밀접한 관련이 있어서 잘못 지으면 자기도 모르게 기운이 솔솔 빠져나갑니다. 기적으로 사람을 생하게 하는 집을 지어야 하는 것입니다. 우리나라 옛날 초가집이 그런 면에서 참 좋은 집이지요. 아궁이에 불 때고 바닥에 앉아 있으면 흙기운(土), 불기운(火)이 극해주니까 자궁(水)의 병이 없어지지요. 옛날 여인들이 부인병이 없고 건강이 좋았던 건 그래서였습니다. 지금은 다들 시멘트집에 살기 때문에 생식기·신장·방광 병이 많이 생기지 않나 합니다.

외양에 있어서도 초가집이 우리나라 옛날 집 중에서 제일 아름답습니다. 기와집은 무거워 보입니다. 지체 높은 집일수록 지붕의 비중이 높아서 기와가 3분의 1을 차지하기도 하는데 꼭 그렇게 할 필요가 있나 합니다. 흙을 구워 기와를 만드니까 지붕에 흙을 이고 사는 건데 불합리한 일이지요. 한옥의 형태가 과학적이라고 하는데 지붕에 있어서만큼은 허세라고 생각합니다.

저는 그동안 강철과 유리로만 된 집, 과도한 황토와 나무로만 된 집 등을 통하여 오행의 기운이 편중된 집과 가족 수에 비하여 큰 집은 건강에 좋지 않다는 것을 몸소 겪었습니다. 어떠한 집을 어떻게 지어야 건강에 유익할 것인지 관련 자료를 읽으며 연구하고 있습니다. 집과 더불어 정원, 실내식물에 대한 것도 연구과제입니다. 관심 있는 분들이 선한 집과 정원, 실내식물에 대한 지침을 만들어 주시면 좋겠습니다.

 **의미 있는 삶이란**

건강, 가정의 화목, 돈, 친구

2006년 영국의 신경제학재단NEF 조사에 따르면 우리 국민의 행복지수는 조사 대상 178개국 중 102위라고 합니다. 상당히 하위권입니다. 행복지수가 경제력과 비례하지는 않는 것 같습니다. 행복지수가 가장 높은 나라는 호주 부근의 작은 섬나라인 바누아투라고 합니다. 중국의 행복지수(82위)가 우리나라보다 순위가 높다고 하고요.

어떤 때 행복을 느끼는가? 이 질문에 대한 답은 남녀와 계층에 따라 다른데 우리 국민은 대체적으로 행복의 첫 번째 조건으로 건강을 꼽는다고 합니다. 그 다음으로는 가정의 화목과 돈을 꼽고요.(한국갤럽조사2007)

친구도 참 중요하다고 합니다. 요즘은 '애완동물'이 아니라 '반려동물'이라고 부른다고 합니다. '애완'은 사람이 일방적으로 귀여워 해주는 차원인데 '반려'는 동반자로서 같이 사는 거라고 합니다. 같이 사는 동물의 격을 높인 것이지요. "반려자가 없으면 반려동물이라도 있어야 한다"고 하더군요. 그게 삶의 질에 상당한 영향을 미친답니다.

제 경우 가끔 불행을 느낄 때는 친구가 없다고 느낄 때입니다. 제가 수평적인 관계가 없거든요. 윗분이나 아랫사람은 있는데 수평관계가 없습니다. 그것이 제가 가진 약간의 애로사항입니다. 세상 친구가 있다고 해도 서로 사는 세계가 다르니까요.

그러다가 최근에 마음을 바꿨습니다. '제자'라는 단어를 바꿔서 '친구'라고 해야겠다, 이렇게 생각했더니 그 마음 바꾼 것만으로도 상당히 행복해졌습니다. 부모자식 관계라는 데 얽매이지 않으면 딸하고도 친구가 될 수 있는 것이고요.

삶은 아름다워야 한다 •

그런데 아무리 건강하고 가정이 화목하고 친구와 돈이 있다 할지라도 그것만으로는 뭔가가 부족하더군요. 알맹이가 빠져 있으면 의미가 없더군요. 그 알맹이는 대체 무엇이겠는가······.

얼마 전 수십 년간 연락을 끊고 있었던 옛 상사를 찾아뵈었습니다. 산속에서 부부가 외로운 삶을 이어가시더군요. 시종일관 자연의 아름다움을 만끽하며 살고 있는 자신의 삶을 자랑하고 계셨는데 제게는 왠지 공허함만이 가득 일렁이더군요.

"자신이 별로 하는 일은 없지만 적어도 자연에 대하여 죄는 짓지 말고 살자"는 철학으로 버티고 있다고 하셨습니다. 도시에서 사람들에게, 자연에게 죄를 짓고 사는 많은 사람들에 비하여는 훌륭한 삶이 분명하지만 자신들만을 위해서 사는 것은 어쩐지 아름다움도, 향기도 덜했습니다.

삶은 아름다워야 한다고 봅니다. 자신이 느낄 때도, 남들이 구경할 때도 아름다움을 느낄 수 있다면 다행이라고 하겠습니다. 우리가 선문화를 통해 전하고자 하는 내용도 결국은 아름다움이 아닐까요? 하늘과 인간, 자연과 인간, 인간과 인간관계 속에서의 아름다움……

의미 있는 삶이란?

제가 《환경스페셜》이라는 TV 프로그램을 잘 보는데 얼마 전에 에베레스트 산에 올라가는 분들의 얘기가 나왔습니다. "클린 원정대"라고 산을 청소하러 올라가는 분들입니다.

그분들은 정상에는 안 올라갑니다. 베이스캠프 있는 데까지만 가서 쓰레기를 수거해서 내려옵니다. 배낭에 쓰레기를 잔뜩 담아 내려와서 일정한 지점에 갖다 놓는데 열 명 가까운 인원이 주워온 쓰레기가 2톤이 넘는다고 합니다. 버너니 산소통이니 하는 등반 과정에서 생긴 쓰레기들을 전부 주워서 내려오는 것입니다.

고생이 이루 말할 수가 없습니다. 동상에 걸리기도 하고 해발 5,000미터를 넘으면서 고산병에 걸리기도 합니다. 내려올 때도 짐을 잔뜩 지고 내려와야 합니다. 6,000미터쯤 올라갔다가 인근 봉우리에서 조난자가 발생했다는 무전이 오니까 다시 내려가더군요. 산을 청소하는 것도 중요하지만 사람을 구하는 건 더 중요하다면서요.

해마다 그렇게 '클린 원정'을 한다고 합니다. 가만히 있어도 될 걸 죽음을 무릅쓰고 남이 버려놓은 쓰레기를 청소하는 일을 하는 것입니다. 원정대 대장이 이렇게 말하더군요. "자신이 그동안 산에 오르면서 저질렀던 일들에 대해 조금이라도 갚아서 마음이 가볍다."

산이 너무도 괴로워한다는 겁니다. 산에 두고 온 연료나 텐트 같은 것들이 수천 년이 지나도 안 썩고 그 자리에 그냥 있으니까요. 그동안 인간들이 산을 정복하면서 저질렀던 악행에 대해 조금이라도 갚는 것이다, 결국 사람도 자연의 일부일 뿐이다, 자연을 지켜야 한다, 그런 얘기를 하더군요.

참으로 감동적이었습니다. 의미 있는 일이잖습니까? 우리가 해야 할 일이 바로 그런 것이지요. 클린 원정대가 산의 쓰레기를 청소하는 사람이라면 우리는 사람들의 마음이 지저분한 것, 맑지 않은 것을 청소하는 사람이 아니겠는지요?

여러 가지가 다 갖춰졌어도 알맹이가 빠지면 의미가 없다는 말씀을 드렸습니다. 의미 있는 삶이란 자신을 정갈하게 할 뿐 아니라 자신의 주변까지 맑게 하는 삶일 것입니다. 그것이 우리 수선인이 존재하는 의미일 것입니다.

하루 한 가지씩 실천하기

우리는 행복 디자이너가 되어야 하는 사람들입니다. 또 마음 클리너, 즉 남의 마음까지 청소해줘야 하는 사람들입니다. 남의 마음을 청소해주면서 내 마음이 궂으면 안 되지요. 행복하지 못할 이유가 없다고 생각하면서 표정관리를 해주시기 바랍니다.

진짜로 웃는지 가짜로 웃는지는 눈을 보면 안답니다. 가짜로 웃으면 입은 웃는데 눈은 안 웃는답니다. 눈초리가 처져야 진짜로 웃는 거랍니다. 눈초리가 처지도록 한번 진짜로 웃어보시기 바랍니다.

스스로 먼저 행복함으로써 주변에 베풀 수 있어야 합니다. 말로만 하지 말고 하루 한 가지씩이라도 실천해야 합니다. 《수선재의 정체성과 행동지침》은 그래서 만들어진 것이지요. 말로만 하면 실천이 안 되니까 실질적 지침을 마련한 겁니다.

행동지침 중에 "어른과 모든 상처받은 이들을 존중하며 이들을 위하는 구체적인 활동을 실행한다"라는 실천 항목이 있습니다. 어른은 자신보다 많이 겪은 분들이기에 그들의 연륜을 인정해 줘야 합니다. 또 지상의 모든 상처받은 이들에게는 그들의 엄청난 아픔을 이해하고 공유해야 합니다. 그들이 이유도 모르게 받는 재해는 인간 모두의 슬픔이기 때문입니다.

『연금술사』를 쓴 파울로 코엘료는 고향인 리오데자네이로에서 고아들을 돕고 있다고 합니다. "작가로서 세상을 바꿀 수는 없어도 한 동네는 바꿀 수 있다"라는 말을 했다고 합니다. 우리가 앞으로 반드시 해야 할 일이 그런 일이지요.

행동지침 중에는 또 "자신이 버린 쓰레기는 집 밖으로 내보내지 않으려고 노력한다"라는 항목이 있습니다. 『토지』를 쓰신 박경리 씨가 언젠가 텔레비전에 나와서 이렇게 말씀하시더군요. "사람은 참 죄를 많이 짓는다, 태어나서 죽을 때까지 쓰레기를 산만큼 쌓아 놓고 죽는다." 제가 생각해 보니까 진짜 산만큼 쌓아 놓고 죽겠더군요.

또 말씀하시기를 쓰레기를 만드는 것은 사람뿐이랍니다. 동물은 배설물조차도 다 비료로 활용하는데 사람은 너무나 염치없이 쓰레기를 산만큼 쌓아 놓고 죽는답니다. 그것만으로도 엄청난 죄를 짓고 죽는 것이지요.

어떻게 하면 쓰레기를 줄일 수 있는가? 박경리 씨는 자기 집 쓰레기는 일절 문 밖으로 내보내지 않는다고 하더군요. 음식 쓰레기는 파묻어서 비료로 활용하고 다른 쓰레기도 어떻게 잘 처리한다고 합니다. 제가 그 말씀을 듣고 '존경할 만한 분이구나' 했습니다.

관심 있으신 분이 연구해 주시기 바랍니다. 어떻게 하면 쓰레기를 문 밖으로 내보내지 않을 수 있을까? 또 자원으로 활용할 수 있을까? 제일 확실한 방법은 쓰레기가 될 만한 것을 안 사는 것입니다. 유럽 어느 나라에 가면 집 앞에 쓰레기통을 거꾸로 걸어 놓는 사람들이 있다고 합니다. 최소한 내가 먹은 음식물이나 내가 쓰던 물건은 집 밖으로 버리지 않겠다는 표시라고 합니다. 그렇게 하려면 쓰레기가 될 만한 물건은 아예 안 사야겠지요. 우리도 그렇게 해 보면 어떨까요? 쓰레기 문제는 한번 자체 내에서 해결하도록 해 보십시오.

생손앓이 하는 한반도의 자연

예전에 외국 여행을 떠나면서 아는 분에게 집과 정원의 관리를 맡긴 적이 있었습니다. 전원주택이라서 이것저것 관리할 게 많았거든요.

몇 달 만에 돌아와 보니까 모든 게 싹 바뀌었더군요. 떠나기 전에 해놓았던 것들이 싹 변경돼 있더군요. 저는 자연스러운 걸 좋아해서 정원에 나무를 여기저기 무작위로 심어 놓았었습니다. 지금쯤이면 꽃이 만발해 있을 것이다, 기대하면서 돌아왔습니다. 그런데 다 없어져 버렸습니다. 잔디만 깔려 있었습니다.

물론 맡으신 분은 저를 위한답시고 힘들여 그렇게 한 것입니다. 여행 중에 제게 전화를 걸어 "집을 좀 바꾸고 싶습니다" 하더군요. 제가 "돈 들이지 말고 있는 상태에서 관리해 주십시오" 하니까 "보수만 좀 하겠습니다" 하더군요. "그럼 보수만 하십시오" 했는데 싹 바꿔버린 것입니다. 돌아와서 그걸 원상 복구 하는데 한 달이 넘게 걸렸습니다. 나무들을 다시 많이 심어야 했습니다. 이미 철이 지났기 때문에 서둘러 해야 했지요.

관리를 맡기면 그렇게 저의 의도와는 관계없이 이렇게 저렇게 해버리는 경우가 참 많더군요. 어떻게 해달라고 부탁을 드려도 전혀 엉뚱한 방향으로 하더군요. 관리자가 바뀔 때마다 과거를 완전히 무시하고 싹쓸이하듯이 바꾸는 걸 많이 봤습니다.

왜 그런가 생각해 봤는데 국민성의 표현이 아닌가 싶더군요. 한국 사람들은 새로 뭔가를 맡으면 과거를 깡그리 부정하고 완전히 개혁하려는 기질이 있습니다. 도시를 하나 만든다 하면 기존 자연환경은 불도저로 밀어버리고 완전히 새로 지으려고 합니다. 자연환경 하나 바꾸는 게 얼마나 큰 범죄인지 인식을 못하는 것입니다.

예전에 남아프리카 공화국에 갔을 때 강가나 바닷가의 모래 언덕을 철조망을 쳐놓고 보호하는 걸 본 적이 있습니다. 철조망에는 "이곳에 무단침입하면 법의 저촉을 받는다, 심하면 사형도 가하다"라고 푯말이 붙어 있더군요. 그런 모래 언덕을 '사구砂丘'라고 하는데 사구를 훼손하면 생태계가 교란된다는 것입니다. 아무 쓸모없는 강가의 모래 언덕 같지만 한번 훼손하면 강의 어종까지 바뀐다는 것입니다. 환경이 바뀜으로 인하여 미생물, 곤충, 벌레부터 시작해서 먹이사슬로 이어진 생태계가 완전히 훼손된다는 것이지요. 다시 그 상태가 되기까지 최소 50년에서 100년까지 걸린다고 하더군요.

그런데 한국에서는 그런 것에 대한 의식이 거의 없습니다. 서해안에 가보니까 바다를 너무 많이 메우고 다리도 너무 많이 만들었더군요. 굉장히 오염돼 있었습니다. 제가 그동안 동해안은 많이 가도 서해안은 잘 안 갔는데 아마 갑갑해서 그랬던 것 같습니다. 한번 가면 정말 갑갑했거든요.

지구 전체를 한 사람의 몸이라고 했을 때 우리나라 땅덩어리는 새끼손가락 하나라고 볼 수 있습니다. 남한이 마지막 마디이고 북한은 그 윗부분입니다. 그런데 그 새끼손가락 하나를 이렇게 저렇게 마구 성형수술을 해 놓았습니다.

예전에 텔레비전에 '선풍기 아줌마' 라는 분이 나왔지 않습니까? 하도 성형수술을 많이 하고 보톡스를 많이 맞아서 얼굴이 선풍기만 해졌다 해서 선풍기 아줌마라 불린 분입니다. 얼굴이 부어 있고 울퉁불퉁 기형이 된 분인데 지금 한반도 남쪽이 그런 식입니다. 기운이 나가지를 못해서 생손앓이 하듯이 통통 부어 있습니다.

앞으로 운하를 만든다든가 하면서 또 파헤친다면 한반도가 자체적으로 살아남기는 더욱 어렵지 않겠는가 합니다. 이미 자구책을 잃은 상태입니다. 비명을 지르다 못해 아예 포기한 상태쯤 됩니다. 땅 속 바다 속 모두 오염 물질이 꽉 차 있습니다. 제 몸이 자연과 완전히 일치가 되어 있기 때문에 그걸 온몸으로 느낍니다. 너무너무 힘들어한다는 걸 느낍니다. 외국에 있다가 한국에 들어오면 오자마자 숨쉬기가 힘들 정도더군요. 그 정도로 병들어 있습니다.

이 모든 것이 무엇을 원하는가에 대한 인식이 없는 데서 비롯된 게 아닌가 합니다. 하늘이 무엇을 원하시는가……. 환경운동하시는 분들이 열심히 뛰고 계시긴 하지만 아직 목소리를 높이지는 못하는 상황입니다. 정치논리, 경제논리에 비하면 환경보호는 아직 소수의 목소리입니다.

정권을 쥐신 분들의 입장에서는 환경보호는 배부른 소리일 수 있습니다. 당장 일자리 창출이나 경제성장이 더 급하니까요. 하지만 실은 그렇게 병들어가고 있습니다.

기상 이변이 일어나는 이유

지금 전 세계적으로 쓰나미나 허리케인 같은 기상 이변이 많이 발생하고 있는데, 기도를 하거나 기운을 조절해서 그런 걸 막을 수는 없을까요?

그렇게 이상 기후가 나타나는 것은 필요에 의해서 그러는 것입니다. 너무 오염이 돼서 참을 수 없는 상황까지 가니까 쏟아내는 것이지요. 인체도 자율신경이 고장 나면 조절이 안 되잖습니까? 자연도 그렇게 고장이 난 것입니다. 고장이 나서 조절할 수 없는 상태가 됐습니다.

그리고 어느 한 지역의 기운을 맑게 하느라고 다른 곳의 기운을 끌어다 쓰면 그쪽에 문제가 발생합니다. 어딘가에서 또 불균형이 생깁니다. 되도록이면 그런 걸 안 해야 하는 것입니다. 자연에 순응해야 합니다.

지금 자연이 정화작용을 하는 것입니다. 바다가 너무 오염되면 해일을 일으켜서 자체 정화작용을 하지 않습니까? 날씨도 그런 이유로 이상 기후를 나타내는 것입니다. 자꾸 쏟아내야 자생할 수 있으니까 내버려둬야 합니다.

그리고 뭘 잘했다고 날씨를 맑게 해달라고 하겠습니까? 날씨를 맑게 하는데 뭘 기여했다고……. 자연에 준 그대로 돌려받는 겁니다. 할 말이 없는 겁니다. 하늘이 무너지지 않는 것만도 감사해야 합니다. 그동안 인간이 대단히 잘못했습니다. 잘못했으니까 이러는 것입니다. 이제는 자연이 통제 가능한 수준을 넘어섰습니다.

선진국들이 이산화탄소 줄이기에 앞장서고 있는데 지금 선진국이 문제가 아닙니다. 앞으로는 중국이나 인도 같은 개발도상국들이 더 큰 문제입니다. 무조건 잘 사는 것만 추구하다 보니까 그렇게 된 겁니다. 잘 산다는 것의 의미가 중요한데요. 똑같이 근대화, 현대화를 해야 잘 사는 것인가? 자연으로 돌아가야 잘 사는 것인데 맹목적으로 물질적인 부를 추구하고 있습니다. 그만큼 자연은 훼손되고 있습니다.

신문을 보니까 중국이 메콩 강에 댐을 만든다는 기사가 있더군요. 전 세계적으로 제일 긴 강이 메콩 강인데, 인도차이나를 흐르는 젖줄인데, 공업용수로 쓰려고 댐을 만들어 흐름을 끊는다는 겁니다. 지금 비상이 걸렸답니다. 이제는 기름싸움에서 물싸움으로 가는 거지요. 아프리카의 빅토리아 폭포는 수량이 예전의 3분의 1로 줄었다고 하더군요. 산림을 마구 파괴하니까 그렇게 된 것입니다.

이제는 한국도 피할 수 없는 상황이 됐습니다. 동해안에 가니까

황사가 거기까지 오더군요. 동해안인데도 공기가 안 좋아서 숨쉬기가 힘들 지경이더군요. 어느새 환경이 그렇게 됐습니다.

2012년, 2025년

이미 알 만한 사람은 다 아는 일입니다. 지구 환경이 점점 나빠지는데, 30년에 걸쳐 진행될 걸로 예상했던 일이 1년 안에 진행되는 식으로 점점 가속화하고 있다는 것입니다.

『월드 쇼크 2012』라는 책이 나와서 봤는데 반 정도는 비관적인 얘기이고, 반 정도는 "위기는 기회다"는 얘기더군요. 도처에서 의식이 깨인 사람들이 많이 나온다는 것입니다. 정신적인 변혁 또한 가속화되기 때문에 "잘하면 기회가 있다"고 말합니다.

서양의 학자들과 예언가들이 주시하는 해는 2012년입니다. 그때가 되면 환경 오염, 경제 붕괴 등이 천문학적인 변화와 겹치면서 그 이전에는 경험할 수 없었던 총체적인 변혁이 일어난다고 말합니다. 이른바 '마야 달력'에는 2012년 12월 21일까지 스케줄이 나와 있습니다.

반면 남사고 선인께서 쓰신 『격암유록』에는 2025년까지 스케줄이 나와 있습니다. 동양의 달력이 서양의 달력보다는 좀 더 너그러운 것이지요. 이후의 스케줄까지도 쓸 수 있으셨겠지만 '그때까지만 필요하다' 하고 더 안 쓰신 것 같습니다. 2025년쯤 되면 후임자가 올 거라고, 세상 사람들에게 희망을 주는 새로운 가르침이 나올 거라고 생각하셨을 수도 있고요.

하여간에 위기가 오는 것은 기정사실인 것 같습니다. 지금 경기가 부진하다는 등 말이 많은데 사실은 안 좋은 정도가 아닙니다. 실상을 보면 거의 공황 직전입니다. 정치인들이 그걸 감추고 있는데 언젠가는 드러나게 돼 있습니다. 1930년대 세계 대공황과 비슷한 수준이라고 말하는 학자도 있더군요. 그때는 물질적인 면에서만 위기였지만 지금은 정신적인 위기가 겹쳤습니다. 또 환경 문제가 아주 심각합니다. 당장 식량 위기가 오고 있고요.

하지만 항상 위기는 기회입니다. 2012년이 위기라고 하지만 어쩌면 기회일 수도 있습니다. 살기가 힘들어지면 대개 정신적인 부분을 찾잖습니까? 문화 산업이 발달하게 돼 있습니다. 30년대 세계 대공황 때는 영화 산업이 확 살아났었지요. 사는 게 재미없고 불안하니까 자꾸 영화관에 가는 겁니다. 희망을 찾아서, 웃음을 찾아서……

지구를 정화하는 배

수선재를 배에 비유한다면 어떤 배라고 볼 수 있는가? 지구에 대하여 어떤 역할을 부여받은 배인가? 전투함인가, 항공모함인가, 유조선인가, 유람선인가, 휴양선인가, 낚싯배인가?

청소하는 배입니다. 지구를 정화하는 배입니다. 그리고 그 배 안에서 자기 역할이 다 있습니다. 어떤 사람은 선장을 하고, 어떤 사람은 기관장을 하고, 어떤 사람은 기쁨조를 합니다. 배 안에서 자신의 역할을 찾으시기 바랍니다.

배를 탔다면 또 적어도 목적지가 어디인지는 알아야 합니다. 배를 탔는데 어디로 가는지 몰라 서로 좌충우돌한다면 결국 암초에 부딪혀 파선하고 말 겁니다. 우리는 알고 있습니다. 왜 태어났는지, 어디로 가야 하는지 알고 있습니다. 그쪽으로 가면 되는 것입니다.

 인생은 원래 여행이 아니던가

왜 도는 '길'인가? •

우리가 흔히 쓰는 '도道'라는 단어에는 '길'이라는 뜻이 있습니다. 도는 곧 길인 것입니다. 왜 도를 하필이면 길이라고 했는가? 왜 딴 이름을 붙이지 않고 길이라고 했는가? '길'이라는 단어에는 '간다'라는 의미가 있습니다. 길이라는 게 제자리에 서 있으라고 있는 건 아니잖습니까? 가라고 있는 것입니다. 명상하는 사람들은 가야 합니다. 제자리에 있으면 안 됩니다.

마냥 누워 있는 분이 있더군요. 길바닥에 누워서 남이 지나가는 걸 방해하더군요. 누워 있으면 허리가 아프니까 엎치락뒤치락 자세를 바꾸기는 하는데 계속 같은 자리에 있습니다. 굼벵이도 기는 재주가 있다고 하지 않습니까? 온몸으로 기어갑니다. 굼벵이 주위에 동그라미를 쳐놓고 한참 있다 와보면 이만큼 가 있습니다. 굼벵이도 그렇게 죽을힘을 다해서 기어가는데 하물며 사람이 제자리에서 엎치락뒤치락하고 있으면 되겠는가?

가정적인 행복에 안주하는 분도 많습니다. 집에 가면 따뜻한 방이 있고, 맛있는 음식이 있고, 귀여운 아이들이 있고……, 이런 데 심신이 젖어 있어서 그걸 버리라고 하면 굉장한 공포를 느낍니다. 부부간에도 떨어지면 못 사는 줄 압니다. 잉꼬처럼 붙어살아야 한다는 고정관념이 있는 것이지요.

하지만 이때까지 해오던 일을 계속 하려고 명상을 하는 건 아닙니다. 이제껏 해오던 일을 더 잘 유지하기 위해 명상하는 건 의미가 없습니다. 그렇게 하는 건 안주하는 것입니다. 험난한 길일지라도 지금의 안락함을 버리고 떠날 수 있어야 합니다.

여행이 필요한 건 그래서이지요. 마음이 길을 못 떠나겠으면 몸이라도 떠나봐야 합니다. 길을 떠나봐야 비로소 철이 듭니다. 남녀노소 모두 집을 떠나봐야, 이때까지 해오던 일에서 벗어나서 다른 일을 해봐야 성장하는 것입니다.

제 경우 명상 이외에 가치 있다, 해볼 만하다, 싶은 일은 여행인 것 같습니다. 만일 제가 명상을 안 하는 평범한 사람이었다면 아마 여행하면서 살았을 겁니다. 명상이 앉아서 우주를 아우르는 정신적인 여행이라면, 여행은 몸을 움직이면서 하는 육체적인 여행입니다.

여행은 떠나는 게 아니라 만나는 것

여행은 떠나는 것이 아니라 만나는 것입니다. 자유롭게 여행하면서 자신을 만나게 됩니다. 여행을 하면 하루에도 여러 국면을 만납니다. 길을 가다가 비가 쏟아질 수도 있고, 강도를 만날 수도 있고, 아플 수도 있습니다. 여행을 안 떠나면 1년에 한두 번 겪을 일을, 여행을 떠나면 매일 겪게 됩니다.

매일 새로운 상황에 부딪히는데 혼자 해결하다 보면 자신감이 생깁니다. 자신도 몰랐던 자기 안의 어떤 부분을 발견하면서, 자기를 재발견하면서 자신감이 생깁니다. 공포심이 많은 분은 혼자 여행갈 엄두를 못 내기도 하는데 그런 분도 닥쳐오는 상황에 대처하다 보면 자신감이 생길 겁니다. 자기 자신이 대견하게 느껴질 겁니다. 자신을 강화하는 데 있어 혼자 하는 여행만큼 좋은 방법이 없는 거지요.

어린 나이에 무전여행을 하신 분들을 보면 굉장히 성숙합니다. 이스라엘의 경우 대학은 꼭 가고 싶은 사람만 가게 하지만 여행은 다 보낸다고 하더군요. 고등학교만 나오면 세계 여행을 가게 한답니다. 외국 여행을 하다 보면 전 세계의 젊은이들 중에서 이스라엘 젊은이들을 제일 많이 만날 수 있습니다. 그래서 그런지 이스라엘이 세계적으로 손꼽히는 강대국 중 하나입니다.

우리는 명상을 통해 앉아서도 여행을 떠납니다. 가만히 앉아 있는 게 아니라 여행을 가는 것입니다. 새로운 나를 만나는 것입니다. 그러나 물리적으로 여행을 가는 것도 자신과 만나는 빠른 길입니다.

언젠가는 스페인에 있는 '산티아고의 길Camino de Santiago'을 걸어볼 작정입니다. 800km쯤 되는 흙길인데 차가 안 다니고 순례자들을 위한 숙소가 잘 마련되어 있어서 전 세계에서 찾아온다고 하더군요. 연세가 많은 분들도 많이 오시는데 천천히 끝없이 걸으신답니다. 팔십이 넘은 할머니들끼리, 할아버지가 혼자서 또는 손자와 같이, 천천히 끝없이 걸으신답니다. 이분들께 "집에 안 가십니까?"라고 물어보면 나는 이미 집에서 떠나왔다, 집에서 죽음을 기다리느니 길에서 죽겠다, 대답하신답니다. 죽음을 초월하신 분들이지요. 여행자들의 경지는 높다고 봅니다.

여행을 하는 태도도 가지가지인데 제 경우 명상을 통해 이미 어떤 고지에 올라봤기 때문에 기를 쓰며 걷고 싶지는 않습니다. 여행을 통해 인간의 한계를 뚫어볼 필요는 없는 것입니다. 걸으며 매순간을 즐기고, 만나는 사람들과 교류하고, 사는 멋을 부리고 싶습니다.

여행도 오래 하는 사람은 몇 년씩 합니다. 여행 다니다가, 현지에서 일하다가, 다시 여행 다니다가 합니다. 그런데 한국인은 참 드물더군요. 가족의 이해도 부족한 것 같고요. 아마 우리 사회가 획일적이라서 그런 것 같습니다. 인생을 다양하게 살 줄 모르는 겁니다. 대학을 반드시 나와야 하고, 안 나오면 열등의식이 있고, 결혼을 꼭 해야 하고, 반드시 자식을 낳아야 하고……. 의식이 그렇게 고정돼 있습니다. 인생이 다 찍어놓은 상품 같습니다.

여기 계신 분들은 다양하고 인간답게 사셨으면 좋겠습니다. 인간으로서의 자유와 행복을 누리면서 인간답게 사셨으면 좋겠습니다.

인간으로 태어나서 그렇게 여행하면서 사는 것도 해볼 만한 일이지 않겠는지요? "그럼 가정은? 직장은?" 이렇게 반문하는 분도 있겠으나 할 만큼 했다고 여겨진다면 다른 걸 해볼 수도 있는 겁니다. 하고 싶은 대로 할 수 있어야 하는 겁니다.

한 생에 모든 걸 알고 가야 하기에 •

인간은 경험을 통해 배우기 위해 태어났으며 지구는 '학교' 라는 말씀을 드린 바 있습니다. 몇 천 년, 몇 만 년 후에 다시 태어날지 모르기에 한 번 나왔을 때 경험할 수 있는 일은 다 경험하는 게 좋다는 말씀도 드렸습니다.

저로 말하자면 지구에 우주의 80여 종족이 다 내려와 있다고 하는데 그 사람들을 다 보고 가고 싶습니다. 여행을 하려면 체력과 돈이 많이 드는데 안배를 잘해서 죽을 때까지 다 보고 갈 생각입니다. 한 생에 모든 걸 알고 가야 하니까요.

비행기 타고 몇 시간만 가도 너무나 달라지지 않습니까? 힌두교니 마호메트교니 문화가 달라질 뿐 아니라 인종도 달라집니다. 나라마다 취할 점과 버릴 점이 있는데 그런 걸 다 보고 싶습니다. 한국 사람들의 삶의 양식은 이미 잘 알기 때문에 이제는 외국 사람들을 보고 싶습니다.

여행을 하는 목적에는 제2의 고향을 찾으려는 뜻도 있습니다. 지구화 시대, 우주화 시대잖아요? 한국에서 태어나 자랐지만 살고 싶은 제2의 고향을 찾아서 살 수도 있는 것입니다. 인간에게는 누구나 세 가지 집(태어난 집, 현재 살고 있는 집, 미래에 살아갈 집)이 있다는 말씀을 드렸는데 인간으로 태어나 맘에 드는 집에서 인간답게 살아야 하지 않겠는가 합니다. 여행은 그런 걸 찾는 과정이기도 합니다. 육신과 영혼을 누일 터, 살고 싶은 집의 형태, 그리고 같이 살고 싶은 사람을 찾는 과정이지요.

여러분도 한 번 나왔으면 견문을 넓히고 가야 하지 않겠는지요? 외국에 많이 다녀본 사람은 국내에서만 지낸 사람과는 뭔가가 다릅니다. 많이 세련돼집니다. 옴짝달싹 못하던 사람도 의식이 많이 깨입니다.

처음부터 외국 여행을 하기가 어려우면 국내에서 걷기 여행을 하셔도 좋습니다. 처음부터 혼자 여행하기 어려우면 마음이 맞는 친구와 같이 가셔도 좋습니다. 지팡이를 짚고 세 발로 걸어도 좋고 아주 느리게 걸어도 좋습니다. 사실은 느리게 걷는 게 더 귀한 것입니다.

혼자 가는 길, 같이 가는 길 •

원 없이 금촉수련(禁觸修鍊, 일정 기간 동안 몸에 관한 일체의 접촉을 하지 않는 수련법, 성관계는 물론 타인과 일절 기운을 섞지 않음)을 하는 것도 여행의 한 방법입니다. 보이지 않는 세계, 들리지 않는 세계로 여행을 떠나는 것입니다.

 저는 집에서 금촉을 하면서 혼자 지내는 법을 터득했습니다. 모든 접촉을 끊고 명상만 했는데 나중에는 견딜 만해지더군요. 혼자 있는 것에 익숙해지고요. 동굴에서 살아도 되겠다 싶었습니다. 혼자 있는 걸 즐기지 못하니까 자꾸 누구한테 전화 걸고, 게임에 빠지고, 그러는 건데 자신과 만나는 시간이 없으면 명상이 안 됩니다. 명상을 하려면 자신과 만나는 시간이 있어야 합니다.

 그런데 늘 혼자 여행해야 한다면 그것도 너무 외로운 일입니다. 늘 혼자 가야 한다면 너무도 외로운 길이 되는 것입니다. 저는 혼자 가봐서 압니다. 혼자 가는 길이 얼마나 힘들고 외로운지 압니다. 동행하는 사람이 한 사람만 있어도 정말 고맙겠다 싶었습니다.

 사랑이 무엇인지 어렵게 얘기할 것 없지요. 같이 있어주는 것이 사랑입니다. 꼭 옆에 붙어있지는 않더라도, 사정이 있어서 좀 떨어져 있더라도 적당한 거리를 두고 동시대에 같이 있어주는 것이 사랑입니다. 같은 길을 가는 것이 사랑입니다.

 사랑한다고 아무리 수백 번을 얘기해도 같이 있어주지 않는 것은 사랑이 아닙니다. 자신의 더 중요한 일 때문에 옆에 있어주지 못한다면 그건 사랑이 아닙니다. 가장 힘들 때, 가장 필요할 때 옆에 있어주는 것이 사랑인 것입니다.

 지금 여기 계신 분들만큼 서로 동행해주는 분들도 없습니다. 같은 길을 가려고 오늘 내 옆에 모인 분들입니다. 참 고마운 분들이지요. 나를 사랑해주고, 내가 사랑하는 분들입니다. 지금 여기 누가 있어 주는가? 가장 가까운 가족조차도 각자 자신의 일로 바쁩니다. 얼굴 보는 것은 고사하고 점점 전화 통화도 힘들어집니다. 하지만 우리는 마음만 먹으면 매일 새벽, 매일 저녁 같이 있어주지 않습니까? 고마운 분들이지요.

서로 같이 여행하고 싶은 사람이 되어주십시오. 가다가 넘어지면 일으켜주면서 콧노래 부르면서 즐겁게 함께 가주십시오. 같이 있는 사람을 즐겁게 해주는 것도 큰 자산입니다. 우울증 걸린 사람하고는 같이 밥 먹기도 싫잖습니까? 자신을 즐겁게 해주는 사람은 다들 너무나 좋아하고요. 먼 여행 길, 같이 가는 맛이 났으면 좋겠습니다.

가을이 오려다가 멈칫하고 있습니다.
곡식이 마저 영글기에는 뜨거운 햇볕이 모자랐나 봅니다.

한국의 계절은 사계이지만
저의 계절은 여행하는 계절과 여행을 준비하는 계절로 둘입니다.

여행하는 계절도 좋지만 준비하는 계절도 좋습니다.
오래 준비하는 편이지만 언제나 비행기에 탑승하고 샴페인 한 잔을
마시고 나서야 모든 준비가 끝나고 여행을 시작하는 느낌을 갖고는
합니다.

이번 여행 준비는 더 오래 걸리네요.
떠나 있을 기간이 오래여서 그런가 봅니다.

수선재가 바쁜데 선생이 한가하게 무슨 여행 타령이냐고 하시겠지요.
허나 인생은 원래 여행이 아니던가요?
지구에 여행 왔고, 하늘이나 우주에 있을 때는 여행을 준비하는
기간이고요.

여행에는 출장, 견학과 관광, 휴양이 있듯이
저의 지구여행 목적은 출장이 반, 관광이 반입니다.
지구에 선계의 씨앗을 심고 사후에 돌아가서
저의 역할을 더욱 잘 수행하기 위한 견학의 의미가 있지요.
지구만큼 공부교재가 많은 곳은 우주에서도 흔치 않다니까요.

저뿐 아니라 지구에 오신 여러분들은 모두 여행 목적이 있습니다.
그중의 가장 큰 것은 공부이고, 공부된 만큼 세상에 기여하는 일이지요.
허나 그 일만이 전부는 아니고 틈틈이 휴식과 관광도 있지요.
학교에 다닌다고 해서 하루 종일 공부만 하지는 않는 것처럼
말입니다.

우리 수선인들은 공부와 일을 하는 틈틈이
충분히 휴식을 즐기면서 지구의 생활을 마치기를 바랍니다.
선계에서는 지구인들이 평생을 공부와 일만 하다가 가기를 바라지는
않습니다.
그 과정에서 인간으로서의 자유와 행복을 누리기를 바라시지요.
지금은 그런 생활을 즐기기 위해 준비를 착실히 하는 과정이라고
볼 수 있지요.

저는 우선 남아공 케이프타운으로 가서 땅을 구입하려고 합니다.
집을 구입하게 되면 마당에 3평 내지 6평 규모의 흙집을 지어
수련장으로 꾸미고, 빈 땅을 사게 되면 작은 흙집을 차례로
지으려고 합니다.
당연히 꽃밭을 가꾸고 채소를 기르려고 하지요.
손님방을 마련하여 우리 수선인들을 한두 분씩 초청하려고 합니다.
왕복항공료가 110만 원 정도라고 하니까 다녀가기가 그리 어려운 것은
아니지요.

왜 한국을 떠나 그곳으로 가느냐고 묻지는 마십시오.
제게는 한국이나 남아공이나 다 같습니다.
우주화의 가능성을 보이는 곳이기에 그저 마음이 더 간다고나 할까요.

초청은 제가 가있는 동안 멋진 플레이를 보이는 순서대로 하려고 합니다.
수선인들 중에는 이미 멋진 분들이 계시지요.
그분들을 알고 지내는 재미가 수선재를 일구어가는 재미 중에 가장
앞자리에 있습니다.
모두 여자인 것이 유감이지만 남자들은 좀 더 기다려보기로 하지요.
저는 아마도 남자 보는 눈이 더 높은가 봅니다.
여자들은 또 저와는 다른 캐릭터에 매력을 느끼고 있네요.

미국 뉴욕에서 두 달, 브라질 상파울루 등지에서 한 달 후에
남아공 케이프타운으로 갑니다.
한국에서는 제가 빨리 떠나야 더욱 신속하게 한국본부가 자립할 수
있을 것 같습니다.
저도 이제는 유목민의 생활을 매듭짓고 한 곳에 정착하여 농사짓는
생활로 돌아가고 싶어집니다.

다시 만날 때까지 한국본부 수선인들에게 인사를 전합니다.
안녕히 계십시오.

― 《선계통신》에서 (2006. 10. 7)

부록 _ 명상학교 수선재

1. 수선인의 건강지침

가. 수선인의 건강

정의 : 건강이란 보람 있는 삶을 위해 몸과 마음이 조화된 상태를 말한다.
실천: 1. 자신의 건강을 스스로 돌볼 수 있는 능력을 갖춘다.

나. 수선인의 건강지침

A. 정의: 몸의 균형을 위해 노력한다.
실천 2. 바른 자세로 하는 걷기나 절 명상을 생활화한다.

실천 3. 체질 식사를 하려고 노력하되, 어떤 음식이든 감사한 마음으로 먹는다.
실천 4. 근육과 골격을 바로잡는 교정운동, 마사지를 실천한다.
실천 5. 필요시 침, 뜸, 뇌파훈련, 속청, 부비동 청소를 활용한다.

B. 정의: 좋은 감정 상태를 유지한다.
실천 6. 매사에 긍정적인 자세를 갖는다.
실천 7. 순화된 방법으로 감정을 표현한다.
실천 8. 뇌의 깊은 잠을 위해 뇌의 잠 주기(밤 11시에서 새벽 1시) 전에 잠자리에 들어 숙면을 취한다.

C. 정의: 몸의 안과 밖을 맑고 밝고 따뜻하게 가꾸어 나간다.
실천 9. 몸의 구규를 선스럽게 관리한다.
실천 10. 명상을 통해 그날의 탁기는 그날 제거한다.
실천 11. 하루를 감사한 마음으로 시작하고, 깊은 호흡을 통해 정리하는 습관을 갖는다.

2. 수선인의 정체성과 행동지침

가. 수선인

정의 : 마음은 넉넉하게, 물질은 소박하게 살고자 하는 사람들
실천1. 맑은 표정으로 밝게 웃으며 따뜻한 인사를 전한다.

나. 수선재

정의 : 수선인을 길러내는 집
실천2. 수선재 본부나 지부 또는 수선인이 생활하는 가정은 맑은 표정으로 밝게 웃으며 따뜻한 인사를 전하는 사람들로 가득하다.

다. 수선인의 행동지침

A. 정의 : 자신은 귀한 존재이며 우주의 일부로서 존재하는 사람임을 인식한다.
실천3. 거울을 볼 때마다 자신을 격려하며 타인뿐 아니라 하늘에, 땅에 동식물에게 다정한 인사를 전한다.
실천4. 거짓을 말하지 않는다.
실천5. 자신이 진정 하고 싶은 일을 알며 그 일을 하면서 산다.

실천6. 걷기를 생활화하며 걸을 때는 생각하지 않는다.

B. 정의 : 자연에 폐를 끼치지 않는다.

실천7. 자연친화적인 자재로 지은 작은 집에서 살며 가전제품의 사용을 줄인다.

실천8. 사망 시에는 화장을 하고 재를 물이나 흙에 뿌림으로써 곧바로 자연으로 돌아간다.

실천9. 자신이 버린 쓰레기는 집밖으로 내보내지 않으려고 노력한다.

실천10. 음식을 먹을 때마다 감사하는 마음을 갖는다.

C. 정의 : 타인은 나만큼 소중하다.

실천11. 가족을 포함한 타인의 일에는 본인의 의견을 존중하며 자신의 의견을 강요하지 않는다.

실천12. 사후 장기기증을 약속한다.

실천13. 육식을 즐기지 않는다.

실천14. 어른과 모든 상처받은 이들을 존중하며 이들을 위하는 구체적인 활동을 실행한다.

D. 정의 : 인간과 우주의 창조 목적은 진화이며 지구는 학교임을 인식한다.

실천15. 인간은 경험을 통해 배우는 것으로 충분하다는 생각을 가지

므로 생로병사에 초연하며, 길흉화복에 연연하지 않는다.

실천16. 자신의 선악과를 발견하면 같은 과오를 되풀이하지 않는다.

실천17. 이와 관련한 선서의 내용을 관심 있는 이들에게 정성껏 전한다.

실천18. 우주의 기운으로 하는 깊은 호흡을 생활화한다.

※ 명상학교 수선재에 대한 보다 상세한 내용은 홈페이지를 참조하세요.
　www.suseonjae.org, tel : 1544-1150